総合的な学習の時間・総合的な探究の時間と特別活動の方法

～ Sustainable Smile and Smile ～

中尾豊喜　編著

東洋館出版社

はじめに

　2020（令和2）年初頭、人類はCovid-19感染予防策を強いられ、その後、withコロナ時代を迎えました。この様態は、まさに自然環境と社会環境が織り成す業のようです。

　日本社会においても早春から初夏にかけて学校は、3、4か月ものあいだ臨時休校を余儀なくされました。また、世界中の人々が集う、「おもてなし」の東京オリンピック・パラリンピック競技大会も延期の運びとなりました。

　この状況において、2020（令和2）年4月、全国一斉に小学校は、『小学校学習指導要領（平成29年告示）』（東洋館出版社、2018年刊）に教育課程を移行しました。来年2021（令和3）年4月より中学校、再来年2022（令和4）年4月より高等学校が年次進行により段階的に新たな教育過程に移っていきます。

　すでに幼稚教育の幼稚園、保育所、認定こども園は、2018（平成30）年4月から新たな教育・保育に移行しました。幼児教育から初等・中等教育まで、子ども期（0歳から17歳）を一貫させた教育改革の最中に、今、日本社会はあります。

　先に、「自然環境と社会環境が織り成す業」と述べましたが、これを学校教育における教育課程に照らせば、とりわけ探究的な課題・探究課題、人間関係形成・社会参画・自己実現の観点から、課題解決に向けて取り組むところとして、道徳科、総合的な学習の時間・総合的な探究の時間、特別活動のパースペクティブを重層的に照射していると考えられます。

　2020（令和2）年は、「総合的な学習の時間」が誕生して18年目となります。創設当初から探究活動を唱えていた高等学校段階は「総合的な探究の時間」と名称が改まりました。「特別活動」は、「特別教育活動」から

「特別活動」と改まって50余年が経ちました。

　本書は、上述の社会変容を背に、社会がSociety5.0に向かう時代、SDGsの考え方などを援用しながら自然環境や社会環境を捉え直し、初等・中等教育の新しい学習指導要領における教育課程の「総合的な学習の時間」や「総合的な探究の時間」の指導法、「特別活動」の指導法をテーマに編みました。

　テキストの内容構成は、①目標の理解、②指導例、③資料の三つから成ります。まず、各校種の学習指導要領に則り、目標を一覧表に整理しました。内容については授業で詳細に行います。これを踏まえ、教育実践の視点から学校現場のベテラン教員や実務経験者に執筆を依頼して、具体的な指導案をご提案いただきました。資料として教育に関わる国際条約や国内法、監督省庁のガイドラインや判例を収録しました。

　1872（明治5）年に「学校」が制度化され、2022（令和4）年で150年となります。能力に応じて、ひとしく教育を受ける権利を有す一人一人の学習者が、人格の完成を目指し、社会の形成者として必要な資質を備えること等を期して行われることが教育です。

　これからの学校教育は、新たな学びとされる「主体的・対話的で深い学び」に転換を図ります。本書ではこれまでの膨大な蓄積を礎に、学校教育がこれらにどのように応じていくか、幼小連携も考慮しながら幼児教育から初等・中等教育の一貫した学習者主体の実践方法を探ります。

　本書は、教職課程を併せ持つ大学の授業科目（総合的な学習の時間の指導法、特別活動の指導法）のテキスト仕様です。教師教育としての養成→採用→研修の養成段階であって、学校教師（教育職員）を目指す学生にとって、将来、教師として教育実践後のリフレクションを日々繰り返し、生涯を通じて学び続ける教育者のキャリア形成、さらには志の醸成に、本書が資することができれば幸甚です。

2020（令和2）年 半夏生の咲く頃　　編者

目　次

第 1 章　学校教育の確認

第 2 章　総合的な学習の時間・総合的な探究の時間の目標と内容

第 3 章　総合的な学習の時間・総合的な探究の時間の実践例

第 **8** 章　総合的な学習の時間・総合的な探究の時間と特別活動のこれから

資料編

第 **1** 章

学校教育の確認

学校教育の確認

1-1　教育の法制と教育が目指すもの

　明治初期の日本の近代「学校」という制度は、2022（令和4）年で150周年を迎えようとしている。沼津兵学校附属小学校、また京都小学校や新潟県の小千谷校・振徳館などは2018（平成30）年から2019（令和元）年頃が、その時期辺りであろう。いずれにしても日本においては全国的に「学校」が誕生して150余年となり、今日も学校教育は営まれている。

　その成果はどうかというと、例えば2011年より2012年にかけてOECDが実施した「国際成人力調査」（Programme for the International Assessment of Adult Competencies）、略称PIAACにおいて日本の読解力や数的思考力は参加国・地域中で第1位である。また、15歳を対象に2000年から3年毎に実施される「国際学習到達度調査」（Programme for International Student Assessment）、いわゆるPISAでも日本は科学的リテラシー、読解力、数学的リテラシーという調査対象3分野トップグループに位置している。

　ここからは、現状の教育法制や教育の目指すところについて概ね把握し、「総合的な学習の時間」や「総合的な探究の時間」、そして「特別活動」の指導方法を考える上での基盤とする。

　第二次世界大戦後は、日本国憲法の第26条で「すべての国民は」「その能力に応じて、ひとしく教育を受ける権利を有す」と、国民の教育を受ける権利を保障した。同条第二項では、「すべての国民は」「その保護する子女に普通教育を受けさせる義務を負ふ」と親に普通教育を受けさせる義務

を定め、その普通教育である義務教育（小学校6年間と中学校3年間）を無償と謳（うた）っている。憲法において教育に関する定めはこれに限られる。他は全て教育に関しては教育基本法が担うこととなる。したがって、日本における教育基本法は、教育界の憲法と表現してもよい。

旧教育基本法は憲法より2か月早い1947（昭和22）年3月に制定された。教育を重要と見ていたことがうかがい知れる。同法には学校教育と社会教育の条項はあるが、家庭教育については定めがない。

その後、新たな教育基本法として旧教育基本法の全部を改正して、2006（平成18）年12月に施行された。新しい教育基本法は18条に及んでおり、第5条に義務教育、第10条に家庭教育、第11条に幼児期の教育の条項が新設された。

新旧法とも、その前文で「個人の尊厳を重んじ」として憲法の精神に則り、教育の目的を明示するよう謳っている。この教育の目的は、新旧法の第1条が共通している箇所は、「教育は、人格の完成を目指し」「社会の形成者として」「国民の育成を期して行」うとしたところである。

一方、家庭教育については、教育基本法第10条で、「父母その他保護者は、子の教育について第一義的責任を有」し、「生活のために必要な習慣を身に付けさせるとともに」「自立心を育成し、心身の調和のとれた発達を図るように努めるものとする」とされている。生活習慣などを主としている。ここには、人格完成や社会の形成者という言葉は見当たらない。

すなわち、人格の形成（「人間性の開発」という別案もあった）を目指して、社会の形成者（として必要とされる基本的な資質）を養うのは、家庭教育（当然に相互に連携を図ることは前提）とはならず、義務教育である初等教育や中等教育前期の範囲、小学校・中学校、あるいは義務教育学校、中等教育学校の前期課程で行うこととなる。換言すれば、国家は国民から徴収した税金等を投じ義務教育として「学校」という装置を機能させ、9年間、責任を持って教育の実践を行うということである。

教育基本法第1条［教育の目的］

教育は、人格の完成を目指し、平和で民主的な国家及び社会の形成者として必要な資質を備えた心身ともに健康な国民の育成を期して行われなければならない。

教育基本法第5条第2項［義務教育の目的］

義務教育として行われる普通教育は、各個人の有する能力を伸ばしつつ社会において自立的に生きる基礎を培い、また、国家及び社会の形成者として必要とされる基本的な資質を養うことを目的として行われるものとする。

教育基本法第2条［教育の目標］

教育は、その目的を実現するため、学問の自由を尊重しつつ、次に掲げる目標を達成するよう行われるものとする。
一　幅広い知識と教養を身に付け、真理を求める態度を養い、豊かな情操と道徳心を培うとともに、健やかな身体を養うこと。
二　個人の価値を尊重して、その能力を伸ばし、創造性を培い、自主及び自律の精神を養うとともに、職業及び生活との関連を重視し、勤労を重んずる態度を養うこと。
三　正義と責任、男女の平等、自他の敬愛と協力を重んずるとともに、公共の精神に基づき、主体的に社会の形成に参画し、その発展に寄与する態度を養うこと。
四　生命を尊び、自然を大切にし、環境の保全に寄与する態度を養うこと。

> 五　伝統と文化を尊重し、それらをはぐくんできた我が国と郷土を愛するとともに、他国を尊重し、国際社会の平和と発展に寄与する態度を養うこと。

　以上の通り、憲法で教育を受ける権利を謳い、教育基本法で教育の目的と目標、義務教育の目的、学校教育、家庭教育で定め、学校教育法で各校種の教育の目的や目標を定めている。

　教育課程の基準については、学校教育法施行規則によって文部科学大臣が別に公示する学習指導要領によるものとすると定めている。

　そして、総合的な学習の時間・総合的な探究の時間や特別活動の第1の目標や各内容と各目標は、生活科や道徳科等も含めて、法制上の教育の目的や目標は、相互に関連した内容となっている。例えば、総合的な学習の時間・総合的な探究の時間の第1の目標の「自己の生き方」や「自己の在り方生き方」、「実社会や実生活と自己との関わりから問いを見いだし」や、特別活動の第1の目標にある「社会の形成者としての見方・考え方を働かせ…」、「自己の生き方」「人間としての生き方」、「人間としての在り方生き方」、特別活動の三つの視点である「人間関係形成」「社会参画」「自己実現」等がそれである。

1-2　社会の変容と教育課程

　前節の教育法体系に基づき、学校教育法施行規則（幼稚園は同法第38条［教育課程］、小学校は同法第52条［教育課程の基準］、中学校は同法第74条［教育課程の基準］、義務教育学校は同法第79条の6、高等学校は同法第83条［教育課程の編成］と第84条［教育課程の基準］等）に則り、新しく改訂された学習指導要領が次の予定で実施される。

　2020（令和2）年4月1日、小学校は新しい学習指導要領（平成29年3月文部科学省告示）が、withコロナの社会環境において完全実施に移った。

2021（令和3）年4月1日から中学校学習指導要領（同）も実施される。その翌年の2022（令和4）年4月1日以降、高等学校学習指導要領（平成30年3月同省告示）が年次進行により実施される予定である。これにともなって、高等学校の「総合的な学習の時間」は、2022（令和4）年4月1日から「総合的な探究の時間」に改まる。

　このたびの学習指導要領においては、使用する用語（言葉）が変わった。いわゆる「学力」から、「資質・能力」へ移り変わりである。

　これにかかわり本田由紀は、「『関心・意欲・態度』や『自己教育力』、あるいは『個性』までを含み込むような『学力』の意味の更新・拡張は」、「1990年代以降において、『生きる力』や『人間力』と新たな言葉が生み出される母胎となっていた」と指摘した。そして、「学校で身につける知的な『能力』を意味していたはずの『学力』が、知的な側面以外をも含むものとして膨張し、そこに『学力』とは別の名称がつけられることによって分離し、『学力』はその一部もしくは区別されるものとして生き残るという、言葉の意味上の変容のプロセスが、90年代以降において生じた」[1]と示唆している。

　この示唆は、総合的な学習の時間・総合的な探究の時間や特別活動の指導計画や実践・評価に鑑み、また一個人をどう見るかという人間の尊厳という視点から、加えて学習指導要領や解説に記載された文章・言葉の解釈という意味から極めて重要なことである。

　その「資質・能力」について学習指導要領の総則[2]は、各校種それぞれ同様に、次の3つに整理された。

1　本田由紀（2020）『教育は何を評価してきたか』岩波書店，Pp.126-153.
2　文部科学省（2018）『小学校学習指導要領（平成29年告示）』東洋館出版社，p.18. 文部科学省（2018）『中学校学習指導要領（平成29年告示）』東山書房，p.20. 文部科学省（2019）『高等学校学習指導要領（平成30年告示）』東山書房，p.20.

（1）　知識及び技能が習得されるようにすること。
（2）　思考力、判断力、表現力等を育成すること。
（3）　学びに向かう力、人間性等を涵養すること。

　これを「知識・技能」、「思考力、判断力、表現力等」、「学びに向かう力、人間性等」として、「『資質・能力』の三つの柱」と表現された。これについて、各学習指導要領における総則の解説[3]は、以下のように説いている。

　ア　何を理解しているか・何ができるか
　　　（生きて働く「知識・技能」の習得）
　イ　理解していること・できることをどう使うか
　　　（未知の状況にも対応できる「思考力、判断力、表現力等」の育成）
　ウ　どのように社会・世界と関わり・よりよい人生を送るか
　　　（学びを人生や社会に生かそうとする「学びに向かう力、人間性等」の涵養）

　これにより、「主体的・対話的で深い学び」（アクティブ・ラーニング）の実現に向けた授業改善を通して、学習者の「生きる力」を育むことを目指すとされている。そして、カリキュラム・マネジメントについては次頁の枠内の通りに示され、各学校においては努めるものとされた。

3　同上書，同所

各学校においては、生徒や学校、地域の実態を適切に把握し、教育の
目的や目標の実現に必要な教育の内容等を教科等横断的な視点で組み
立てていくこと、教育課程の実施状況を評価してその改善を図ってい
くこと、教育課程の実施に必要な人的又は物的な体制を確保するとと
もにその改善を図っていくことなどを通して、教育課程に基づき組織
的かつ計画的に各学校の教育活動の質の向上を図っていくこと…
（以下、省略）

　これから先は、各学校が、また各教師が、どのように教育の目的や目標
を把握し、義務教育の目的を重ねて、新しくなった「『資質・能力』の三
つの柱」やアクティブ・ラーニングをどう捉え、学習者と向かい合うかと
いうことになる。本書で示す教育実践事例も各学校のカリキュラム・マネ
ジメントによって教育的な効果は大きく異なってくる。
　この用語（言葉）が改まる時は、教師にとっては従前からのネガティブ
な慣習を改善するチャンスである。今回で言えば「資質・能力」や「主体
的・対話的で深い学び」のように、また「進路指導（進路）」が「キャリ
ア形成」と改まるように、学習者である学びの主人公に視点があたる好機
といえる。

1-3　学習者が主体となる新しい学びへ

　アクティブ・ラーニングの考え方で教育実践を行うときに、学習者主体
ということは当然のことである。しかし、未だにいくつかの学校現場では、
教師中心の慣習的な知識伝授型、一方向の講義型の授業実態が実践されて
おり、多くの課題が残っている。
　学習者と学習者間において共通のメディアを媒介にして、相互が主体的
に話し合いながら、気付き合いから新しい知見が導かれ、相互主体的な学

習集団で協働学習が展開される必要がある。

　そのためには、学びにおける「学習者―学習者」、「学習者―教師」の関係性の構築が求められる。この構築には、日常の学級活動・ホームルーム活動が重要となり、人間関係形成などのグループ形成（集団づくり）が基盤になければ効果的な実践には至らない。学習者は、主体的で対話的な深い学びとするため、自他理解に基づく学習体験を通して自己内対話や内省（リフレクション）を行うことが想定される。

　各学習指導要領における総則の解説[4]は、このたびの教育課程の編成や実施・評価、学習者の発達の支援、学校運営上の留意事項、道徳教育に関する配慮事項等を示した。

　これらの概要は、これから一緒に考えていくこととする。

4　同書（3）

第 **2** 章

総合的な学習の時間・総合的な探究の時間の目標と内容

総合的な学習の時間・総合的な探究の時間の目標と内容

2-1　校種間の比較

　次の表（表１）は、各校種の学習指導要領（平成29年・30年告示）[1]における「総合的な学習の時間」と「総合的な探究の時間」の第１の目標と内容を比較しながら、発達段階による違いなどを把握するために整理した。

　まずは、幼児教育との関係も踏まえつつ、初等教育や義務教育、中等教育を個別にまた複合的に広く俯瞰して相対的に捉えていく。

　それぞれの類似点と相違点に目を配り、用語や文章、育成を目指す「資質・能力」の違いを見いだし、それぞれの意味を考えてみることにする。

【表１】　総合的な学習の時間・総合的な探究の時間の目標と内容の比較

小学校	中学校	高等学校
第１目標　探究的な見方・考え方を働かせ、横断的・総合的な学習を行うことを通して、よりよく課題を解決し、自己の生き方を考えていくための資質・能力を次のとおり育成することを目指す。	**第１　目標**　探究的な見方・考え方を働かせ、横断的・総合的な学習を行うことを通して、よりよく課題を解決し、自己の生き方を考えていくための資質・能力を次のとおり育成することを目指す。	**第１　目標**　探究の見方・考え方を働かせ、横断的・総合的な学習を行うことを通して、自己の在り方生き方を考えながら、よりよく課題を発見し解決していくための資質・能力を次のとおり育成することを目指す。

1　文部科学省（2018）『小学校学習指導要領（平成29年告示）』東洋館出版社，Pp.179-182. 文部科学省（2018）『中学校学習指導要領（平成29年告示）』東山書房，Pp.159-161. 文部科学省（2019）『高等学校学習指導要領（平成30年告示）』東山書房，Pp.475-477.

(1)　探究的な学習の過程において、課題の解決に必要な知識及び技能を身に付け、課題に関わる概念を形成し、探究的な学習のよさを理解するようにする。
(2)　実社会や実生活の中から問いを見いだし、自分で課題を立て、情報を集め、整理・分析して、まとめ・表現することができるようにする。
(3)　探究的な学習に主体的・協働的に取り組むとともに、互いのよさを生かしながら、積極的に社会に参画しようとする態度を養う。

第2各学校で定める目標及び内容
1目標
　各学校においては、第1の目標を踏まえ、各学校の総合的な学習の時間の目標を定める。
2内容
　各学校においては、第1の目標を踏まえ、各学校の総合的な学習の時間の内容を定める。

(1)　探究的な学習の過程において、課題の解決に必要な知識及び技能を身に付け、課題に関わる概念を形成し、探究的な学習のよさを理解するようにする。
(2)　実社会や実生活の中から問いを見いだし、自分で課題を立て、情報を集め、整理・分析して、まとめ・表現することができるようにする。
(3)　探究的な学習に主体的・協働的に取り組むとともに、互いのよさを生かしながら、積極的に社会に参画しようとする態度を養う。

第2各学校で定める目標及び内容
1目標
　各学校においては、第1の目標を踏まえ、各学校の総合的な学習の時間の目標を定める。
2内容
　各学校においては、第1の目標を踏まえ、各学校の総合的な学習の時間の内容を定める。

(1)　探究の過程において、課題の発見と解決に必要な知識及び技能を身に付け、課題に関わる概念を形成し、探究の意義や価値を理解するようにする。
(2)　実社会や実生活と自己との関わりから問いを見いだし、自分で課題を立て、情報を集め、整理・分析して、まとめ・表現することができるようにする。
(3)　探究に主体的・協働的に取り組むとともに、互いのよさを生かしながら、新たな価値を創造し、よりよい社会を実現しようとする態度を養う。

第2各学校において定める目標及び内容
1目標
　各学校においては、第1の目標を踏まえ、各学校の総合的な探究の時間の目標を定める。
2内容
　各学校においては、第1の目標を踏まえ、各学校の総合的な探究の時間の内容を定める。

3 各学校において定める目標及び内容の取扱い

各学校において定める目標及び内容の設定に当たっては、次の事項に配慮するものとする。

(1) 各学校において定める目標については、各学校における教育目標を踏まえ、総合的な学習の時間を通して育成を目指す資質・能力を示すこと。

(2) 各学校において定める目標及び内容については、他教科等の目標及び内容との違いに留意しつつ、他教科等で育成を目指す資質・能力との関連を重視すること。

(3) 各学校において定める目標及び内容については、日常生活や社会との関わりを重視すること。

(4) 各学校において定める内容については、目標を実現するにふさわしい探究課題、探究課題の解決を通して育成を目指す具体的な資質・能力を示すこと。

3 各学校において定める目標及び内容の取扱い

各学校において定める目標及び内容の設定に当たっては、次の事項に配慮するものとする。

(1) 各学校において定める目標については、各学校における教育目標を踏まえ、総合的な学習の時間を通して育成を目指す資質・能力を示すこと。

(2) 各学校において定める目標及び内容については、他教科等の目標及び内容との違いに留意しつつ、他教科等で育成を目指す資質・能力との関連を重視すること。

(3) 各学校において定める目標及び内容については、日常生活や社会との関わりを重視すること。

(4) 各学校において定める内容については、目標を実現するにふさわしい探究課題、探究課題の解決を通して育成を目指す具体的な資質・能力を示すこと。

3 各学校において定める目標及び内容の取扱い

各学校において定める目標及び内容の設定に当たっては、次の事項に配慮するものとする。

(1) 各学校において定める目標については、各学校における教育目標を踏まえ、総合的な探究の時間を通して育成を目指す資質・能力を示すこと。

(2) 各学校において定める目標及び内容については、他教科等の目標及び内容との違いに留意しつつ、他教科等で育成を目指す資質・能力との関連を重視すること。

(3) 各学校において定める目標及び内容については、地域や社会との関わりを重視すること。

(4) 各学校において定める内容については、目標を実現するにふさわしい探究課題、探究課題の解決を通して育成を目指す具体的な資質・能力を示すこと。

(5)　目標を実現するにふさわしい探究課題については、学校の実態に応じて、例えば、国際理解、情報、環境、福祉・健康などの現代的な諸課題に対応する横断的・総合的な課題、地域の人々の暮らし、伝統と文化など地域や学校の特色に応じた課題、児童の興味・関心に基づく課題などを踏まえて設定すること。

(6)　探究課題の解決を通して育成を目指す具体的な資質・能力については、次の事項に配慮すること。
ア　知識及び技能については、他教科等及び総合的な学習の時間で習得する知識及び技能が相互に関連付けられ、社会の中で生きて働くものとして形成されるようにすること。

(5)　目標を実現するにふさわしい探究課題については、学校の実態に応じて、例えば、国際理解、情報、環境、福祉・健康などの現代的な諸課題に対応する横断的・総合的な課題、地域や学校の特色に応じた課題、生徒の興味・関心に基づく課題、職業や自己の将来に関する課題などを踏まえて設定すること。

(6)　探究課題の解決を通して育成を目指す具体的な資質・能力については、次の事項に配慮すること。
ア　知識及び技能については、他教科等及び総合的な学習の時間で習得する知識及び技能が相互に関連付けられ、社会の中で生きて働くものとして形成されるようにすること。

(5)　目標を実現するにふさわしい探究課題については、地域や学校の実態、生徒の特性等に応じて、例えば、国際理解、情報、環境、福祉・健康などの現代的な諸課題に対応する横断的・総合的な課題、地域や学校の特色に応じた課題、生徒の興味・関心に基づく課題、職業や自己の進路に関する課題などを踏まえて設定すること。

(6)　探究課題の解決を通して育成を目指す具体的な資質・能力については、次の事項に配慮すること。
ア　知識及び技能については、他教科等及び総合的な探究の時間で習得する知識及び技能が相互に関連付けられ、社会の中で生きて働くものとして形成されるようにすること。

イ　思考力、判断力、表現力等については、課題の設定、情報の収集、整理・分析、まとめ・表現などの探究的な学習の過程において発揮され、未知の状況において活用できるものとして身に付けられるようにすること。
ウ　学びに向かう力、人間性等については、自分自身に関すること及び他者や社会との関わりに関することの両方の視点を踏まえること。
(7)　目標を実現するにふさわしい探究課題及び探究課題の解決を通して育成を目指す具体的な資質・能力については、教科等を越えた全ての学習の基盤となる資質・能力が育まれ、活用されるものとなるよう配慮すること。

イ　思考力、判断力、表現力等については、課題の設定、情報の収集、整理・分析、まとめ・表現などの探究的な学習の過程において発揮され、未知の状況において活用できるものとして身に付けられるようにすること。
ウ　学びに向かう力、人間性等については、自分自身に関すること及び他者や社会との関わりに関することの両方の視点を踏まえること。
(7)　目標を実現するにふさわしい探究課題及び探究課題の解決を通して育成を目指す具体的な資質・能力については、教科等を越えた全ての学習の基盤となる資質・能力が育まれ、活用されるものとなるよう配慮すること。

イ　思考力、判断力、表現力等については、課題の設定、情報の収集、整理・分析、まとめ・表現などの探究の過程において発揮され、未知の状況において活用できるものとして身に付けられるようにすること。
ウ　学びに向かう力、人間性等については、自分自身に関すること及び他者や社会との関わりに関することの両方の視点を踏まえること。
(7)　目標を実現するにふさわしい探究課題及び探究課題の解決を通して育成を目指す具体的な資質・能力については、教科・科目等を越えた全ての学習の基盤となる資質・能力が育まれ、活用されるものとなるよう配慮すること。

2-2　教育実践例を説く

　前節に掲げた「総合的な学習の時間」や「総合的な探究の時間」の第1の目標を踏まえ、次章に掲載する各実践例を筆者なりに説明したい。

小学校① 探究的な学習に主体的・創造的・協働的に取り組む「総合的な学習の時間」（小学校 第4学年）

　成瀬先生が提案されている兵庫県に位置する阪神地区の公立小学校第４学年所属の教員と児童の協働体制の総合的な学習の時間の授業である。児童は、給食の残りものから肥料をつくり、野菜を栽培して収穫して販売することから労働とお金を考える方向で授業を計画している。

　まず、学びの環境を学年児童集団に醸し出そうとしたところをまず評価したい。総合的な学習の時間の第１の目標にある「横断的・総合的な学習を行うことを通して、…自己の生き方を考えていく資質・能力…育成することを目指す」わけだから、学年の学びの初期段階に、総合的な学習の時間を中心に据えて、国語や算数などの各教科を横断的・総合的に関連させようとしたところが、相乗効果として各教科の知識及び技能や思考力・判断力・表現力等が、「土作り」や「苗選び」、「電話取材」から「価格交渉」、「収穫」「価格決定」「チラシ・看板作り」と「販売」、野菜の売上げ金の使い道をめぐりプレゼンテーションをグループで行い、全体発表会を行って情報の共有を図っている。ここでは、①「課題の設定」、②「情報の収集」、③「整理・分析」、④「まとめ・表現」という探究のプロセス（探究の過程）を経ている。これにより各教科の内容が総合的に結びつく可能性があり、各教科等の学びが他者とともに生活する自己の生き方を考える意義の発見を容易にしていくと予想させる。

　次に、学習者と指導者全員を一堂に会して、学習のためのオリエンテーションを実施したことを評価したい。まさに学びに向かう合意形成である。つまり、授業の目的、方法、解は一様でないが結末のイメージという最低限の枠組みは共通理解を相互に図ることに有意性が感じられる。この学年児童・教師集団の協働体制による実践例から具体的に見て取れるように、探究的な学習とは、当該の解説が示しているように「探究的な学習とは物事の本質を探って見極めようとする一連の知的営みのこと」[1]であることが理解できる。

1　文部科学省（2018）『小学校学習指導要領（平成29年告示）解説 総合的な学習の時間編』東洋館出版社, Pp.9-17.

学習を経た第4学年児童作文「12月に弟が生まれるので、僕のそだてた無農薬で作った『もぐもぐ野菜』を食べさせたいと思いました」は、まさに学習の成果とその有用性が醸成していると評価できる。

小学校②カリキュラム・マネジメントを取り入れた総合的な学習の時間の実践事例（小学校 第6学年）

　この実践例は、和田先生が教師になって初めて総合的な学習の時間の授業を担当された大阪府北部に位置する公立小学校における実践である。2008（平成20）年度ということであるから、平成10年告示の小学校学習指導要領が小中学校で完全実施に移ったのは平成14年4月であった。現実的には平成12年度はすでに試行期だったため、教師個人の経験としては遅いと言わざるを得ない。しかし、教師集団に恵まれ、外国語活動の必修化に伴い英語活動の研究という専門性とも重なり、斬新で質の高い教育実践となっている。

　今回は、当時の実践を和田先生によって、平成29年告示版の学習指導要領に改編した上でご提案いただいた。

　総合的な学習の時間の学校独自の目標が学校教育目標と関連して設定され、年間指導計画、単元計画がなされている。総合的な学習の時間と特別活動の学校行事と連携した平和教育、国際理解教育、生き方の学習としてのキャリア教育を他教科、英語活動、道徳科、特別活動と横断的・総合的にカリキュラム・マネジメントとして実践されているところはとても参考になる。

小学校③自分の調べたい職業を調べ、ポスターセッションで発表しよう（小学校 第5学年）

　この実践例も和田先生の試みである。単元計画（16時間）が、とりわけ「中学校区におけるキャリア教育の目標」に基づく構想であることがとて

もユニークといえる。小中学校が通学校区域として連携を図り推進していることで、学習の主体が児童の側であるという基本姿勢が明確化されている。

　また、総合的な学習の時間で「思考のツール」を学び、それを他の教科等で活用できるように指導することが述べられている。

　思考の過程の「③整理・分析」段階で情報の整理・分析に当たっては、情報の処理過程で思考ツールが効果的に発揮されることが望まれる。解説は、考えるための技法として、「順序付ける、比較する、分類する、関連付ける、多面的に見る・多角的に見る、理由を付ける、見通す、具体化する、抽象化する、構造化する」[2]ことを示す。

　この実践例では、「自分で調べたい（なりたい）職業」のことを調べて、ポスターセッションを行っている。児童たちが、収集した情報をどう思考し、判断して、表現するか、総合的な学習の時間の特質の一つといえる。その意味において、実践例は、児童たちの探究の過程の一面を授業参観で保護者に向けて発表するというのであるから興味を抱く。

小学校④ 異年齢による「探究的な学び」（小学校第1～3学年、4～6学年）
※松田先生が実践例を提示しながら解説されているため、ここでは省略する。

小学校⑤「自分史新聞」づくり～二分の一成人式に向けて～（小学校第4学年）

　「特別活動」の事例とも想定できる「自分史新聞」の作成、「二分の一成人式」というテーマを総合的な学習の時間の実践として授業設計された徳永先生による4年生の実践例である。

　単元目標にキャリア形成における「人間関係形成能力」と「将来設計能

2　同書, Pp.84-86.

力」を掲げる。実践の方法としては、小学生でも取り組みやすい「はがき新聞」（理想教育財団助成）を用いて、全7時間の単元計画である。相手を意識（他者認識）して、目的を明確にして、「取材のためのワークシート」による情報活用能力の向上を図るなど『小学校学習指導要領（平成29年告示）』の内容において計画された実践である。徳永先生も述べられている通り、個別の情報には授業を推進する過程において特に留意する必要がある。

　総合的な学習の時間が第1の目標で示す「よりよく課題を解決し、自己の生き方を考えていく」ことや、特別活動の第1の目標にある「集団や社会における生活及び人間関係をよりよく形成するとともに、自己の生き方についての考えを深め、自己実現を図ろうとする態度を養う」という、小学校段階においては学習者の「自己」に関わる横断的・総合的な要素を多分に保持した実践例と表現でき、有効に活用したい事例である。

小学校⑥「人権学習～かわ・皮・革～」（小学校第3～6学年）
　児童たちが生活する地域の産業である皮革産業から、教室で動物の命について考えたり、また実際に通学区域の探検に出かけて、学習者である児童たちは相互に体験した共通のメディアを共有できる、この条件が素晴らしい。これを基にグループに分かれてワークシートを用いて学習を進めている。

　本時においては、皮革に関係するお店、従事者への聴き取り、皮革製品の観察を通して、ワークシートを完成させて、発表原稿や発表の表現方法を考えている。学びと日々の地域での生活が結びつく時間ともなったであろう。

　第3学年から6学年までの総合的な学習の時間と他の教科との連携が見えてくると、さらに意義深い授業実践となろう。

　そして、それぞれの学年、または6年生に限っては、当該の保護者や地域の皮革に関係した方々を学校に招いて、各教室での授業参観、あるいは

体育館で総合学習発表会を開催することも効果的と考える。

中学校①「『新しい時代を生き抜く力』を育む」〜中学校・職場体験学習〜（中学校第2学年）

　中学校という学校組織において、先駆的に「職場体験学習」を企画・計画、実践してPDCAの一部が読み取れる、数少ない貴重な実践記録である。学校の実際という意味では、反面教師として教育実習前に知ることも有用性を感じる。具体的な内容については、ここでは省略する。

高等学校①「社会問題とその解決に向けての考察」―「SDGs」の視点から―（高等学校第1学年）

　この単元は、まず、知識として「SDGsとは何か」について理解することから始まる。加えて「新聞の読み方」という知識及び技能として、国語と関連付けられている。

　残念ながら実社会における体験は実施できないとしても、新聞の掲載内容とSDGsの17ゴールや169のターゲットとの関連性を読み解く。これをふまえて、グループを形成して対話しながら、当該記事を決定させて、切り抜き模造紙に貼りながら整理していく。自己内リフレクションにおいて実社会や実生活を捉え直すという意味において、地歴、理・数、保体、芸術、外国語、情報などとの関連も多くあることから、総合的な探究の時間の入門編としてユニークな取組である。経年で同じ実践を行い、模造紙を比較して廊下の壁等に展示して比較してもよいと考える。授業参観や中高連絡会、PTA総会、入学式・文化祭・卒業式などとの連携も地域の人々や保護者を刺激して、「他者に伝える」とか、「自己の意見を表明する」という観点で、総合的な探究の時間の第1の目標にある「実社会や実生活と自己と関わり問いを見いだ」すことから、「新たな価値の創造」や「よりよい社会の実現」への契機となれば、さらに効果的な学習となる可能性がある。

第 **3** 章

総合的な学習の時間・総合的な探究の時間の実践例

探究的な学習に主体的・創造的・協働的に取り組む「総合的な学習の時間」

1. はじめに

　「総合的な学習の時間」における学習指導要領改訂の要点は、「探究的な学習の過程の一層の重視」「各教科等で育成する資質・能力を相互で関連付け」「各教科等を越えた学習の基盤となる資質・能力の育成」である。兵庫県宝塚市立末成小学校の4年生は、この改定の要点を踏まえ、探究的な学習に主体的・創造的・協働的に取り組む「総合的な学習の時間」の実践を行った。4年生学年教師

たちと子どもたちが、一緒に考え、悩み、解決していきながら作り上げていった授業の一部を紹介する。

2. 1学期の実践

(1) オリエンテーション　4月11日（水）

　事前に4年生学年教師の中で、「総合的な学習の時間」に「野菜を無農薬・無化学肥料で栽培し、食し、命の循環を感じる」、「給食残渣で堆肥を作り、野菜を育て、『持続可能な社会』を経験する」、「収穫物を販売し、市場経済の一端を経験することで、労働やお金の意味を考える」という方向性で授業を進めていくことを確認していた。オリエンテーションで学年教師からその方向性を子どもたちに提案はするが、「総合的な学習の時間」

で子どもたちが主体的・創造的・協
働的に取り組めるようにするため
に、最終的には子どもたちが自ら考
えたうえで、課題を決定するという
スタンスで授業に臨んだ。

　始業式の2日後に2クラス合同の
オリエンテーションがあり、そこで

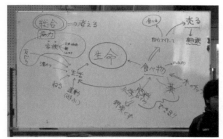

第1時間目終了後のホワイトボード

授業者から自由な雰囲気の中で「みんなにとって、一番大事なことは何？」
と問いかけた。そのときに出た子どもたちの言葉は、お金やゲームではな
く、「生命」であった。続いて、「『生命』を学ぶためには、何をテーマに
したらいい？」との問いかけには、子どもたちから、「家族」「生活」「食
べ物」というキーワードが出された。それらの言葉からさらに子どもたち
が連想しながら言葉を出し合い、課題設定へと迫っていった。

　このようなプロセスを経て、「野菜を育てて、売ろう」という方向性が
子どもたちの意思で決定した。この授業の感想で「総合は自分で考え、自
分たちで創っていくものだ。」という言葉があり、それをスローガンとし
て、様々な活動に積極的に取り組んでいくこととなった。

（2）土作りのこだわり　4月12日（木）～

　無農薬・無化学肥料による野菜栽培に向けて土作りから取り組んだ。子
どもたち一人ひとりが移植ごてを持って畑を耕した。土に混ぜたのは、完
熟牛糞堆肥・木のチップ・米ぬか・有機石灰であった。木のチップは、植
木の剪定くずを粉砕して発酵させたものである。市の「緑のリサイクルセ
ンター」では、植木の剪定くずを焼却処分せず、市の資源として再利用し
ている。それにより、焼却費用の削減にも繋がっている。ここでも、社会
科のごみの学習であるリサイクルを子どもたちは経験することになった。

（3）苗選びと観察　4月16日（月）～24日（火）

　子どもたちは、ピーマン、トマト、ミニトマト、キュウリの4種類の中

から、様々な理由で育てたい苗を選んだ。ピーマンが嫌いだからこそ、育てて好きになろうと考える子ども、家庭で育てた経験があるから、失敗せずに育てられると考える子ども、トマトは難しいから育てるのをやめようと考える子どもなど、様々である。

　選んだ苗は、翌日から観察した。理科の学習で「春探し」をし、植物の観察の仕方を習得している。そのため、観察の視点を活用して、自分たちの苗を観察することができた。観察の日時、気温、天気を記入した後は、「大きさ・長さ」「形」「色」「手触り」「におい」について観察し、文章にする。子どもたちは、トマトやミニトマトの苗から、トマトのにおいがすることに気付いた。そして、味はどうかと試してみようとしていた。

　苗選びは、理由を伴った意思決定の場であり、理科で習得した観察の技術を活用する場となった。

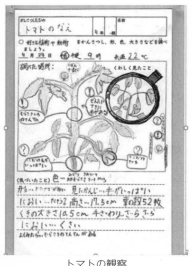
トマトの観察

（4）「総合的な学習の時間のタイトル」・「商品名」・「ロゴ」の決定

①タイトル決定　4月19日（木）

　タイトルは子どもたちが年間の活動の流れを見ながら、班でいろいろなアイデアを出し合い、「S4ジュニアベジタブル」に決定した。その後の授業から、黒板には「総合的な学習の時間」ではなく、「S4ジュニアベジタブル」と書かれるようになった。子どもたちは決定した名前に愛着をもち、普段から使うようになった。

②商品名の決定　5月11日（金）

　野菜を育て始めて2週間が経過し、苗も少しずつ生長したころ、自分たちの野菜をどのように育て、野菜にどのような付加価値をつけていく

かを考えさせた。

　そこで、まずはスーパーで売っている野菜の価格調査を行い、なぜ同じ量の野菜でも値段が違うのかを考えさせ、有機野菜の方が高いことに気付かせた。そして、農薬を使った野菜の育て方と、無農薬の育て方の違いについて考えさせ、無農薬・無化学肥料で育てるよさに目を向けさせた。その後、無農薬・無化学肥料で育てていく方向になったが、無農薬・無化学肥料で育てるための苦労について考えさせた。そして、有機肥料は作るのに長い時間と手間がかかるが、おいしい野菜ができること、給食の残渣（調理くず）で肥料が作ることができ、ごみを有効活用することができることも伝えた。

　このような過程を通して、野菜の販売に向けて商品名を決めることになった。いろいろな案の中で、自分たちの学校の畑で作ったということが、できるだけ短く、わかりやすく伝わるようにと「末小畑」に決定した。また、どんな野菜なのかを指し示す言葉として、「しんせん」「あんぜん」「おいしい」「美しい」「自然」など出てきたが、無農薬・無化学肥料で安心・安全に食べてもらえ、かつ子どもらしさをそこに付け加えた「もぐもぐ」となった。以上の流れから、商品名は「末小畑のもぐもぐ野菜」に決まった。

③ロゴの決定　5月14日（月）

　ロゴでは、子どもたちからは、たくさんの応募があった。できるだけたくさんの子どもたちの意見を取り入れていくために、一つのロゴに複数人のアイデアを採用して、完成させた。子どもたちが暑い中、汗を流しながら一生懸命作っていることや、キュウリ、ピーマン、トマトを無農薬・無化学肥料で作っていることをロゴから読み取ることがで

夏野菜のロゴ

きるようになっている。ロゴを発表したとき、子どもたちから歓声が沸き、モチベーションがぐっと高まったように感じた。このロゴは、活動のシンボルマークになり、この後看板やチラシなど、いろいろな場面で使われていった。

（5）給食の生ごみの堆肥化　5月14日（月）

本実践の大きな柱の一つは、社会科のごみの学習で学んだ「持続可能な社会」の実現に向けて学んでいくことである。教科の知識だけではなく、生きるための知恵として学習した。

学校給食の調理の際に出る残渣は、当然「生ごみ」であり、「燃えるごみ」として処分されている。しかし、有機物の塊である生ごみを堆肥化することで、社会科のごみの学習で学んだごみの処理費用を削減できる。生ごみを堆肥化し、それで野菜を育て食するという「食の循環」を学ばせたいと考えた。

子どもたちは、給食の残渣を給食室からもらい、学級菜園横のコンポストまで運んだ。コンポストは、できるだけ早く堆肥化するために生ごみを空気に触れさせなければならないことから、スコップでかき混ぜる必要がある。この作業は子どもたちの力だけでは難しかったので、教師の力を必要とした。生ごみの他に、分解を促すために米ぬかも時折加えた。さらに、木のチップを生ごみの表面に敷くことで臭い対策もした。こうしてできる堆肥は、極めて安全な無化学肥料といえる。

保護者からも「カブトムシの幼虫が育った土は木の繊維などを食べて分解し、栄養があるので使ってみたらどうか」との申し入れがあり、早速、コンポストに混ぜた。このように、保護者も興味をもって参加したことは、教師たちも子どもたちも嬉しい思いであった。これらの堆肥は2学期の

生ごみ堆肥作り

野菜栽培に活用することになる。

　給食の残渣の堆肥化は、5月14日（月）から6月5日（火）までの17回実施した。子どもたちは、目の前で生ごみが堆肥に生まれ変わる変化を経験することができた。2学期は、その堆肥で育った大根を食することで、再び自分の口に戻ってくる経験を積むことになった。

（6）野菜の不良に対する思案と対策　5月15日（火）～

　5月15日（火）に野菜の苗を一部植え替えている。それは、化学肥料を使って生長を促進していないからという理由だけではない。苗自体が弱く、生長が著しく遅いものが現れたからである。また、一部の苗には虫が他の苗よりも多くついているものがあり、植え替えをすることになった。

　野菜の不良や害虫対策のように、その時々で出てくる問題に対し、子どもたちは思案し、解決するための対策を練っていった。聞きたい質問を適切な人に聞いたり、必要な情報を資料から抽出したりする過程で、問題を解決する手法を学んでいった。

（7）JA兵庫六甲との出会い　5月17日（木）

　4月25日（水）に苗の植え付けを開始してから3週間、苗は順調に育っていなかった。また、キュウリにアブラムシやウリハムシがついたり、うどん粉病が見られたりするようになっていた。そのため、子どもたちは、病害虫に敏感になっていた。

　5月17日（木）、JAのIさんに、野菜の育て方について講習を受けた。内容は、主枝を伸ばしたり、誘引したりする方法についてであった。

（8）電話による取材　5月25日（金）～5月29日（火）

　5月25日（金）から29日（火）までの3日間で、近隣のスーパー4店舗に電話取材を行った。目的は、売っている野菜の価格を聞き、同じ野菜でも価格が違うものがある理由を聞くためである。子どもたちにとって、これら4つの店舗は、生活圏内にあり、身近な存在である。

　電話取材をする前に、「電話取材の仕方」を学習し、ロールプレイング

を行った。また、電話取材をするにあたって、お店の人にする質問を考える時間を設けた。

　電話取材の結果、子どもたちが学んだことは、陳列の仕方と他の商品との差別化、チラシの作り方についてであった。

（9）SOIL FARMとの価格交渉　5月30日（水）

　SOIL FARMは、主に兵庫県をベースに、自然栽培・自然農法で栽培された野菜等を提供している宅配専門の青果店である。5月30日（水）にSOIL FARMを経営し、販売者であるHさんと、生産者である子どもたちとが値段交渉する授業を行った。事前に子どもたちは、近所のスーパーでチラシを集

SOIL FARMとの価格交渉

めたり、電話で取材したりして価格調査したが、それは売り値であるので、売り値と仕入れ値では値段が違うことや、商品の流通の仕方について学ばせた。また、1円でも高く買い取ってもらうためのプレゼンテーションの仕方を全員で考えさせた。写真を使って交渉するのか、どのような言い回しで伝えれば自分たちの苦労が伝わるのか、子どもたちは試行錯誤しながら考えていた。交渉前日には、クラス全員で交渉の練習を行い、改善点を考えさせた。

　当日は、まずHさんが考えている値段の発表があった。子どもたちは、自分たちの値段とHさんとの値段の差に驚きを隠せないようであった。Hさんから、「皆さんから仕入れたこの値段から、おおよそ2倍の値段をつけて売ることになる。また、野菜を育てるプロの方たちよりも高く買い取ることは農家さんたちに失礼にあたってしまうので、この値段で設定した。」という説明があった。その後、値段設定を各クラス発表していき、その値段を設定した理由も付け加えて説明した。無農薬・無化学肥料で育

ててきたことはもちろん、苗代の93円を回収することも計算して値段設定したという子どももいた。また、近所のスーパーの価格調査をもとに考えたという子どももいた。このような中で、商売の難しさや相場についてこの機会をもって学ぶことができた。

　Hさんは、子どもたちの熱意を受け止めてくださり、最終的に、ほとんどの野菜がHさんの提示した値段と子どもたちの値段との間の額で決定した。

　SOIL FARMとの出会いは、商品の流通の仕組みだけでなく、仕入れ値と売り値の違いも学ぶことができる場になった。また、自分たちの作った野菜が末成という身近な地域だけでなく、全国のお客さんに食べてもらえるという喜びを感じ、安全なものを作らないといけないという責任を感じることができるいい機会になった。

（10）収穫開始　6月11日（月）

　子どもたちは、小さかった苗が育っていく様子を観察して、報告をしてくれた。6月になり、トマトが色づき始めてきた。子どもたちが待ちに待った収穫の瞬間であった。

夏野菜の初収穫

（11）価格決定のためのプロセス　6月12日（火）

　SOIL FARMとの価格交渉を終え、次は学校に隣接しているN青果店で売れるための適正価格を決めなければならなかった。少しでも高く売りたいという気持ちと、高すぎたら売れない可能性があるという葛藤の中、他店の価格と比べながら模索した結果、一般的なお店の価格に寄せた価格設定となった。

（12）キャンペーンソングの作成　6月14日（木）〜

　野菜を売るにあたってのキャンペーンソングを作ることになった。キャンペーンソングは、どんな野菜なのかをお客さんに伝えるものであり、聞いたお客さんの耳に残るものでなくてはならない。そこで、CMでもよく

流れている、家電量販店のキャンペーンソングをイメージして作成しよう
という流れになった。

　まず、歌詞の決定である。歌詞には、野菜に対する付加価値だけでなく、
お客さんへの認知度を高め、親しみをもってもらうために、野菜の商品名
を入れることになった。曲にしやすくするために、５音か７音になるよう
に意識させた。

　各クラスでアイデアを出し合い、自分たちの野菜をイメージした歌詞が
集まった後、より多くの子どもたちのアイデアを採用し、子どもたちの活
動の内容や、思いが伝わるように言葉を並び替えて、歌詞が決定した。

　歌詞が決まった後は、旋律をつけていく作業に入った。

　まずは、歌を即興で歌わせた。先に曲のサビに合う旋律を作っていった。
同じ歌詞で好きな旋律を即興で歌ったり、鼻歌を歌ったりして、担任が動
画撮影した。各クラスの動画を担任から音楽専科に渡し、曲を聴いて採譜
した。

　できるだけ多くの子どもたちの旋律を採用できるように配慮して完成し
た曲を音楽専科が子どもたちに「こんな曲になったよ」と披露すると、
「あ！これ自分のメロディだ」と、子どもたちは目を輝かせて聴いていた。

　「早く歌いたい」と意欲満々で楽譜を心待ちにしていた子どもたちは、
配られた楽譜を使って大きな声で歌って練習した。野菜を売るときにかけ
る曲なので、リズムを入れて元気
よく聞こえるようにするために、
ウッドブロック、タンブリン、ト
ライアングル、ウィンドチャイム
を入れて曲を完成させた。楽器担
当を決めて歌とリズムの練習を
し、録音がはじまった。完成した
曲を担任がCDにし、野菜を売る

キャンペーンソングの収録

ときにBGMとして流した。また、2学期に音楽会でも披露した。

（13）チラシ・看板作り　6月14日（木）

①チラシ作り

　SOIL FARMとの価格交渉も終え、地域の相場も考慮に入れながら、本校と隣接する青果店での売り値を決定した。そして、第1回目の販売日が6月26日（火）となり、販売に向けての準備も着々と進めていた。その準備の一つとして、チラシ作りがある。チラシの役割を子どもたちに考えさせたうえで作ろうという流れになったが、

子どもたちが作ったチラシ

多くの子どもたちはチラシをどのように作ればよいのかわかっていない状況であった。そこで、近隣のスーパーやお店のチラシを再度集め、プロが作っているチラシの工夫を見つけ、それを参考にして2つの軸を決定した。1つ目は、伝えないといけないこと（売り出しの物やお店側が買ってほしい物）は、文字の大きさや太さを変えて表すこと。2つ目は、伝えた方がよいことは、説明文で書くこと。

　これらの、伝えないといけないこと、伝えた方がよいことの2つを出し合い、チラシを作っていった。販売日当日には、販売時間より早く行列を作って待ってくれているお客さんを見て、チラシを作った成果を子どもたちは実感できたと考えることができる。

②看板作り

　チラシと同時進行で、看板作りにも取り組んだ。まず、子

1組の看板

2組の看板

どもたちには、チラシと同様、看板の役割を考えさせた。その後、各クラスで工夫して看板を作った。

（14）　N青果店にて販売開始　6月26日（火）〜

　チラシや、看板も完成し、販売の日はまだかと心を躍らせている頃、販売準備も佳境に入っていた。

　販売前日になると、販売の練習を行った。担当する6人以外はお客さんの役になり、本物のお金を使って練習した。そこでは、あいさつができていないことや、商品の説明が不十分であることの課題点が出てきたので、繰り返し全員で練習した。

　販売当日は、朝一番に畑に集合し、野菜を収穫した。そこから、商品になるかどうかの選別が行われた。基準をもとに、子どもたち同士で相談し合い、商品になるもの、ならないものを決定していった。その後、決まった量を数えたり、量ったりして袋詰めをおこなっていった。市販されている野菜販売専用の袋を用意し、口を結ぶひもは麻ひもを使った。袋の中には、ロゴマークと、商品の説明書きを野菜と一緒に詰めた。

　夏野菜の販売の日を、6月26日（火）、7月3日（火）、7月10日（火）、7月17日（火）、7月22日（日）に設定し、各クラス順番で行うことになった。1回の販売員は6人とし、10時から10時40分まで販売した。7月22日（日）は、地域の方が学校で開催している夏祭りがあるため、各クラス合同の12人で行った。

夏祭りの販売の様子

3．2学期の実践

（1）2学期の土作り　9月3日（月）

　9月当初、夏野菜の畑の片付けを済ませた。夏野菜の株や枝は、畑横に

積み上げて土に戻すことで、できるだけ畑でごみを出さないことを経験させたいと考えた。

（2）種の観察・種植え　9月5日（水）〜

①種の観察：大根の小さな種を観察させ、この小さな種から大きな大根ができることに気付かせた。また、大根の種の色についても学習した。

②種植え：種植えは9月の上旬に各クラスで行った。一人1か所は責任をもって育てられるように配当したが、半数以上の子どもたちは2か所以上を担当することになった。

（3）市場に出回らない間引き菜　10月5日（金）〜

9月10日に植えた大根は、2週間後の25日には約10cmまで生長していた。大根は、その半数が順調に育っていた。そして、10月5日には1回目の間引きを行うことになった。1か所に4粒植えているので、4つとも生長している場所の大根を1つ間引く。このように、間引きを1週間おきにし、最終的には1か所につき1本の大根を残していくのである。アオムシや毛虫を駆除した後、間引いた大根は食べられることを子どもたちに伝えた。

（4）音楽会に向けて

9月初旬、大学の先生の協力を得て編曲していただいた合奏唱「末小畑のもぐもぐ野菜」のスコアのパート譜を子どもたちに披露した。子どもたちの目は輝き、「早く演奏しよう！」と音楽室中が大喝采となっ

市内合同音楽会

た。自分たちの作った歌詞、曲が大きな合奏曲に変身したのが嬉しかったようだ。「どんな楽器があるか早く知りたい」という子どもたちの思いに応えるために、順番に主旋律の楽器を発表した。鍵盤ハーモニカ、リコーダー、鉄琴、木琴、大太鼓、小太鼓、鈴、カスタネット、ウッドブロック、

バスオルガン、ウィンドチャイム、タンブリン、トライアングルが楽器として組み込まれている。音楽会では、多くの人に聞いてもらえる最大の宣伝のチャンスである。練習の際には、美味しい大根を買ってもらえるように気持ちを込めて歌ったり、演奏したりするように高めていった。この演奏は、校内の児童向け音楽会・保護者向け音楽会と市内の合同音楽会で披露することができた。

（5）大根の追肥

　11月になって、大根が大きく生長してきた。2回の間引きを終え、1本になった大根は、さらに生長のスピードが増したような気がした。さらに生長を促すために、2回の追肥をすることにした。多くの畑では、市販の堆肥や化学肥料を使っているが、「末小畑のもぐもぐ野菜」では、無農薬・無化学肥料にこだわった。

（6）大根の販売　12月11日（火）〜20日（木）

秋野菜のロゴ

　12月11日（火）・13日（木）・18日（火）・20日（木）の4日間、大根の販売を行った。1学期の夏野菜販売で、販売員を経験していない子どもたちが、いよいよ販売員になれるということで、張り切っていた。販売に際して、1学期と同様、チラシ、看板、ロゴ、商品の説明書き、大根販売用のキャンペーンソングの歌詞を作成し、準備を整えていった。大根は、1学期同様、近隣のスーパーの実地調査やチラシを参考にし、生長の度合いから、150円、200円、250円と3つの価格を設定した。1学期の反省を踏まえ、計算ミスがないように、1本1本の大根に値札を付けた。

　販売後、地域の方から手紙や写真をもらった。また、2019年1月22日の読売新聞には、地域の方が大根を購入してくれた際の子どもとのやりとり

が掲載された。このように地域から活動に興味をもってくれることは、子どもたちにも学年教師たちにも、大きな喜びであった。

新聞記事

学校で習う料理より　母の味です

先日、近くの小学校の4年生が、育てたダイコンを八百屋で販売するというので、買いにいった。店頭にはとても立派な葉のついたみずみずしいダイコンが並んでいた。

男の子に「この葉っぱ、お勧めの食べ方ある?」と聞いてみると、恥ずかしそうに下を向いてモジモジ。周りの友達が小声で口々に「頑張れ」と応援を送っていた。見かねた先生が「ほら、調理実習で油としょうゆと……」と言いかけた時、「おみそ汁の中に入れたらおいしいです」と大きな声で答えてくれた。

その食べ方をどうやって知ったかを尋ねると、「昨日、お母さんが作ってくれた」。お母さんが作った答えではなかったが、男の子は自分が一番おいしいと思った食べ方を私に薦めてくれたのだろう。いつの時代も「おふくろの味」が一番なんだな。

4.　3学期の実践

（1）「3万円の使い道」プレゼン大会

①プレゼン大会までの準備

「総合的な学習の時間」における基本コンセプトの最後にあたる「お金の意味」を考えさせる学習で、野菜の売上から必要経費を差し引いた利益である3万円の使い道を考える実践を行った。

3万円の使い道を決めるに当たり、まず案を出すように促した。考える観点として、「自分のためだけに使う」「自分と人のために使う」「他人のためだけに使う」「自分と人のために使わない」を示し、子どもたちの頭の中を整理させながら、使い道を考えさせた。その結果、パーティ、食事、山分け、野菜の本、文房具、寄付、消耗品関係など様々な案が出てきた。

②スライドショーの作成

各グループで3万円の使い道のプレゼンテーションを行うために、パワーポイントによるスライドショーを作成した。その際、プレゼン時間3分で5～6枚のスライドを流す。目次、計画の理由、計画のアピールポイントをスライドに入れるように指示した。

③プレゼン予選大会　2月7日（木）

参観授業で、各クラスでこれまで作ったスライドをレーザーポインターで指示しながら説明していった。1組は11グループ、2組は9グループの発表をし、各クラスで上位2グループが1週間後の決勝に勝ち進んだ。

④プレゼン決勝大会　２月14日（木）

　予選大会からちょうど１週間後、クラス合同のプレゼン決勝大会を開催した。当日は、市内の「総合的な学習の時間」担当者会を兼ねた公開授業でもあった。

　決勝では、文房具グループ・野菜の本グループ、山分けグループ、イベントグループがプレゼンを行い、その後に質疑応答を行った。

　その結果、一位となったのは、「野菜の本」であった。野菜の育て方や、土作り等に関する本を買おうという提案で、誰もが使え、もぐもぐ文庫を図書室に作り、歴史に名を刻みたいという思いがあった。本の価格を調べ、学校司書と本の設置場所を打ち合わせし、本の注文をする手はずを整えていった。

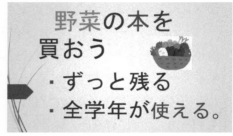

発表スライド

（2）来季に向けての土作り　３月５日（火）

　来季に向けて、土作りに取り組んだ。無化学肥料で野菜を育てる場合、こうした土作りの作業は必要不可欠なものである。子どもたちそれぞれが移植ごてを持って、土を耕す。１年前の春から何度も繰り返してきた作業である。子どもたちは手際よく、畑を耕していった。

土作り

　この１年、こうして、畑の土を作っていくという経験を積み上げていった。ホームセンターで袋詰めの野菜の培養土を買ってきて野菜を植えると

いう栽培経験ではない。無化学肥料にこだわった土作りから野菜が育っていくことを土と触れあうことで経験したのではないだろうか。

　作業の最後は、大根栽培で使っていた黒マルチをそのまま畑の上に張って、雑草防止に再利用している。ここでも、社会科で学習したごみの学習を活かした。

（3）「もぐもぐ文庫」の設置

　野菜の本を買い、図書室に置くまでに、何をする必要があるか考えさせた。子どもたちからは、「もぐもぐ文庫のレイアウト」「活動の紹介文」「研究文集を作成し、一緒に置く」「看板の作成」という意見が出てきた。早速、看板などのアイデアの募集をした。

「もぐもぐ文庫」の看板

　看板は、全員から集めたアイデアから、2人を選び、得票数が多いデザインに決定した。決定したデザインは木の板にペンと耐水性の絵の具を使って描いた。

　次に、研究文集を作る目的を考えさせた。すると、「他の学年の人たちがこの文集を見て、野菜作りに活かしてほしい」「次の4年生にこの活動を引き継いでほしい」「地産地消をすすめていきたい」という意見が出た。目的を明確にしたところで、何を書くかと

研究文集

いう話になった。そこで、1年間の活動をふり返り、目次を立てることになった。1つの項目に対して、3人のチームを作り、振り分けた。さらにその担当項目を細かく分けて、自分が何を書くのか一人ひとりずつ決めて

いった。そして、チームで何度も文章を見合い、訂正しあった。自分たちの活動が文になり、形になっていく喜びを感じながら文章を書いているように感じた。また、文集が完成した日には、大きな歓声が沸いた。この文集は、子どもたちにとっても生涯の宝物になることを4年生学年教師たちは願っている。

野菜の本は、子どもが理解しやすく、使える本を買うべきであると担任

団で考え、どんな本を買うか調査した。結果、プレゼンをした際に提示された本、担任が選んだ本をそれぞれ数冊買うことになった。

看板も作成し、研究文集も作成した後、図書室に「もぐもぐ文庫」を設置した。販売用の看板で使った木の板に「もぐもぐ文庫」の看板、クラス写真、活動内容の紹介文、夏・秋野菜のロゴを貼った。このようにして、「もぐもぐ文庫」が完成した。

5．おわりに

　4年生の学年教師、後藤勝徳、池田輝寿、岩下真一郎、鮫島清美、立見瑛美は、1年間試行錯誤を重ねながら、子どもたちと一緒に改善点を考え、課題を乗り越えて実践してきた。この「総合的な学習の時間」の報告は、その実践を4年生の学年教師がまとめた記録の一部である。「探究的な学習に主体的・創造的・協働的に取り組む」姿が鮮明に浮かび上がってくる。

　最後に、子どもが作文に書いた一文を紹介する。「12月に弟が生まれるので、僕のそだてた無農薬で作った『もぐもぐ野菜』を食べさせたいと思いました。」

カリキュラム・マネジメントを
取り入れた「総合的な学習の時間」

1.「総合的な学習の時間」との出会い

　私が、小中学生の頃には、「総合的な学習の時間」という授業は存在しなかった。初めてこの授業に触れたのは、ちょうど教育実習（2002年）のころであった。実習中に「総合的な学習の時間」の授業について教えてもらった。しかし、当時は、手探りで実施しているようすであった。

　今では当たり前のように、「総合的な学習の時間」が実施されているが、当時、他の教科等と比べると、年間指導計画等があまり確立されていない印象があった。

2.　実践事例①（2008年度　6年生）

　私が初めて「総合的な学習の時間」の授業を実施したのは、教員になって2年目の2008（平成20）年に6年生を担当したときであった。当時は、週3時間の実施で、年間105時間の授業を実施している時であった。この105時間をどう組み立てるのかを、相方の先生や学年の先生と相談しながら実施した。6年生は、学校行事がたくさんある。その学校行事と関連して実施することで効率があがるだろうと思い、実践した。のちに、これが、現在求められている「カリキュラム・マネジメント」であることがわかった。

　では、当時の指導をふり返ってみよう。私が当時勤務していた学校は、市の英語活動の研究指定校だった。3年後の2011年度から、外国語活動の必修化を迎え、英語活動の実践を研究していく学校であった。そのため、

105時間の年間指導計画のうち、35時間（週１）の英語活動を行うことになっていた。残りの70時間（週２）で総合的な学習の時間の指導をするというものであった。当然、これまで時間をかけて実施してきた内容を精選する必要があった。そこで、学習内容として、修学旅行（平和学習）、運動会、国際理解教育（JICA研修員との交流・オーストラリアとの交流）、キャリア教育（いろんな人に出会うことで生き方を考える）、卒業式というものに再編成した。

　まずは、修学旅行。５月末に行くため、４月の半ばから、平和学習とピースインタビューの準備に追われた。毎日、相方のベテランの先生と一緒に、修学旅行に向けて、準備した。５月半ばの迎えた出発集会（全校集会）では、大きな声を出し、全校児童の前で見事な発表を披露した。修学旅行本番では、セレモニーで折り鶴を捧げ、公園内にいる外国人の方へ英語で積極的にインタビューして、ピースメッセージ（図１参照）をもらっていた。帰ってきてからは、報告集会で、修学旅行の学びを全校児童の前で発表することができた。

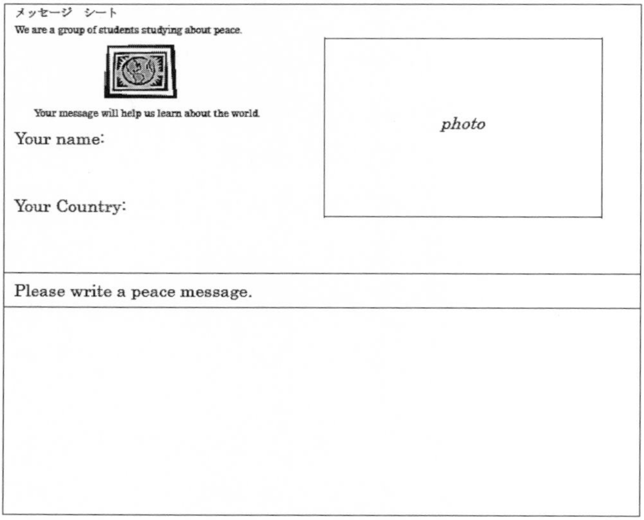

メッセージ シート
We are a group of students studying about peace.

Your message will help us learn about the world.

Your name:

Your Country:

photo

Please write a peace message.

図1　ピースメッセージシート

　9月になると、運動会に向けての練習が始まった。当時、北京オリンピックが終わった直後の運動会だったので、組み立て体操で「オリンピック」を表現したいと考えて、構成を練った。4年後のロンドンオリンピックを想定した内容を考えたため、題名は、「Go to London」とした。総合的な学習の時間では、オリンピックのことを簡単に調べて、運動会への機運を高めた。迎えた本番。まず、選手（児童）が入場。歓迎のダンス。体型移動して、一人技、二人技、三人技と続き、途中に聖火を灯すという意味で、大きなタワーを完成させ、その後、競技風景を身体で表現した。フィナーレに、五輪のマークを完成させた。

　10月には、JICAの研修員が来校することになっていた。総合的な学習の時間を使ってアジアや中東の国（カンボジア、インド、モルディブ、スリランカ、イラク、ベトナム、東ティモール）について調べ学習（図2参照）を行った。内容としては、国旗、ことば（その国での「こんにちは」と「ありがとう」）、人気のあるスポーツ、食べ物、宗教や歴史である。そしてどうやっておもてなしをするのかを考えた。当日は、英語活動で学んだ表現を駆使して、迎えた研修員の方々と交流することができた。

国名	カンボジア	インド	モルディブ	スリランカ	イラク	ベトナム	東ティモール
国旗							
言葉 「こんにちは」「おはよう」 「ありがとう」							
スポーツ （最も人気のあるスポーツ）							
食べ物							
歴史 宗教							
その他							

図2　調べ学習用シート

JICA研修員との交流を終えると、オーストラリアとの交流を実施した。私がインターネットを活用して、文通ができる学校を探し、オーストラリアの現地の６年生と交流することが可能となった。まず、現地の学校から、学校紹介や習ったひらがなや漢字を書いた作品等が送られてきた。その後、それに応えるために、子どもたちには学校の施設や学校行事を調べ、それを相手に伝えるためにどうすればいいのかを考えて取り組んだ。完成したものを、オーストラリアの学校に送った。後日、お礼のお返事があり、子どもたちにそのお手紙を披露した。

To　○○

About this material

My students want to tell your students a tragic accident in Hiroshima on Aug. 6th, 1945.

So, I enclose this material.

This material is published in Hiroshima Peace Memorial Museum.

This material is printed a tragic scene in Hiroshima.

Please examine whether you show this material to your students.

Thank you.

Wada Hiroyuki

図３　オーストラリアとの交流

　最後に、卒業式に向けての取組である。卒業式には、一人ひとりが自分の決意を述べる「一人宣言」を実施した。この「一人宣言」を英語で行うことにした。先ほども述べたが、「英語活動」の研究指定を受けていたこともあり、英語活動の集大成として、英語で一人宣言にチャレンジした。「将来の夢」や「中学校でがんばること」のどちらかを選び、宣言した。

一人ひとり、自分が言いたいことを考え、それを英語に直し、練習を重ねた。最初はうまくいかなかったが、練習を重ねることに、英語で宣言できるようになり、各自に自信をもたせることができた。

当時の実践を振り返って、総合的な学習の時間を軸として、初めてのカリキュラム・マネジメントを実施することができた。

3．実践事例②（2009年度　4年生）

4年生を担任した際も、年間指導計画を作成し、総合的な学習の時間の軸に、他教科等と関連するカリキュラム・マネジメントを行い、実践した。この年から、新たに市から英語活動の研究指定校に認定されたため、週3回のうち、週1の英語活動と週2の総合的な学習の時間を実施していた。この時は大きく2つのことに取り組んだ。1つは4年生の発達段階に合わせたキャリア教育である。もう1つは別の節で述べるが、「二分の一成人式」である。キャリア教育を実践するにあたり、道徳との連携を軸にした。主教材として、大阪府が発行していた道徳（人権）の教材「はたらくってステキ　いつもありがとう」の学習から始まった。学習の導入期にこの教材を用いたことは、その後の学習意欲を高めるきっかけとなった。また、実際に清掃業務に関わっている人たちの話を聴けたことも子どもたちにとって、有意義であった。この取組をきっかけにして、今後の調べ学習につなげていくことができた。当初、あまり乗り気でなかった子どもたちが、発表の日まで気を抜かずにやりとげることができた。途中、班の中で、意見の食い違い等があったが、子どもたちは、そのような経験をしたことで、その後の様々な学習や学校生活に活かすことができた。

この年の集大成としては、「二分の一成人式」を実施した。現在は、この取組に対して、賛否両論があるため、名称を変更したり、内容を変更したりして取り組んでいる実態がある。

当時、この取組を実施する目的は、二つあった。一つは、自分の成長を

ふり返り、これからの過ごし方（生き方）を考えたことを冊子にまとめること、もう一つは、保護者の方々に感謝の気持ちを伝えることだ。この取組の最終段階（まとめ）を、保護者の前で、自分で考えたことを発表することにした。取組当初、「先生、当日は、何を話したらいいん？」「どうやって書いたらよいのかわからん」等といった声が多くあった。授業を通して、自分の言いたいことや書きたいことがまとまり、全員が400字の原稿用紙１枚以上書くことができた。子どもたちは、「自分の夢」、「自分がやってみたい仕事」、「５年生に向けてがんばりたいこと」、「成長アルバムを作った感想」や「お家の人への感謝の言葉」などを書いていた。発表会の時に、「自分の夢」や「自分がやってみたい仕事」について発表した子にとっては、これまでに取り組んできた学習内容が彼らの発表活動に影響を与えたのではないかと考えた。

４．実践事例③（2012年度　５年生）

（1）はじめに

　2012（平成24）年度の実践を最後に紹介する。この実践は、2011（平成23）年度から施行された学習指導要領に基づくもので、2020（令和２）年実施の学習指導要領にも応用できるものである。当時の学習指導要領の総合的な学習の時間の目標は下記のものである。

「横断的・総合的な学習や探究的な学習を通して、自ら課題を見付け、自ら学び、自ら考え、主体的に判断し、よりよく問題を解決する資質や能力を育成するとともに、学び方やものの考え方を身に付け、問題の解決や探究活動に主体的、創造的、協同的に取り組む態度を育て、自己の生き方を考えることができるようにする。」

　それでは、当時の実践をふり返ってみる。学習指導要領が改訂されて２

年目を迎えた。当時は、どの授業も学習指導要領にある目標を達成できるように、工夫して授業を実践した。どの教科においても「単元指導計画」を重視し、取り組んだ。どの教科も、「つけたい力」があり、それを達成させるために、指導計画を練った。国語、算数、社会、外国語活動を中心に単元ごとに指導計画を立てた。体育は、3ヶ月ぐらいの長い期間で指導計画を立て、図工や家庭科に至っては、年間で指導計画を立てた。

　総合的な学習の時間は、「米作り」、「林間学校」、「児童会祭り」、「キャリア教育」と、テーマを持たせて、年間の見通しをもって取り組んだ。指導者が見通しを持っていると、子どもたちも安心して取り組むことができる。反対に、行き当たりばったりの指導をすると、子どもたちは不安になる。特に、これまでの指導経験から、総合的な学習の時間は、その傾向がでやすい領域であると感じていた。70時間と決められた中で、何をさせたいのかをはっきりと決めて取り組む必要があると感じた。

（2）年間指導計画の作成

　当時の学習指導要領には、「年間指導計画の作成の留意点」として、以下の記載があった。

（2）「地域や学校、児童の実態等に応じて、教科等の枠を超えた横断的・総合的な学習、探究的な学習、児童の興味・関心等に基づく学習など創意工夫を生かした教育活動を行うこと。」
（6）「各教科、道徳、外国語活動及び特別活動で身に付けた知識や技能等を相互に関連付け、学習や生活において生かし、それらが総合的に働くようにすること。」

　上記の記述を踏まえて、次のような年間指導計画を立案した。

平成24年度　5年生　総合的な学習の時間　指導計画

米作り（4月〜12月）	野菜づくり（4月〜10月）	林間学校（6月〜8月）	○○文化祭（10月〜11月）	キャリア教育（1月〜3月）
めあて：「とびっきりおいしいお米を作ろう」	めあて：「幼稚園児と一緒においしい野菜を育てよう」	めあて：「仲間と一緒に楽しい林間学校にしよう」	めあて：「学校のみんなや園児が楽しめるスポーツゲームのお店を作ろう」	めあて：「いろいろな職業やその仕事内容を知ろう」
・米や米作りに関心をもつ ・おいしいお米を作るには？ ・米や米作りについて調べたいことをカードに書く ・自分の調べたいテーマに沿って、調べていく 　・JA職員の方の話を聞く 　米作りの喜びや苦労 　米作りのおもしろさ ・田植えをする ・田植えのレポートをする ・米の生育状況調査 ・稲刈り ・精米をする ・新米を食べてみる ・もちつきをする ・ワラを使って、リースやしめ飾りを制作する。 ・学習のふり返りをする	・さつまいもも苗植え ・ヘチマ、ゴーヤー、インゲンマメなどのツル科の野菜育て ・トウモロコシ、オクラなどの野菜育て ・収穫 ・家庭科で調理	・滋賀県高島市マキノ町を知る ・琵琶湖の自然を調べる ・飯ごう炊きさんについて知る ・林間学校の出し物を考える ・班分けや林間のルールを考える （カレーライスを夏休み中に家族と一緒に作る）	・みんなが楽しめるお店はどんなお店かな ・スポーツゲームにはどんな種類があるのかな ・お店の出店計画 ・店舗の組織 ・当日の運営 ・文化祭を終えて、ふり返り	・どんな仕事があるのか ・現代と昔の時代の仕事の違い ・仕事はたくさんあることを知る ・調べたい仕事や興味がある仕事を調べる ・調べ学習 ・調べたことを発表する

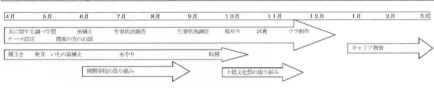

図4　平成24年度年間指導計画

（3）米作りと野菜づくり（幼稚園交流）について

　学習指導要領の「指導計画作成の配慮の（4）」には、次のような記載がある。

「育てようとする資質や能力及び態度については、例えば、学習方法に関すること、自分自身に関すること、他者や社会とのかかわりに関することなどの視点を踏まえること。」

　この記載を踏まえて、米作りの学習では、最初に、マインドマップを作成することからスタートした。（右図参照）

図5　マインドマップ1

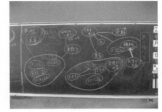

図6マインドマップ2

総合学習

（　　）月（　　）日

5年　組　名前（　　　　　　　　　）

米や米作りについて

○ 米について、知っていることを書いてみよう。

○ 米作りについて知っていることを書いてみよう。

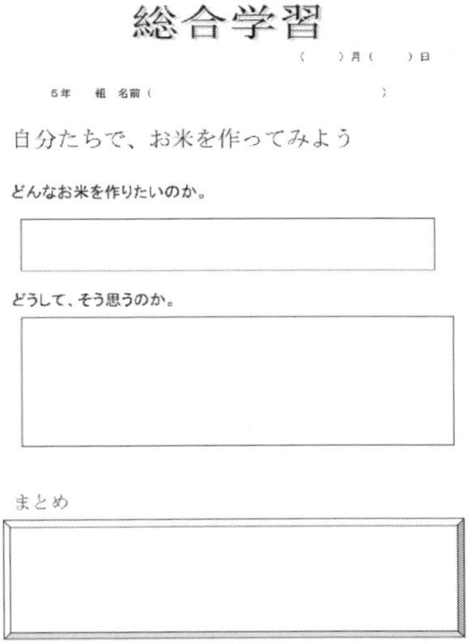

総合学習

（　　）月（　　）日

5年　組　名前（　　　　　　　　　）

自分たちで、お米を作ってみよう

どんなお米を作りたいのか。

どうして、そう思うのか。

まとめ

図7　米作りのワークシート

　このマインドマップは、他教科でも応用して、国語の文章を書いたり、図工の作品を作ったりする時に迷っている児童がいたら、「総合的な学習の時間で学んだマインドマップを使ってみたら」とアドバイスしていた。

　春から秋にかけての野菜づくり（サツマイモ栽培）では、幼稚園と連携して実施していった。理科の「植物の成長」や社会の「農業」の学習と関連付けて、学んでいった。

図8　田植えの様子

図9　幼稚園交流との交流（左は5月の様子。右は11月の様子。）

（4）林間学校に向けて

　夏の林間学校に向けて、これは特別活動や家庭科と関連付けて、取組を
実施した。学習指導要領には、次のような記述がある。

> 内容の取り扱いについて
> （3）「自然体験やボランティア活動などの社会体験、ものづくり、生
> 　　　産活動などの体験活動、観察・実験、見学や調査、発表や討論
> 　　　などの学習活動を積極的に取り入れること。」

　林間学校では、滋賀県に行くことになったため、授業で琵琶湖の自然を調べた。夏休み期間を利用して、飯ごう炊さんで行うカレーづくりを、自宅で家族とともに作る宿題を出した。林間学校の目的であるクラスメイトとの親交を深めるための班を構成したり、一緒に過ごすためのルールを作成した。

（5）児童会祭りに向けて

　秋以降には、児童会主催の文化祭で開くお店作りを取り組んだ。「学校のみんなや園児が楽しめるスポーツゲームのお店を作ろう」というめあてを提示し、考えていった。自分たちが楽しむだけでなく、小さい園児や低学年が楽しめるという相手意識をもたせ、思考させていった。当時の子どもたちは、姉妹学年や園児との交流を盛んに実施していたため、このテーマに対して積極的に考えて実践していた。

図10　児童会祭りを終えて

自分の調べたい職業を調べ、ポスターセッションで発表しよう

１．単元名

自分の調べたい職業を調べ、ポスターセッションで発表しよう
（全16時間）

２．単元の目標

　本単元を通して、社会生活にはいろいろな役割があることやその大切さを理解し、仕事における役割の関連性や変化に気付くようにする。憧れとする職業をもち、今しなければならないことを考えるきっかけとする。学習を通して、自分で調べたい職業について、本やインターネット等を使って情報を集め、整理・分析する。集めたものを友だちや保護者にわかりやすいようにポスターにまとめたり、「調べたこと」と「自分で考えたこと」を分けてまとめたりすることができる。

３．単元設定の理由

　本単元は、「日常生活と社会の関わりを考えるきっかけづくり」と「中学校区におけるキャリア教育の目標」に基づいて構想したものである。

（1）児童の実態

　元気で活発な児童が多く、男女の仲はよい。授業中はうるさくなる時もあるが、ノートを書いたり、問題を解いたり、テスト等を受けたりする時は集中して取り組めている。授業中、子どもたちは積極的に発表する。し

かし、発表しても言い放しで、話を聴くことが苦手な児童がいる。

　学級目標として「話す・聴く等のコミュニケーション活動を通して、人間関係を豊かにする」というテーマを持って、日々、取り組んでいる。

　「総合的な学習の時間」を通して、思考ツールを学び、そのツールを他教科などに活かすようにしている。

（2）教材について

　「自分で調べたい（なりたい）職業」のことを調べることに対して、強く関心を持つことが期待できる。また、参観で保護者に向けて発表するという活動を仕組むことで、子どもたちが相手を意識しながら、主体的に学習活動を進めていくことが期待できる。

　目的に応じて整理・分析をしたり、ポスターにまとめる作業を通して表現したりする活動など、探究的な学習のプロセスを繰り返すことができる教材である。

　主体的な活動の中では、これまで学習してきたウェビングマップ・表・ピラミッドチャート・くま手チャート・ボックスチャート等の思考ツールの活用を拡げ、子どもたちが課題を解決しようとする場面で比較する力や関連付ける力を中心に思考力を身に付けることができると考えている。

（3）指導について

①活動全体を見通した留意点

　・失敗やつまずきを予想して、「学び」の場面として生かす。

　・思考ツールを積極的に活用し、目的に応じて選択できるようにする。

　・仲間との協働的な学習の機会を増やし、共に学ぶことの楽しさを実感できるようにする。

　・国語科・外国語科・道徳科を中心として、各教科等との関連を図る。

②探求的な学習プロセスの構成

ア　課題設定の工夫

　本単元の課題設定として、国語科・外国語科・道徳科を中心にしたカリキュラム・マネジメントを実施したことである。まず、外国語科との関連について述べる。

　We Can! Unit 3の単元では、「Hi, friends! 1」や「英語ノート」のLesson 8と同じく、教科名に触れたり、自分たちでオリジナルの時間割を創作したりすることを目標としている。今回は「夢につなげる時間割を作成しよう」を最終ゴール（タスク）として設定した。このタスクを設定した理由は2つある。1つはキャリア教育につなげるためである。中学校区で5年生の「総合的な学習の時間」のカリキュラムに「キャリア教育」を位置づけている。総合的な学習の時間では、さまざまな仕事について調べ、まとめる活動を計画している。また、国語科の「伝記を読み、自分の生き方について考えてみよう」では、アンパンマンの作者であるやなせたかしさんや気になる人物の伝記を読み、自分の生き方について考えるきっかけとした。もう1つの理由は、相手を意識したコミュニケーション活動を行うためである。このタスクでは、自分が今もっている夢や将来、やってみたいことに対して、どんな学習をすれば、その夢に近づけることができるのかを考えていく。この単元を通して、考えた時間割をグループの友だちに伝わるように発表したり、友だちの発表を真剣に聞いてうなずいたりすることで、相手意識をもったコミュニケーション活動を行える。

イ　情報収集の工夫

　情報を収集するにあたっては、活動の目的を意識させることで、「誰が」「誰に」「何を」「どのようにして」などの観点を踏まえるようにする。目的に応じて手段を選択し、課題解決のために必要な情報を集めることができるようにしたい。さらに、収集した情報は適切な方法で蓄積するように

する。

ウ　整理・分析の工夫

　集めた情報を整理・分析する段階では、多様な思考ツールに触れさせて
いきたい。集めた情報を整理するために、マトリックス表やグラフを用い
る。最終的には、自分たちで情報を整理・分析する手段として、いろいろ
な思考ツールを自分たちで選択し活用できるようにさせたい。それを繰り
返す中で、子どもにとって考え方の方向性が見える適切なツールを自分た
ちで選び、活用する力を付けさせたい。本単元で活用されることが予想さ
れる思考ツールは、座標軸、ピラミッドチャート、メリット・デメリット、
ボックスチャートなどである。これらを、目的や必要に応じて選択したり
組み合わせたりしながら活用する力を付けるとともに、自分たちの考えを
生かした学習活動が展開されるよう支援していきたい。

エ　まとめ・表現の工夫

ポスターのまとめ方

・友だちにわかりやすいようにまとめよう。

・「調べたこと」と「自分で考えたこと」を分けてまとめよう。

・一人一枚の用紙にまとめよう。

発表方法

・一人ひとりが調べたことをポスターに記入し、発表する。

・発表は、2分間で行う。

・聞く人を入れ替え、何度も同じ発表をします（一人4回）。

・聞く人は、自分が聴いてみたいポスターに活き、発表を聞きます。

・聞く人は、発表を聞いた後は「良かった点」をふせん紙に記入し発表者
　に渡す。

・発表が終わったら、ふり返りをする。

ポスターセッションの図
・A〜Fが「発表者」（□で表現）
・○の人が「聞く人」
・発表が終わったら、「聞く人」が移動する。

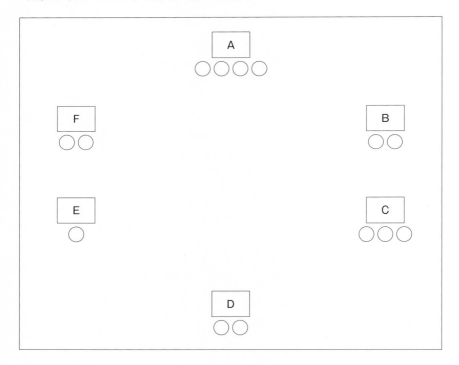

オ　自己のよさや学びのよさに気付かせるための工夫
　　活動途中や活動後に、子どもたちが学んだことを生かしている姿を教師
自身が見付け、すぐにフィードバックする「その都度評価」を行うことで、
学びのよさを実感できるようにしていきたい。なお、「その都度評価」を
行う際には、「付けたい力」だけに捉われるのではなく、一人ひとりの個

人内評価を重視していくものとする。また、途中段階で、他の教職員からの評価等を受けて、子どもたちが主体的に活動できるようにしたい。活動の最後には、参観で保護者の方から評価をもらうことで子どもたちの自尊感情を高めていきたい。

　単元の最後のふり返りでは、友だちのがんばりを紹介するとともに、自己の成長に気付けるようにする。

「職業調べ」学習を終えて

5年1組（　　　　　）番

名前（　　　　　　　　　　　）

☆「職業調べ」学習が終わりました。次の点についてふり返りをしましょう。

目当て 「自分の調べたい職業を調べ、ポスターセッションで発表しよう」

①次の質問に対して、こたえましょう。

・　目当てを達成できた。　　　　　　　　　　　　　　（はい　　　うーん　　　いいえ）

・　友だちの発表を聞いて、「なるほど」と思ったことがあった　（はい　　　うーん　　　いいえ）

・　ポスターセッションでわかりやすく発表できた。　　（はい　　　うーん　　　いいえ）

・　ポスターセッションでていねいに発表できた。　　　（はい　　　うーん　　　いいえ）

・　今回の学習を楽しむことができた。　　　　　　　　（はい　　　うーん　　　いいえ）

②「職業調べ」学習を終えて、心に残ったこと、楽しかったこと、友だちのよさを発見したこと、うれしかったこと、などを自由に書い

　てみましょう。

　また、上の質問に対して、「どうしてうまくいったのか」、「うまくいかなったのはどうしてか」について、自分で考えてみましょう。

_____

_____

_____

_____

_____

４．単元の評価規準

A　知識・技能	B　思考・判断・表現	C　主体的に学習に取り組む態度
①活動を通して、社会は様々な職業によって成り立っていることを理解している。	①自分が調べたいと思う職業（課題）を見つけ、解決に向けて自分にできることを考えている。	①調べ学習を通して得た知識や友達の考えを生かしながら、協働して課題解決に取り組もうとしている。
②調べ学習を通して、様々な職業は、人々の思いや願いがあり、いろんな取組の工夫や努力があって成り立っていることを理解している。	②自分の課題に沿った必要な情報を、手段を選択して収集している。	②課題解決に向けて、自分の取組や状況をふり返ろうとしている。
③自分たちの生活と調べた職業がつながっていることを理解している。	③図書の資料やインターネットなどで収集した情報を取捨選択したり、複数の情報や考えを比較したり、関連付けたり、焦点化したりしながら、解決に向けて考えている。	③最後まで粘り強く取り組もうとしている。
④活動を通して調べたり考えたりしたことについて、相手意識や目的意識を明確にしながらまとめる方法がわかっている。	④伝える相手や目的に応じて自分の考えをまとめ、適切な方法で表現している。	

５．指導と評価の計画（全16時間）

次（時間）	ねらい・学習活動	知	思	態	備考
マイライフシミュレーションを通して、これから進んでいく未来を知って、自分の生き方について考えよう。（6時間）	○活動する前に、未来設計図Ⅰを立てる。	①			マイライフシミュレーションゲームのシート
	○マイライフシミュレーションのロールプレイングゲームを体験して、これからの未来について理解する。				未来設計図シート
	○ロールプレイングゲームが終わった後、学んだことを活かして、もう一度、未来設計図Ⅱを立てる。			①	ふり返りシート
	○ゲームを通してわかったことをふり返る。			③	

よのなかの仕事を知って、調べ学習の計画を立てよう。 （全３時間）	○わたしが知っている仕事（自分の知っている仕事や知らない仕事）を列挙する。	①	①	③	
	○現在、存在している職業を知る。				
	○自分が調べたい仕事と内容を決める。				
	○最後のポスターセッションの方法を知る	④			
課題意識を持って調べたことをポスターにまとめよう。 （全５時間）	○自分で課題を設定する。	②	②	③	図書の資料
	○図書館の本や資料を使って調べる。	③	③		
	○まとめるときは、思考ツールを活用してまとめる。		④		
	○「調べたこと」と「自分で考えたこと」を分けてまとめる。				
	○一人一枚の用紙にまとめよう。				
まとめたことをポスターセッション形式で発表しよう。（全２時間）	○クラスのみんなや保護者にわかりやすく発表する。		④	②	

←発表当日の
　ホワイトボード

使用した参考図書

異年齢による「探究的な学び」

まずは、やってみよう！「探究的な学び」の進め方

グループ；1グループ4〜5人程度

テーマ；「睡眠」「海」「トイレ」「森林」「ペットボトル」「食」など

対象学年；小学校第1学年〜3学年の異年齢集団　または、

第4学年〜6学年の異年齢集団（各学年ほぼ同人数と仮定する）

進め方：

① 各グループでテーマを決める

② 各自が付箋にそのテーマに対する問いを書く

③ グループで出し合う

④ 開いた問いに変えられるものは変える（答えが1つのものを意見を出し合えるようにする）

⑤ ウェビングマップをつくる、または、カテゴリーに分ける

⑥ 学習計画・学習活動を考える

⑦ 単元名を考える

⑧ 発表方法を考える

　　⑥⑦⑧は、順不同

⑨ グループごとに発表する

⑩ 各グループの発表を聞いた感想や意見を書き、付箋を貼りに行く

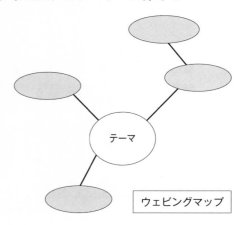

ウェビングマップ

それではどのような問いが生まれたか、事例を紹介していく。

「睡眠」の問い

- ○ 寝だめってできるの？
- ○ 寝たら身長が伸びるって本当？
- ○ なぜ動物によって眠り方や時間が違うの？
- ○ たくさん寝ないといけないの？
- ○ どうして眠たくなるの？
- ○ なぜ夜に眠るの？
- ○ どうしてご飯食べたら眠くなるの？
- ○ 夜は眠たくないのに、なぜ朝起きられないの？
- ○ どうして夢をみるの？
- ○ 夢を覚えているのはなぜ？
- ○ 疲れていてもなぜ寝たら元気になるの？
- ○ どうして目を閉じて寝るの？

単元名「すやすやクエスト」（高学年）

学習計画

1次 カテゴリーでまとめる

2次 よく似た問いでグループをつくる・調べる

3次 発表

　パワーポイント・劇・ポスター・紙芝居などグループで決める

「海」の問い

- ○ なぜ海の色は青いの？
- ○ ごみがあるのは色に関係している？
- ○ 温度は海の色に関係する？
- ○ どうして海の水は塩からい？
- ○ 川との境目は？
- ○ 海でも川でも住める魚っている？
- ○ 波は陸に向かってきているのに、浮き輪は沖に流されたのはなぜ？
- ○ 海水浴ってべたべたするのはなぜ？

単元名「Song of Sea　～最高の一曲をつくろう～」（高学年）

学習計画

1次　海のエピソードを出し合う

2次　海をテーマにした曲を調べる

3次　問いのテーマごとに
　　　調べ、作詞する。

4次　タブレットを使い、
　　　曲をつくる

5次　曲を発表する
　　　（合奏・歌・ダンス）

＊　他教科との関連
　国 語・音 楽・社 会・体
　育・外国語活動

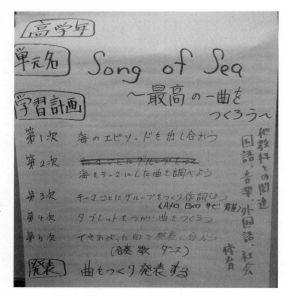

「トイレ」の問い　その1

- ○　なぜ日本のトイレは和式だったのか？
- ○　なぜトイレはくさいのか？
- ○　なぜ和式と洋式があるの？
- ○　なぜ洋式が増えてきたんだろう？
- ○　なぜ便器の形はあの形になったの？
- ○　トイレの壁の色はどんな色？なぜ？
- ○　なぜトイレは狭いのか？広かったらだめ？
- ○　なぜトイレットペーパーなの？
- ○　トイレがなかったらどうする？
- ○　トイレはなぜ怖い？
- ○　トイレはなぜ持ち歩けない？

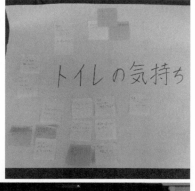

単元名「トイレの未来」（低学年）
1次　トイレの気持ちを考える
2次　「こんなトイレがあったらいいな」
　　　を制作する計画をたてる
3次　制作する
4次　発表会をする

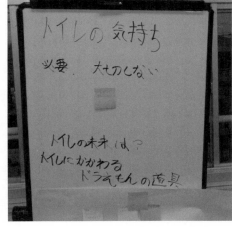

「トイレ」の問い　その2

○　なぜトイレは生まれたの？

○　トイレのもつ役割は？

○　最高級ホテルのランキングは？

○　なぜ洋式トイレがスタンダードになったのか？

○　公衆トイレを快適な場所にするにはどうしたらいい？

○　ウォシュレットはなぜ生まれたのか？

○　子どもの時はトイレは怖いのに、大人になるとトイレは落ち着くの
　　はなぜ？

○　どんなトイレが未来の理想的なトイレか？

○　未来のトイレはどう発達・進化しているか？

○　心地よいトイレはどんなトイレ？

○　世界のトイレはどんなトイレ？

○　なぜ楕円形のトイレが多い？

○　トイレのマナーの違いは？

○　トイレは国によって違うのかな？

○　トイレの歴史は？トイレ年
　　表は？

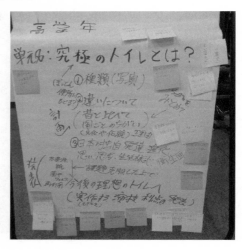

単元名「究極のトイレとは」（高
学年）

学習計画

1次　問いを解決する

2次　少人数グループをつくり、
　　　今後の理想のトイレについ
　　　て話し合う

3次 発表する（実作・演技など）特に課題（水資源・紙資源・菌やウィルス・再利用など）の克服点を発表する

　以上は、研修会の1コマである（令和2.1.17「カリキュラム・マネジメントを豊かにするワークショップ」）。

　テーマについて気付かれたであろうか。隠し味として、持続可能な開発目標（SDGs）に関わるもの・ことを集めている。

　＊　持続可能な開発目標（SDGs）とは、2001年に策定されたミレニアム開発目標（MDGs）の後継として、2015年9月の国連サミットで採択された「持続可能な開発のための2030アジェンダ」にて記載された2030年までに持続可能でよりよい世界を目指す国際目標です。17のゴール・169のターゲットから構成され、地球上の「誰一人取り残さない（leave no one behind）」ことを誓っています。SDGsは発展途上国のみならず、先進国自身が取り組むユニバーサル（普遍的）なものであり、日本としても積極的に取り組んでいます（外務省HPより）。

　　https://www.mofa.go.jp/mofaj/gaiko/oda/sdgs/about/index.html

探究学習活動の過程

　それでは、児童の学習活動の過程を考えていく。

① 導入

　それまでに学習や生活の中で課題意識をもったことを取り上げて始めていく。また、テーマを指導者が提示するときは、できる限り実物を見て、知っていることを出し合うことから始める。イメージを広げるために、寸劇をするなどの工夫も考えられる。

② 問い（疑問）を集める

　どんどん個人で出していく。それから、出し合った時には友達の考えを否定しないことが重要である。また、YES/NOで答えられるものや答えが

1つのものは、開かれた問いになるよう、話し合って変えていく。例えば、「海は続いているか？」→「世界の海はどうなっているの？」

③　整理する

　カテゴリー別にしたりウェビングマップなどを使ったりして整理する。

④　学習計画をたて、異年齢のグループで問いを追究する

　図書資料やインターネットからの調べ学習だけでなく、体験活動（実験・観察・インタビュー・実態調査など）を重視する。

　異年齢グループでは、初めは慣れずに、互いの考えやよさを出しにくいことも想定される。しかし、慣れてくるにつれ、子どもたちはしっかりと自分の考えを出し、互いを認め合うようになる。また、必ずしもグループでしなければならないということはない。1人で取り組む場合も認めていければよい。協働するためには、それぞれの情報を知らせたり見に行けたりする場や方法を工夫することが必要である。例えば、「おたずねボード」や「共有ボード」に、知りたい内容や知らせたい内容を書き込むことが考えられる。要は、知りたい情報を自分から求めていける場をつくり、知らせたい情報をアピールできる場をつくることである。この情報とは内容と方法のことである。

　そして、自分たちの計画に沿って進めていく。時間や学習ステップなどのまとまりでふり返り、計画を見直し、必ず、次時の計画を立てることが探究学習の一つのカギとなる。次への意欲と学びの準備が大変重要である。

⑤　共有する

　互いの成果や考えを共有する場を設定する。発表の方法も選択肢を多くする工夫が大切である。

　さて、探究的な学習について、学習指導要領解説はどのように記載されているであろうか。

　小学校学習指導要領解説総合的な学習の時間編（平成29年7月、文部科

学省）第7章第3節「探究的な学習の指導のポイント」から引用する。

> 　今回の改訂においては、「横断的・総合的な学習」を、「探究的な見方・考え方」を働かせて行うことを通して、よりよく課題を解決し、自己の生き方を考えていくための「資質・能力」を育成することを目指している。第2章第1節で述べたように、この「探究的な見方・考え方」とは、各教科等における見方・考え方を総合的に活用するとともに、広範な事象を多様な角度から俯瞰して捉え、実社会・実生活の課題を探究し、自己の生き方を問い続けることであると言える。この探究的な見方・考え方は、各教科等の見方・考え方を活用することに加えて、「俯瞰して対象を捉え、探究しながら自己の生き方を問い続ける」という、総合的な学習の時間に特有の物事を捉える視点や考え方である。つまり、探究的な見方・考え方を働かせるということは、これまでの総合的な学習の時間において大切にしてきた「探究的な学習」の一層の充実が求められていると考えることができる。
>
> （以下は抜粋）

1．学習過程を探究的にすること

①課題の設定
②情報の収集
③整理・分析
④まとめ・表現

2．他者と協働して主体的に取り組む学習活動にすること

（1）多様な情報を活用して協働的に学ぶ
（2）異なる視点から考え協働的に学ぶ

（3）力を合わせたり交流したりして協働的に学ぶ

（4）主体的かつ協働的に学ぶ

探究的な学びのイメージがこれでふくらんできたことと思う。

異年齢集団による学び

では、次に、異年齢集団による学びについて考えていく。

先の研修会では、小学校1・2・3年、小学校4・5・6年の異年齢集団を学習の集団として設定した。人間関係能力を構築することは、現在の教育における喫緊の課題といえる。わが国では、小学校・中学校において、同年齢の集団による教育活動が行われている。しかし、社会に出ると、同年齢の集団による活動はまれといえる。

一方で、これまでにも、特別活動（以下特活と表記）の特質から複数学年による実践が積み重ねられてきた。例えば、次のような活動である。

・縦割り班活動 … 清掃活動 交流給食

・児童会話し合い活動

・児童会集会活動 … ○○フェスティバル 朝の集会活動など

・クラブ活動・委員会活動

・登校班や地区別児童会

・学校行事 など、多様な実践が積み重ねられてきている。

そして、複式学級や小学校内、小中一貫校において縦割り班活動、複数学年での相互作用を伴う教科等学習活動を通した成果が報告されてきている（例えば、渡邉2017、岡田2017、飯島ら2012、廣末2015、上薗2009、神戸大学附属明石小学校2002、1999）。

また、西川・山田（2005）は、児童会活動を兼ねた総合的な学習の時間の実践を行い、複数学年集団の発話が量的・質的に優れていると報告され

ている。

　長谷川・久野（2005）は、第1学年から第6学年までの複数学年集団を
総合的な学習の時間の学習集団として編成することにより従来の外部講師
や同一学年の子どもとの関わりに加えて、複数学年の子どもとの関わりを
深められること、学年間の視点の異なりや調査・追究活動の力量の差を学
習活動に活かすことなどに成果を生み出したと報告している。

　加納（2013）は、第3・4学年総合の複数学年による実践におけるカリ
キュラムの学習効果を「学力」「相乗効果」「指導方法の工夫」の評価基準
からカリキュラムを検証している。

　筆者が分析を行った事例（大阪市立小学校）から、子どもの意識をみて
いく。第2・3学年の生活科・総合的な学習の時間「安心・安全ひろげ隊」
の学習後のアンケート結果からは、両学年ともに平均値の高かった項目は、
「安心・安全のものを見つけてくることができました」が、まず挙げられ
る。それは学習のねらいを達成したからと考えられる。「学習したことは
役に立ちそうですか」に対しても、同様に高く、実生活と結び付けて学習
してきた結果であり、今後に生かそうとする有用感が表れている。「もっ
とやってみたいですか（時間）」「2・3年生で、次も学習したいですか」
も高く、両学年ともに、時間が欲しかったことが伺われる。「2・3年の
学習は楽しかったですか」に対しても同様で、このことから二学年合同学
習を楽しんで学習したといえる。

　その他には、「やってみたいことをまとめることができましたか」、「自
分の考えを伝えることができましたか」は、第3学年が第2学年より平均
値が高いという結果が出た。また、「3（2）年生といっしょにしていつ
もの自分の力が出せましたか」はどちらの学年も高く、いつも通りにでき
たことの表れと推察される。「2.3年生で、次も学習したいですか」に対し
て、第2学年では、「やってみたいことをまとめることができましたか」
「3年生と一緒にしていつも通りにできましたか」の間に正の相関関係が

見られた。下学年としても委縮することなく学習に取り組めたことが、今後の意欲につながったのではないかと考えられる。第3学年は、「2・3年の学習は楽しかったですか」「2・3年で学習してよかったですか」「助け合って学習できましたか」の間に、正の相関関係が見られた。二学年の合同での学習したことによる人間関係形成の充実感が、今後の意欲につながったと考えられる（2019）

第3・4学年「世界の国調べプロジェクト」実践分析（2019）においても、両学年とも一緒に学習して、いつもと同じようにできたことに対する評価が高かった。異年齢集団の学習においても自分の力が出せるということに価値を見いだすことが一つの鍵といえる。

その意識の醸成には、特別活動が深く関わっていると考えられる。当該校では、児童集会活動でも、学習におけるグループのメンバーと同じにして活動している。生活科・総合的な学習の学びと特別活動が相互作用することで、望ましい人間関係が築かれていったと推察される。活動を楽しむことで人間関係を育み、集団内に多様性や異質性を自然と受け入れ、自分たちでたてた目標に向かって学習する姿が印象的であった。

オルタナティブ教育学校

海外の実践として、オルタナティブ教育諸学校においては、異年齢の子ども達によるクラス編成が取り入れられている。

例えば、イエナプランのファミリー（根幹）グループ（クラス）では、異年齢の子ども達でグループ（クラス）を形成する（2011、JAS）とされている。イエナプランにおいては、基本活動を「対話」「遊び」「学習」「催し」とし、「ワールドオリエンテーション（ファミリー・グループワーク）」で探究的学習を行い経験したことを分かち合う「催し」が設定されている。

「学習」では、自分で学習の計画をたて、学んでいきます。

2019年4月にイエナプラン校が我が国に初めて長野県佐久市に開校した。

学習指導要領解説から

以下は、学習指導要領解説における、異年齢集団についての記載である。

小学校学習指導要領解説　総合的な学習の時間編　第4章第2節内容の取扱いについての配慮事項には、

（6）グループ学習や異年齢集団による学習などの多様な学習形態、地域の人々の協力も得つつ、全教師が一体となって指導に当たるなどの指導体制について工夫を行うこと。

　多様な学習形態の工夫を行うことは、児童の様々な興味・関心や多様な学習活動に対応し、主体的・対話的で深い学びを進めるために必要なことである。例えば、興味・関心別のグループ、表現方法別のグループ、調査対象別のグループなど多様なグループ編成や、学級を越えた学年全体での活動、さらには教え合いや学び合いの態度を育むために異年齢の児童が一緒に活動することにも考慮する必要がある。（中略）

　異年齢集団で学習を進めることは、上級生のリーダーシップを育み、下級生にとっても各自の資質や能力だけでは経験できないような学習活動を経験できたり、上級生の姿を見て、「自分もこうなりたい」、「こういうことができるようになりたい」という意欲を高めることができたりという利点がある。一方で、全員が学習内容を理解するための時間がかかったり、学習活動の管理が難しくなったりすることも考えられる。

　総合的な学習の時間を充実させるためには、これらの学習形態の長所、短所を踏まえた上で、学習活動に即して適切な学習形態を選択したり組み合わせたりする必要がある。また、人数と学習活動とは適切か、どれくらい時間が必要か、事前にどのような活動を行っておくか

などについて、しっかりとした計画を立てることも重要である。この
ような計画の下で学級や学年を越えた取組を進めることで、児童の多
様な興味・関心や学習経験などを生かすことができる。（以下、略）

育成を目指す資質・能力

　今回の学習指導要領では、各教科等で目標及び内容を3つの柱で再整理
されている。探究的な学習と異年齢による学びを進めていくにあたっては、
まず、ねらいと資質・能力を総合的な学習の時間と特別活動から考えてい
く必要がある。次表は、総合的な学習の時間と特別活動の目標である。

	総合的な学習の時間	特別活動
学習過程の在り方	探究的な見方・考え方を働かせ、横断的・総合的な学習を行うことを通して、よりよく**課題を解決**し、自己の生き方を考えていくための資質・能力を育成することを目指す。	集団や社会の形成者としての見方・考え方を働かせ、様々な集団活動に自主的、実践的に取り組み、互いのよさや可能性を発揮しながら集団や自己の生活上の**課題を解決**することを通して、次のとおり資質・能力を育成することを目指す。
知識及び技能	探究的な学習の過程において、課題の解決に必要な知識及び技能を身に付け、課題に関わる概念を形成し、探究的な学習のよさを理解するようにする。	多様な他者と協働する様々な集団の意義や活動をする上で必要となることについて理解し、行動の仕方を身に付けるようにする。
思考力・判断力・表現力等	実社会や実生活の中から問いを見いだし、自分で課題を立て、情報を集め、整理・分析して、まとめ・表現することができるようにする。	集団や自己の生活、人間関係の課題を見いだし、解決するために話し合い、合意形成を図ったり、意思決定したりすることができるようにする。
学びに向かう力・人間性等	探究的な学習に主体的・協働的に取り組むとともに、互いのよさを生かしながら、積極的に社会に参画しようとする態度を養う。	自主的、実践的な集団活動を通して身に付けたことを生かして、集団や社会における生活及び人間関係をよりよく形成するとともに、自己の生き方についての考えを深め、自己実現を図ろうとする態度を養う。

太字；筆者

　単元構成を考えていくうえで、活動のねらいや内容から目標と評価規準を定めていくことになる。加えて、社会・理科・音楽・体育などの内容に関わる場合は、その教科等の目標を含めていくことになる。

　カリキュラム・マネジメント、即ち、組織的かつ計画的に各学校の教育活動の質の向上を図っていくことが求められている。

　教師一人ひとりが創造的な学びを子どもたちとともに拓いていくことが求められている。

引用・参考文献

ダン・ロスタイン，ルース・サンタナ（2015）たった一つを変えるだけ―クラスも教師も自立する「質問づくり」―，新評論

長谷川雄一，久野弘幸（2005）異学年集団を基盤にした総合学習単元開発の試み-「なかよしワンダーウォーク」の活動を通して-，愛知教育大学教育実践総合センター紀要（8），pp15-22

廣末まゆみ（2015）小中一貫教育の推進に関する研究～小中一貫校設立期における事例分析を踏まえた異学年交流の試行を通して～，福岡教育大学大学院教職実践専攻年報（5），pp223-230

飯島恒沙，三崎隆（2012）小学校理科の異学年学習における学びの成立に関する事例研究-第5学年及び第6学年単元「電流の働き」における実践を基に-，信州大学教育学部研究論集5，pp147-160

JAS（2011）イエナプラン教育のためのポイント・ガイド

西川純，山田純一（2005）異学年同士が学び合う有効性，学校教育研究20（0），pp189-200

加納誠司（2013）異学年の子どもが協同学習で学び合うカリキュラムの学習効果-第3・4学年総合「エコキッズみつくり」の実践-，中部学院大学・中部学院大学短期大学部研究紀要14，pp81-88

神戸大学発達科学部附属明石小学校研究紀要（1999）学びの共同性に基づく単元の創造～複数学年合同による単元の創造

神戸大学発達科学部附属明石小学校研究会（2002）縦型総合学習の展開とその可能性，東洋館出版社

松田雅代・溝邊和成（2019）生活科・総合的な学習の時間の連続性に関する児童の意識―小学校第2・3学年合同による地域学習を事例として―，兵庫教育大学学校教育学研究

松田雅代・溝邊和成（2019）複数学年の児童による協働学習カリキュラムの創造，学校教育コミュニティ

文部科学省学習指導要領解説総合的な学習の時間編（平成29年）

文部科学省学習指導要領解説総則編（平成29年）

文部科学省学習指導要領解説特別活動編（平成29年）

岡田涼（2017）異学年集団における児童の相互作用に関する研究-縦割り学級での話し合い場面の分析-，香川大学教育学部研究報告第Ⅰ部，147，pp27-36

上薗恒太郎，森永謙二（2009）異学年合同道徳授業の意義・地域素材でおこなう命の道徳授業，長崎大学教育実践総合センター紀要（8），pp55-63

苫野一徳（2014）教育の力，講談社現代新書

渡邉規矩郎（2017）ガイド学習（学び合い学習）と仲村貞子―学校現場からの教育改革：早期データ分析（6），奈良学園大学紀要（7），pp153-166

「自分史新聞」づくり
〜二分の一成人式に向けて〜

1．単元名 「自分史新聞」づくり〜二分の一成人式に向けて〜

2．単元の目標

　「自分史新聞」の作成や「二分の一成人式」を通して、今までの自分を家族や学校の仲間とともにふり返ることで、自身の成長を実感し、感謝の気持ちを持つ。今の自分を見つめ、将来への夢や希望を抱き、よりよく生きていこうとする意欲と態度を育む。

〔キャリア教育の能力〕

・自分や友達のよいところを認め、励まし合うとともに、友達と協力して学習や活動に取り組む。【人間関係形成能力】

・将来の夢や希望を持つ。互いの役割の必要性がわかる。【将来設計能力】

3．単元設定の理由

（1）児童の実態

　4年生も2学期半ばを過ぎると個人差はあるが、友達との関わり方や教師に対する態度にも変化がみられる。抽象的な思考が可能になり、自分を客観的に見つめることもできるようになる。10歳の節目になる4年生に、過去、現在、未来を見つめて、将来への希望とそこまでの道のりを明確に想定し、チャレンジしていこうとする意欲を高めていく。

（2）教材について

　自分の成長を確認し、自分のよさや可能性に気付かせるために「自分史新聞」を作成する。子どもたち自身による家族への取材活動が、まず自らの成長に目を向ける出発点である。そこから成長過程を概観する。自分自身を見つめさせ、自己存在感や自己肯定感を持たせ、今後の学校生活や将来に希望を抱いて生きていこうとする意欲を高めていきたい。

　作成過程においては、個々の家庭環境に十分配慮し、成長の過程で自分を見守ってくれた周りの人々に感謝しながら、自らができるようになったことを実感として客観的に認知できるようにする。

　今回は「自分史新聞」を「はがき新聞」*1（はがきサイズの新聞用紙の形式）にまとめる。はがきサイズなので書くことに抵抗感のある児童も取り組みやすい。相手意識、目的意識を明確にし、情報活用能力の向上を図ることができる。

（3）指導について

　2学年の生活科では「みんなおおきくなった」等の活動が設定されている。自分の成長に興味・関心をもち、中学年に向かっての意欲を高めることを目標にしている。この活動での経験を想起させることで、本単元への足がかりとする。

　4年生では、「人間関係形成能力」の育成の観点から、自分自身の生きてきた過程やできるようになったことをふり返る活動、「自分史新聞」の冊子を用いた他者理解をするための伝え合う活動を設定する。その中で自己肯定感を培い、自分自身のこれからの生き方を考え、将来の夢や希望を持たせる。

4．単元の評価規準

①知識及び技能	②思考力、判断力、表現力等	③主体的に学習に取り組む態度
自分の将来の姿を想像し、明確にするために解決しなければならないことを見出し、その解決の手段について計画を立てている。	集めた情報を整理・分析して、「自分史新聞」にまとめ、将来に向けて何をする必要があるかを自覚している。	・これまでの10年間をふり返って、自分のよさや得意なことを再確認しようとしている。 ・自分の夢や将来について考えようとしている。

5．指導と評価の計画

時	学習内容	評価の観点 ①	②	③	備考【キャリア教育の能力】
1	・自分が生まれて今日までの「自分史」をふり返る。 できるようになったこと、考えられるようになったことを確認し、自分自身の成長を実感する。	○		○	「自分史」作成のためのワークシート
2	・自分の生い立ちについて、取材活動をする。 〈保護者に協力を依頼する。個別事情に配慮する。〉	○			・取材のためのワークシート ・自分のよさを見付け、大切にしようとすることができる。【自己理解能力】
3	友達のよさを伝え合い、友達を漢字一文字で表す。		○	○	ワークシート
4	作成した「自分史新聞」を冊子にして、友だちと読み合う。		○	○	「自分史新聞」の冊子
5 6	・二分の一成人式を準備する。 ・自らの成長を祝うための会の内容を話し合い、役割分担をし、準備する。 ・一人ひとり保護者に招待状を書く。		○	○	友達と協力して計画に取り組む。【人間関係形成能力】
7	二分の一成人式を行う。 〔プログラム例〕 1．自分の夢や希望を一人ひとり発表する。 2．心を込めて歌を歌う。 3．誓いの言葉を全員で群読する。 4．保護者からの手紙を読む。 〈保護者に公開し、我が子の成長を感じさせ、喜びを分かち合う。〉		○	○	友達と協力して取り組む。【人間関係形成能力】

| 8 | ・「二分の一成人式」で感じたことを発表する。
・自分の将来について考える。 | ○ | | ○ | 将来の夢や希望を持つ。【将来設計能力】 |

注　＊1「はがき新聞」の用紙は、公益財団法人理想教育財団の助成によるものである。
　　https://www.riso-ef.or.jp/hagaki_top.html（最終閲覧日、2020年6月21日）

【4年生が作成した「自分史新聞」】

母親に取材し、思いをまとめることにより、自己をふり返ることにつながっている。

友達が考えたその人を表す漢字一文字。その人へのメッセージになっている。

「人権学習　～かわ・皮・革～」の 実践事例

1．はじめに

　本校では、3年生から6年生の児童が、校区内の地場産業についての学習に系統的に取り組み、自分たちが住む地域の地場産業についての理解を深めるとともに、人権意識の醸成を図る実践を行っている。本実践事例は、その中で、3年生が取り組んだ実践事例である。

2．地域・学校・児童の実態

　本校の地域は、古くから皮革産業が発展し、現在でも皮革に関する店舗や工場が点在している。本校では、皮革に関する仕事が地場産業となっている地域の現状を踏まえ、人権教育の推進に努めている。児童は活発であり、興味・関心を持ったことに対して熱心に取り組むことができる。

3．指導計画

　①　単元の目標

　自分たちが住む地域の地場産業について学び、理解を深め、自分で調べたことをもとに、地場産業や従事してきた方々に対して、自分なりの考えを持つことができる。

　②　育てたい資質・能力及び態度（右頁の表を参照）

観点	（ア）知識及び技能	（イ）思考力、判断力、表現力等	（ウ）学びに向かう力、人間性等
評価規準	①調べたり、聞いたりして、地場産業について学びを深めることができる。 ②地場産業で作られる物のよさについて考えることができる。	①学習課題に向けて主体的に取り組むことができる。 ②地場産業の現状について主体的に学び、自分なりの考えを持つことができる。	動物の命が私たちの暮らしを支えていることに気付き、命に関して自分なりの考えを持つことができる。 ②地場産業に従事してきた方々の思いについて考えることができる。

4．単元の展開及び評価

次	学習過程	学習活動	時数	ア	イ	ウ	評価規準	評価方法
1	課題の設定	○『も〜お〜うしです』を読んで、見付けたことや、思ったことを考え、発表する。	2	○	○	○	・『も〜お〜うしです』を読んで、見付けたことや、思ったことを考え、ワークシートに書き、発表することができる。 ・動物の命が私たちの暮らしを支えていることに気付き、命に関して自分なりの考えを持つことができる。	・ワークシート、行動観察（発言、聞く態度等）
		○地域の産業について考える。	1	○	○	○	・地域の産業について考えることができる。	・ワークシート
		○自分の学習課題を設定する。	1		○	○	・自分の学習課題を設定することができる。	・ワークシート
2	情報の収集	○学習課題について調べる。 ・校区たんけん ・図書資料 ・インターネット ・インタビュー	5	○	○	○	・校区たんけん、図書資料やインターネット、インタビューなどを通して、情報を集め、ワークシートに記録することができる。 ・地場産業で作られる物のよさやについて考えることができる。 ・地場産業に従事してきた方々の思いについて考えることができる。	・ワークシート、行動観察（見学態度、聞く態度） ・ワークシート ・ワークシート

| 3 | 整理・
分析
⇩ | ○情報収集したこ
とを新聞にまとめ
る。 | 3 | ○ | ○ | ○ | ・情報収集したことを
新聞にまとめることが
できる。
・地場産業の現状につ
いて主体的に学び、自
分なりの考えを持つこ
とができる。 | ・新聞

・新聞 |
| 4 | まとめ
・表現 | ○まとめたことを
発表する。 | 2 | | ○ | ○ | ・まとめたことを、発
表することができる。 | ・行動観察（発表の
様子、聞く態度） |

5．本時の学習活動（7／14～9／14）

（1）目標

○校区たんけんを通して、校区内における皮革に関する店の分布を把握する。

○皮革に関する仕事に従事する方々の思いを知り、自分なりの考えを持つ
ことができる。

○皮革に関する店で作られる製品を実際に見て、そのよさについて考える。

（2）展開

段 階	主な学習活動	指導上の留意点	○評価観点 ・準備物
導 入	1　本時の学習課題を確認 する。 校区たんけんをしよう！	○自分が設定した学習課題 について、図書資料やイ ンターネット、インタビ ューなどを通して調べて きたことをふり返ること ができるようにする。 ○今回の校区たんけんで、 調べたいことを確認でき るようにする。	○「知識及び技能」、「思考 力、判断力、表現力等」、「学 びに向かう力、人間性等」 ・ワークシート ・校区地図

展開	2　2つのグループに分かれ、校区たんけんをする。	○調べたことを、ワークシートにまとめられるようにする。 ○皮革に関する店の分布を把握できるようにする。 ○皮革に関する仕事に従事する方々の思いを知ることができるようにする。 ○皮革に関する店で作られる製品を実際に見て、そのよさについて考えることができるようにする。	○「知識及び技能」、「思考力、判断力、表現力等」、「学びに向かう力、人間性等」 ・見学できるかどうか、事前に店に連絡を入れて、見学のお願いをしておく。 ・ワークシート ・探検ボード ・校区地図
終末	3　校区たんけんで知ったこと、感じた事、見たことを、ワークシートに記入し、発表する。 4　本時の学習をまとめ、今後の活動への見通しを持つ。	○校区たんけんで知ったこと、感じた事、見たことを、ワークシートに記入し、発表することができるようにする。	○「知識及び技能」、「思考力、判断力、表現力等」、「学びに向かう力、人間性等」 ・ワークシート

6．本時の評価

	知識及び技能	思考力、判断力、表現力等	主体的に学習に取り組む態度
「十分満足できる」と判断される児童の学習状況	自ら課題を見付け、解決の見通しを持つことができる。 校区内における皮革に関する店の分布を把握することができる。	皮革に関する店で作られる製品を実際に見て、そのよさについて考えることができる。 調べたことをワークシートに記入し、発表することができる。	皮革に関する仕事に従事する方々の思いを知ることができる。

7．成果と課題

　校区内の地場産業についてより一層理解するために、子どもたちが自ら課題を設定し、図書資料やインターネット、インタビュー、校区たんけんなどを通して、主体的に学ぶことができるようにした。また、人権教育担当が中心となり、3年生から6年生まで、各学年の発達段階に応じた人権教育学習を系統的に進めることができている。それにより、地場産業につ

いての理解を深めることができている。そして、自分で調べたことをもとに、地場産業や従事してきた方々に対して、自分なりの考えを持つことができている。

　その一方で、教員が人権教育学習に取り組みやすくするために、取組をマニュアル化していることで、取組自体が形骸化している側面もある。

　今後は、児童の興味・関心にもとづく主体的な学びを大切にしながら、一人ひとりの教員が単元目標を明確に意識して、取り組むことができるようにしていく必要がある。

児童たちの学習活動

「新しい時代を生き抜く力」を育む
～中学校・職場体験学習～

総合的な学習の時間の実践例

はじめに

　令和２年は新型コロナウィルスによるパンデミックが起き、世界中の人々の生活が想像もしていなかった状況に陥ることになった。日本では、３月２日から全国の学校が一斉休校（休業）となり、突然の指示に学校現場を含め保護者や社会も大混乱することとなった。

　私たちは、地震や台風による自然災害に対しては今までの経験から学んだ教訓を生かし、それらの危機管理については、それなりの準備を整えてきた。しかし、今回のような感染症による災害については、果たしてどこまで予測をしていたであろうか。今回のことで、未来とは、「予想された未来」と「予想を超えた未来」があることを思い知ることになった。そして、このことから学ぶことは、まさに「新しい時代を生き抜く力」が本当に必要だということである。

　さて、どのような時代であっても「不易と流行」ということを意識して見ていかなければいけない。特に、学校教育においては、今まで培ってきた大切な基本と、めまぐるしく変化する時代に即した柔軟な発想が必要となり、それらが、「新しい時代を生き抜く力」を育むことにつながっていくのである。予想もしていなかった今回のパンデミックを私たちはどのように乗り越えていくのか、まさに「新しい時代を生き抜く力」が試されることになるのであろう。この著書が発行される頃には、私たちがこの難局

91

をどのようにして乗り越えようとしたかが明らかになっているであろう。

教員は「総合的な学習の時間」が苦手？

　さて、「総合的な学習の時間」は平成12年（2000年）から段階的に始まった。その当時の教員にとって、この長いタイトルの「総合的な学習の時間」は、自分たちが児童・生徒であった時代に経験したことがない、ましてや大学の教職科目で学んできていないということから、いったいどのように教えていけばいいのかと戸惑いながらのスタートになった。

　特に「総合的な学習の時間」への苦手意識は、小学校の教員より中学校や高等学校の教員の方が強かったように思う。なぜなら、小学校の教員は、すべての教科（高学年は専科科目もある）をひとりで教えるので、教科横断型である「総合的な学習の時間」は違和感なく取り組めたと感じる。中学校や高等学校の教員は、教科担任制でそれぞれの専門性を有しているので、「総合的な学習の時間」のような教科横断型の取組には、程度の差はあっても苦手意識を持ったのではないだろうか。中には、数学が得意な国語の教員や、英語が得意な数学の教員もいるが、どうしても自分の教科に捉われることが多く、そこに専門性を求めていく傾向がある。また、中学校や高等学校では、どの教科も時数（授業時間数）に追われ、教員は教科書を終わらせることに必死になっている。また、定期考査までにテスト範囲を終わらせ、各クラスの時数を揃えなくてはいけない。その点、小学校の教員は自分ひとりですべての教科を教えるので、自分のクラスの時間割を変更することは難しいことではない。

　このようにして、「総合的な学習の時間」の試行が始まったころ、中学校では「総合的な学習の時間」をする時間があったら、自分の教科を教えたいと思った教員は少なくなかったと考える。そして、自分たちが児童・生徒時代に習ったことがない教科であること＝イメージがつかめない、教科書がないこと＝何を教えるのかわからない、そして決定的なことに「正

解がない」＝「評価がしにくい」という理由で、戸惑いと負担感を持ったのであった。

　また、学校という閉鎖された場所で長年働いていると、知らない間に時代に乗り遅れ、気がつかないうちに固定概念から抜け出せなくなってしまうことがある。これが、よく言われる「教師の常識は、世間の非常識」ということにつながっているのでないかと考える。しかし、世の中の変化は、IT技術の飛躍的な発展とともに、それまでの時代とは比べものにならないほど目まぐるしくなり、それと同時にグローバル化が一挙に進むこととなった。当然、学校教員にも大きな意識改革が必要となってきたのである。そんな時代に、まったく新しい発想であった「総合的な学習の時間」が導入され、まず試されたのは教員自身のアクティブ・ラーニングではなかったのではないかと思い返す。ここでは、そのような「総合的な学習の時間」の創成期に、手探りで創り上げていった「職場体験学習」を紹介していくこととする。

「職場体験学習」の実践例

1. なぜ、「職場体験学習」は今もなお続けられているのか

　平成12年（2000年）に「総合的な学習の時間」の施行が始まると同時に、勤務校では職場体験学習（以下「職場体験」）をいち早く取り入れた。「総合的な学習の時間」も「職場体験」も初めての取組で、なかなかイメージがつかめず試行錯誤の連続であったことを思い出す。

　まず、一番に懸念したことは、生徒を学校の外に出すということであった。小学校では、社会見学をはじめ「町たんけん」など、地域に直接出向いて学習する機会を多く持つが、中学校では少々異なる。その理由は、生徒指導上のことが一番大きく、生徒を学校の外に出すことによって近隣に迷惑をかけないか、目的地以外の所へ勝手に行ってしまうのではないか、

など予測できることは山ほどあった。ちょうどその頃、中学校では再び校内暴力[1]が目立ち始め、そのような中、あえて職場体験をさせる意義があるのか、という議論も起きた。

ところが、実際はその逆で、生徒たちは日ごろの登下校時とは違って、目的地の事業所にたどり着くために必死になり、事業所では緊張のあまり「借りてきた猫」のようにおとなしかったのであった。そして、事業所では知らない大人に囲まれて、「不安」の連続を体験し、さまざまな場面で自ら考え判断し行動しなければいけない状況に追い込まれたのである。学校で先生から勉強を教わっている状況とはまったく違うわけである。このようにして、この職場体験が生徒たちにとって、社会を知る貴重な体験の場となり、将来を見据えた職業観を学ぶ重要な体験学習となっていくのであった。そして、この体験が、自分を見つめ、リアルな社会を肌で感じ、自分自身の将来を考える糸口になり、まさに「生きる力」を育むことにつながっていくと考えられ、職場体験は今もなお続けられているのである。

（1）職場体験が求められる背景と必要性

ここで、職場体験の基本的な考え方を簡単にまとめておく[2]。

・職場体験とは、生徒が事業所などの職場で働くことを通じて、職業や仕事の実際について体験したり、働く人々と接したりする学習活動である。

・その背景と必要性は、
「学校から社会への移行をめぐる課題」
就職・就業をめぐる環境の激変、若者自身の資質等をめぐる課題
「子どもたちの生活・意識の変容」
子どもたちの成長・発達の課題、高学歴社会におけるモラトリアム傾向

望ましい勤労観、職業観の育成や自己の将来に夢や希望を抱き、その実現を目指す意欲の高揚を図る教育の必要性
特に、中学校での職場体験（職業に関する学習）は、小学校での職場見学（町たんけん）等から高等学校でのインターンシップ等へと系統的につなげていく意味において重要な役割を持っている。
地域との深い連携・協力関係のもとに「生きた学びの場」を構築していくという観点に立って、幅広く導入されることが望まれる。
あわせて小学校・中学校・高等学校等の連携を図っていくことも重要である。

（2）職場体験の意義

　平成17年の職場体験の教育的意義[3]　は、以下のようになっている。

・望ましい勤労観、職業観の育成
・学ぶこと、働くことの意義の理解、及びその関連性の把握
・啓発的経験と進路意識の伸長
・職業生活、社会生活に必要な知識、技術・技能の習得への理解や関心
・社会の構成員として共に生きる心を養い、社会奉仕の精神の涵養　等

　しかし、「職業生活、社会生活に必要な知識、技術・技能」は時代によって大きく変化していく。最近では、2045年には、今ある職業の多くがAIにとって代わられるというシンギュラリティ（技術的特異点）という仮説がよく話題に出てきている。すでに、新型コロナウィルスのパンデミックの中で、新たな生活様式を経験した私たちは、テレワークやオンライン授業、人の行動をAIで監視するアプリなど、それまでに現実化していなかったことが、目の前でどんどん実用化されていく様子を見ることとなった。このことは、今後の生活様式の中では、より柔軟な対応能力が求められ、正しい情報を得て判断行動することが、その後の人生を大きく左右するということを示唆しているように考える。これからの時代は、学校で学んだことや生活経験から得た知識などを総動員した、まさに**総合的な生きる力**が必要となっていくであろう。

　ところで、文科省初等中等教育局の合田哲雄氏は、平成29年（2017年）改訂の学習指導要領の基本的な考え方の中で「目の前の子供たちの未来社会における働き方は間違いなく変わり、人間としての強みを活かす仕事、たとえば、子供たちと向き合い、学びに向かう心に火を灯してやる気にさせたり、ケアしたりするといった教師のような仕事はますます重要になることです。（中略）傾聴と対話、協働を通じて、他人の頭のなかにある知識やアイディアを活かしてでも、新しい解や「納得解」を生み出す仕事は、**人間としての強みを活かす大事な仕事**として残るでしょう。」[4] と述べている。そして、今まで私たちが長い間学校教育で育んできた「対話」や「協

働」の重要性は変わらないし、世の中がどのように変化しようと「浮足立つ必要はない」と心強いメッセージを伝えてくれている。今回のパンデミックの中でも、献身的に人の命を助ける仕事や、直接人と接し支える仕事がいかに尊い仕事であるか、全世界の人々があらためて知ることとなった。それらが、まさに、**人間としての強みを活かす大事な仕事**であることを証明してくれたのである。そういうことも踏まえながら、**「社会の構成員として共に生きる心や社会奉仕の精神を涵養する」**ことが職場体験の教育的意義であり目的なのである。

（3）教育課程上の位置づけ

　ここで、職場体験の教育課程上の位置付けについて、平成16（2004）年度と平成29（2017）年を比較してみよう。

　平成16年度は「総合的な学習の時間」が完全実施されて2年目に当たるが、職場体験はすでに全国の公立中学校の約90％の学校が実施しており、ほとんどの学校では教育課程上、特別活動、総合的な学習の時間に位置づけて実施されていた[5]。

　平成16年度における職場体験の教育課程等への位置付けの状況は（複数回答可）

　　1．特別活動での実施　　　　　　　　　　　18.3%（22.2%）
　　2．総合的な学習の時間での実施　　　　　　79.6%（75.2%）
　　3．教科の授業での実施　　　　　　　　　　 2.3%（2.0%）
　　4．教育課程に位置付けない（長期休業期間等に実施）10.7%（11.1%）
　（国立教育政策研究所生徒指導研究センター　平成17年5月）

　＊（　）は平成15年度の実施率

となっており、職場体験は総合的な学習の時間に実施している学校が8割近くになっていることがわかる。そして、平成29年度の公立中学校における職場体験の実施状況は、98.6％となり、ほとんどの学校で取り組んでいることがわかる[6]。職場体験の実施状況が、この14年間で90％から98.6％

に達したことは、この取組が大きな成果を得ている証拠と考えられる。平成29年度の調査（平成31年月現在の集計）[7]では、職場体験の教育課程上の位置づけの状況は、

1.特別活動での実施	7.9%
2.総合的な学習の時間での実施	78.2%
3.教科の授業での実施	2.0%
4.その他（教育課程には位置づけず実施等）	12.0%

（国立教育政策研究所生徒指導研究センター　平成31年1月）

となっており、平成16年度と同じように、職場体験は8割近い公立中学校が総合的な学習の時間に位置づけていることがわかる。

2 「職場体験」の実際

　まず、どの学習でも同じであるが、「目的とねらい」を生徒にうまく伝えられるかどうかが重要である。教員だけがそれを理解していても、実際に体験する生徒が「なんで、こんなことをしなければいけないのか。めんどうくさい！」なんてことになると、お世話になる事業所にも迷惑をかけてしまう。したがって、教員は生徒に「なぜ、この体験をするのか」そして、その目的は何なのか、ということをしっかり伝えなくてはならない。その中で、生徒自身も探求的な見方・考え方を働かせ、今まで学校で学習してきたことや自分が経験してきたことを総動員して、職場体験学習に取り組むことができれば理想的である。

　ここで、教員が知っておかなければいけないことのひとつに、中学2年生はまだまだ経験値が乏しく、こちらが思っているほど物事を知らなかったり、勘違いをしていたりすることがある。特に、教員というものは、自分が今までに教えた生徒たちを基準にした物差しで、目の前の生徒を見がちなので気を付けなければいけない。生徒たちは年々精神年齢が幼くなってきており、その個人差は大きく、それは言語活動においても顕著に表れ

てきている。例えば、生徒に「臨機応変に行動してね。」と言うと、「先生、英語言わんといてよ。」と返されたことがある。「リンキオウヘン」という音が英語的に聞こえたのかも知れないが、当然知っていると思っていた言葉を知らなかったりするのである。そういうこともあるので、教員は、自分が発するメッセージが生徒に正しく伝わっているかどうかを常に留意しなければいけないのである。

　反面、この職場体験を何回か実施する中で、悪い予想が裏切られるという嬉しい経験も少なくない。残念ながら、教科指導においては、悪い予想は悪い結果を生むことが多いが、こと職場体験に関してはそうではないこともある。例えば、何も心の準備をしないで、まわりに流されるまま職場体験をした生徒が、現場で働く大人たちから刺激を受け、それがきっかけで探求的な見方・考え方を始めることもある。職場体験中に、学校で見せる姿とはまったく違う生き生きした姿を見せてくれることもあり、事業所に方に褒めてもらいハッスルする生徒もいる。このようにして、なまの「体験」が、生徒たちに予想以上の大きな影響力を与えてくれるのである。「知ること」と「わかること」は違う、とよく言われるが、体験をしなければ「わかる」という領域には進めないのである。あとのページで、体験後の生徒アンケートを紹介するが、それらから、想像していた以上の何かを生徒たちが学び取ったことがわかるであろう。

（１）準備

　さて、ここからは職場体験の具体的な実践例を紹介する。まず、職場体験を実施するにあたり、教員がどのような準備をしているのかを時系列に沿って説明したい。尚、紹介する実践例は平成18（2006）年度に大阪府のある公立中学校の２年生で実施された職場体験に基づいたもので、各学校によって実施方法などの違いはある。また、同じ学校でも学年によって取り組み方が違う場合もあり、その教員集団の考え方によって事業所の種別が異なることもあった。

それでは、教員側の準備としてはどういう点に気を付けなければいけないのか。まず、教員自身が学校という塀の中で長年生活しているため、世間知らずであったり、社会の常識に疎かったりしていることに気付かされることがある。例えば、教員は準備の段階で、職場体験の受け入れをお願いするために事業所をまわる（事業所開拓）が、学校外で教員以外の社会人と何らかの交渉をすることに慣れていないため、教員自身もかなり緊張するのである。中学3年生の進路指導で、教員が高校まわりをする時も同じような緊張感があるが、高校は学校というくくりであり、相手は同業者の教員なので緊張の質が違う。また、管理職以外の教員は名刺を持っていないことが多いので、職場開拓の前に学年教員の名刺をパソコンで作成しておく必要がある。そして、教員にとって日ごろすることがない名刺交換なので、その動作はぎこちなく、常に名刺交換をされている事業所の担当者も心の中では苦笑されているのではないかと思う。要するに、生徒も教員もいったん学校というHome（ホーム）から、まったく知らない場所であるAway（アウェイ）に放り出されると、いくら準備をしていても緊張と不安に襲われるのである。つまり、職場体験の準備は周到にする必要があると共に、それらを通して教員にとっても貴重な学びの場になるわけである。

・その学年集団の状況を分析

準備をする時に、まず必ず行うことは、その学年の生徒集団がどのような状況なのかを教員がしっかり把握し、学年の教員全員で共通理解をしておく必要がある。これから紹介する実践例の学校の当時の状況と指導方針は、『学校生活や1学期の校外学習、2学期の〈私のしごと館体験〉を見ても、①ルールが守れない　②人の話が聞けない　③時間が守れない　④人に平気で迷惑をかける　⑤基本的な当番活動ができない等（中略）。加えて同じパターンの生徒指導が定期的に起きており、残念ながら対処法に追われ改善策もない状態である。先月行った職業講話では、何とか落ち着

いて取り組めたが、職場体験活動という外部へ生徒を出しての活動に、大きな不安がある。職場体験活動まで、わずかな期間しか残されていないが、教師全員が活動運営に関して役割分担し、かつ生徒の指導と目的付けに力を注ぎ、生徒の主体的な活動を促す。』と平成18（2006）年12月の状況を記録している。先にも述べたが、この当時は、再び校内暴力が目立ちはじめ、1980年代の校内暴力の特徴であったリーダーが存在する集団性ではなく、集団はバラバラの状態で、「今日の友は明日の敵」のようなトラブルが多発し、生徒間のつながりは以前に比べて希薄な状態であった。

・目的とねらい

　そこで、学年の教員集団は「人間としての在り方や生き方、将来の進路について考えることや望ましい勤労観や職業観の育成を目的に、民間の事業所や企業、公共施設や福祉施設などの協力を得て、実際に生徒が職場を訪問し、労働体験をすることで、働くことの喜びや厳しさを体験し、自己の将来の進路への関心や自覚を育てる。」というオーソドックスな目的とねらいを掲げ、まず、この生徒たちに「やりたい！と思わせる内容（しかけ）」を考えた。そのためには、生徒たちがいろいろと選択できるように、事業所の数を増やし、職種もバラエティーに富むように事業所開拓に力をいれた。

・事業所開拓

　このようにして、生徒たちが興味関心を持って職場体験に参加できるように、教員はなるべく多くの事業所を開拓しようとするのであるが、ご存知のように中学校の教員は教科指導以外に部活動の指導や生徒指導で放課後も多忙なため、少し余裕がある夏休み期間に、この事業所開拓をおこなった。

　前年度から引き継いだ事業所もあるが、その年によって断られたりすることもあるので、事業所へは事前に確認の連絡をする必要がある。この時の中学2年生は6クラスで生徒数は約250名ということで、71ヶ所の事業所

（表1）⁸⁾を何とか
用意することがで
きたが、事業所開
拓はそう簡単なこ
とではなかった。
　教員は、自分が
知っている店舗や
知り合いに頼み込
み、時にはその店
舗で物品を購入し

（表1）事業所の職種と職場体験生徒の割合

職種	事業所数	体験生徒数	生徒の割合
販売	18	62人	24%
飲食	7	20人	8%
製造	5	18人	7%
理美容	7	17人	7%
接客業	3	9人	4%
社会教育施設	4	10人	4%
公共サービス	7	22人	8%
保育・幼児教育	12	70人	27%
福祉関係	5	10人	4%
医療	3	12人	5%

て、その事業所とつながりができるように個人的な活動をした教員もいた。
（＊学校によっては、生徒自身が事業所を開拓する場合もある。中には、
保護者の勤務先で職場体験をする生徒もいる。）

・**安全面と配慮事項**

　職場体験では、数日間に渡って学校外で活動するわけであるから、それ
に伴う安全面の配慮事項は、校内で学習活動をしている時以上に必要とな
ってくる。

　基本的には、中学生が通える範囲の場所で事業所を開拓するようにして
いるが、事業所までの交通機関については、基本的には公共交通機関を使
用させる。自宅から事業所が近距離の場合は徒歩、少し離れている場合は
自転車の使用を認めているが、特に気を付けなければいけないことに、事
業所に通う途中での自転車での交通事故がある。いくら気を付けていても、
不慣れな地理と職場体験への緊張で、思わぬ事故にあうことがある。学校
では職場体験を実施するにあたり傷害保険と損害賠償保険に加入するが、
交通事故はもっとも避けなければいけないことである。現在では、自転車
保険に個人加入していない生徒には、自転車で事業所へ行くことは認めて
いない。

また、事業所によっては検便が必要な所もある。例えば、病院、保育園、幼稚園、介護施設などの事業所は、参加する生徒の事前の検便検査が必要になってくる。中には、食品を直接扱う事業所も検便が必要になり、これは事業所の方であらかじめ「職場体験には検便が必要です」という条件が示されるので、事前に担当教員がその情報を確認しておかなければ間に合わない。そして、期日までに検便を学校でとりまとめ、民間の検査機関で検査をしてもらう段取りをしなければいけない。職場体験用の各種保険と検便検査の手続きは、職場体験の日程が決まったら、速やかに手続きをする。通常、中学校では保健行事としての検便検査はおこなわれていないので、思春期ということもあり、検便の回収にはいつも担任は苦労をしているが、検便を出さないとその事業所では職場体験を受け入れてもらえないので、検便を出すように説得したりすることもある。

　また、ここで紹介した中学校の職場体験は１月下旬から２月にかけて実施されたので、インフルエンザの流行などもあり、検温が必要になる事業所もある。当然、インフルエンザに感染していたら、出席停止扱いになるので職場体験はできない。今回のような新型コロナウィルスに関しては、パンデミックが解除され、ワクチンなどの感染防止策が確立されるまでは、残念ながら職場体験自体が実施されない可能性が高いと思われる。

（2）事前指導

・段階的な指導

　事前指導に関連する行事としては、中学２年生の２学期に関西文化学術研究都市（学研都市）にあった「私のしごと館」でさまざまな職種を体験する学習をおこなった。残念ながらこの施設は、平成22（2010）年３月末で営業終了となっているが、非常にユニークな施設だったので少し紹介しておきたい。この施設は独立行政法人であった「雇用・能力開発機構（厚生労働省管轄）」によって雇用保険料を財源に建設され、約40の職業体験を本物と同じ道具を使って体験できた施設である[9]。予約を取るのが難し

い施設であったが、生徒たちにとって職場体験の事前体験としては価値があった。実際の職場体験では、生徒たちが通いやすい場所にある事業所で、教員が開拓した範囲の職種なので、その領域は限定的なものが多いのであるが、この施設で体験できる仕事メニューは数も多く、学校で行う職場体験では到底実現できない職種もあり、それぞれ指導員の下で本格的に体験できたのであった。特に、印象に残っているのが、「TVスタジオの仕事」と「宇宙開発」で、前者はTVニュースの番組を参加した生徒に制作させ、アナウンサーからカメラマンまでのすべてを生徒が役割分担し、実物さながらの番組を制作した。生徒たちはかなり緊張していたが、そのニュース番組は見事な出来上がりで教員たちも驚いていた。「宇宙開発」では宇宙船の中での疑似体験をするわけだが、宇宙船のレプリカが精工に作られており大変臨場感があった。この施設は、巨額の国費をつぎ込んだ世界屈指の学生向け就業体験施設であったが、最終的には財政難のため開館からわずか7年で閉鎖された。平成18（2006）年にこの施設を使用した時の体験メニュー（表2）を見て、どんなに素晴らしい施設であったかを想像してみてほしい。

　同じ年の11月には「職業人に聴く」という職業講話を実施し、11業種の職業人に学校へ来ていただき、生徒はそれぞれの講座に分かれて話を聴いた。この「職業人に聴く」という行事を実施するにあたっては、平日の午後に学校に来てもらえる職業人を探さなくてはならず、謝礼や交通費も無く、ちょっとした手土産程度しか渡せないので、ボランティア精神に富んだ地域の方、旅行会社の添乗員や保護者の方が多かったように記憶している。

　この行事も職場体験と同じように、クラスの枠をはずし、なるべく生徒の希望に沿うような職種や、興味がある職業人の話が聴けるようにグループ分けをした。事前指導では、生徒は自分が参加する講座の仕事について、図書館を活用して、探求的な見方・考え方を働かせ横断的・総合的に調べ

学習を行い、また職業人にどのようなインタビューをするのかを話し合いのもと準備をした。現在なら、ICTを活用し、さまざまな情報の集約がよりスピーディーに行え、学校に来校できない職種の職業人とオンラインでやりとりをすることができるのではないかと考える。

・教員の動きと役割分担

さて、職場体験の主担（行事のとりまとめ役）を誰にしてもらうかは、学年会議で決めることとなる。主担は、職場体験のスケジュール（流れ）

(表2)「私のしごと館」体験メニュー紹介

番号	仕事体験メニュー	人数	費用
1	京焼き・清水焼	12	¥500
2	京友禅	12	¥500
3	西陣織	10	¥300
4	大阪唐木指物	12	¥1,000
5	京房・撚ひも	12	¥500
6	京漆器	12	¥1,000
7	宇宙開発	15	¥300
8	新聞記者	16	¥300
9	TVスタジオの仕事	7	¥300
10	雑誌編集の仕事	25	¥300
11	消防官	6	¥300
12	介護の仕事	24	¥300
13	美容師	24	¥300
14	デコレーター	6	¥300
15	フラワーデザイナー	6	¥500
16	ピアノの調律師	6	¥300
17	声優	6	¥300
18	CGデザイナー	6	¥300
19	建築家	24	¥300
20	服飾デザイナー	24	¥300
21	機械工作の仕事	6	¥500
22	大型製品組み立ての仕事〈家具〉	24	¥500
23	印刷の仕事	8	¥300
24	小型製品組み立ての仕事〈玩具〉	24	¥500
25	精密製品組み立ての仕事〈パソコン〉	6	¥300
26	精密製品組み立ての仕事〈時計〉	24	¥1,000
27	食品製造の仕事〈製粉〉	24	¥500
28	プログラマー	18	¥300

と教員の分担を決めて、進行係をすることになる。職場体験は生徒を学校の外へ出すという行事なので、さきほどから何度も述べているが、周到にその準備をしなくてはいけない。主担に選出された教員は、昨年度のデータをもとに、年度によって異なる学年集団の特徴に鑑み、またその時代の経済状況なども考慮して、事業所へのアプローチを考える。また、主担は、教員集団や生徒がスムーズに活動できるように交通整理をすることも必要で、スケジュール管理とその更新を心掛け、早めに教員集団に取り掛かってもらえるように準備をする必要がある。主担がすべての役割をひとりで

するのではなく、必ず教員集団で行うことが大切であるが、人に役割分担を頼むためには周到な準備と用意が必要なので、主担は前もって準備のための準備をしておく。

平成18（2006）年度の職場体験時の教員の分担表（表3）では、いつまでにその役割（動き）を完了しておいて欲しいのかという締切日が示されている。教員も自分が主担でない行事では、全体像がつかめていないことがあるので締切日を設ける方が、スムーズに進行すると考えられる。この

（表3）職場体験学習「今後の教師の役割分担と動き」

〆切日	役割〈動き〉	分担教員（＊担任）
12.22	市教委に活動内容報告書提出	学年主任
1.10	検便回収チェック表	学年主任、＊B
1.10	冬休み訪問日内容集約	
1.17	当日・訪問日のチェック表	
1.22	リーダー一覧表	
1.17	定休日生徒の名簿作成	
1.09	事前指導用（履歴書、マナー等、事後指導含む）資料全般	＊C、＊D、＊E 印刷：F、G
1.17	保護者向け文書（自転車可）	
1.09	体験用ワークシート全般	
1.09	事業所への文書全般	
1.09	検便キット配布	＊C、＊D、＊E、各事業所担当者
1.11	検便回収とその後の連絡	
1.17	当日等の時間割作成と連絡	J：1月行事委員会提出
1.17	事前指導、訪問日教室配置	
1.17	定休日生徒の教室、自習内容	
1.24	自転車利用置き場所、指導	＊H
2.01	体験後生徒用アンケート	
2.09	生徒用アンケート集約	＊H、＊I：年度末反省会提出
1.17	当日・訪問日の教師の動き表	主担：事業所へ欠席者の連絡
1.09	検便保護者用文書作成	J：年度末反省会提出
2.09	体験後教師反省まとめ	
2.06	記録整理（写真、映像）	撮影は事業所担当者で＊I映像編集、G印刷
2.02	事後訪問用お礼とアンケート〈事業所向け〉作成	＊B、＊C 事後訪問は各事業所担当者で
1.25	前日指導（学年集会）	学年主任、学年生指
	学年間の連絡・行事委員会	主担
1.19	生徒用名札作成・ケース用意	＊I、J、G

表を教師集団に提示した時、同時にこの段階での留意事項も共通認識として伝えておいた。

その内容は、

・職場訪問、職場体験までに必要な生徒指導：態度、服装などは担任、事業所担当教員など、学年全体で指導する。
・職場訪問日の自転車置き場への誘導と整理は、副担任の教員が動く。
・検便については、冬休み中に教員による事業所訪問時に確認しておく。
・寒い時期なので、健康面、特にインフルエンザの場合の共通認識の確認。

これらのことを学年会議で細かく確認した。

・**直前の指導**

　職場体験をするにあたっては、直前に生徒による職場訪問を行う。この学校の場合、職場体験は１月31日〜２月２日の３日間であったが、１月24日〜25日にかけて、生徒たちは、各事業所へ職場訪問をした。職業訪問する理由は、「事業所の場所確認、当日必要な持ち物・服装の確認などと事業所の方との顔合わせ」のためである。この情報を冊子にまとめ、生徒が確認できるように学活の時間を利用して冊子づくりをする。このワークシートは全部で５ページあるが、前半の３ページが職場訪問用で、残りの２ページが職場体験当日用となる。尚、この冊子のデータはこの学校が職場体験を始めた時にその当時の担当者によって作成され、学校で共有されているものなのでここでの掲載は割愛する。

　また、職場体験の事前指導の具体的なスケジュールは「事前指導一覧表」（表４）にあるように学級での指導も行い、担任はクラス生徒の個別対応を通して、きめ細かい指導をする。このように中学校では学年教員集団が学級担任と各事業所担当の教員とのダブルで指導することと共に、生徒一人ひとりを学年の教員全体で導いていけるのが強みである。それによって、生徒の様子で担任が気付かない点を他の教員が見つけて、教員間でその情報を共有することができるのである。生徒は実にさまざまな面を持っているので、このような連携やきめ細やかな指導が大切なのである。

　さて、具体的な

(表4)事前指導一覧表

事前指導に関連する学年行事
10月　「わたしの仕事館」(関西文化学術研究都市)で体験学習
11月　「職業人に聴く」　職業人による職業講話(11講座)

職場体験直前の具体的な事前指導
1月12日（金）　学活：履歴書書き、礼儀指導、冊子の作成（学級で）
19日（金）　学活：職場別に分かれて、訪問指導
23日（火）　学活：職場別に分かれて、打ち合わせ内容確認
24日（水）　午後：職場訪問(23日、25日も数件あり)
26日（金）　学活：職場別に分かれて、打ち合わせ内容のまとめ
29日（月）　学活：学級で最終マナー指導
30日（火）　学年集会：直前指導

　直前指導の中で、職場体験用の履歴書を書かせるが、履歴書を書くということは中学２年生にとっては当然初めてのことなので、生徒はかなり緊張しながら書くが、中学３年生になると進路関係で入学願書などを書かなくてはいけないので、その練習ともいえる。この履歴書は、職場訪問の時に生徒が持参し、事業所の担当者に渡すが、個人情報保護のことがあるので、職場体験が終わったら返却してもらうようにしている。

　礼儀指導では、敬語が使えるように指導するが、運動部に所属している生徒などは部活動で先輩や顧問に対して敬語で話すことに馴れているが、一般に中学２年生にとっては敬語で話すということはなかなか難しいようである。しかし、中学３年生になると、私立高校の入学試験に面接が含まれる学校もあるので、入試の前に、校長や教頭が面接官役をして集団面接の練習を行う。その頃には、ほとんどの生徒が、なんとか敬語で話せるようになっている。このようにして、職場体験やいろいろな経験を通して、生徒一人ひとりが成長し、特に中学２年生後半から中学３年生卒業にかけての成長は目を見張るものがある。

（３）職場体験当日の動き

・生徒の動き

　いよいよ職場体験の当日が来た。この日の生徒の動きは、事業所によって異なるため、早い時間に家を出る生徒もおれば、９時30分ごろに事業所に着けばいい場合もある。中には、職場体験期間中に休業日をはさんでいる事業所もあるので、その場合は登校して２時間程度の自習をすることになる。昼食は、弁当持参の事業所があれば、飲食店などでは賄いを出してもらえるところもあり、後者の場合は生徒が大変楽しみにしている。その日の体験が終わると、各自で帰宅し、班長が代表して帰宅したことを学校へ電話で知らせてくることになっている。この学校では３日間の職場体験をおこなっているが、都道府県によってはその期間も異なり、平成29（2017）年度のデータ[10]では、中学２年生で職場体験を実施している学校

で、2日間実施が33.0%、3日間が36.6%と多く、5日間13.7%という地域もある。職場体験を平成10（1998）年に導入した神戸市などは「トライやるウィーク」として5日以上の実施を行っていることでよく知られている。

　3日間の職場体験で、生徒の様子を見ていると、初日は緊張でヘトヘトになり、2日目は少し慣れるが、状況判断ができるようになればなるほど、事業所での体験は居心地が悪いようである。3日目には、「学校で勉強している方がましや！」と緊張による疲れがピークに達するようである。しかし、これは事業所によって異なり、保育園、幼稚園、小学校や医療機関、介護施設などの人と接する職種では、職場で重宝される生徒もおり、もう少し体験の期間が長い方がいいという生徒も多いのであった。

　特に、保育園、幼稚園や小学校で職場体験をした生徒は、小さな子どもたちから、「先生、先生」と呼ばれて引っ張りだこになり、そこの教員から「来てくれて助かったわ。」と言われ、自己肯定感が高まり、将来は先生になりたいと思う生徒も少なくなかった。そういう点では、この体験は教育実習に似ているかもしれない。教育実習に行き、児童・生徒から「先生、先生」と慕われ、自分の有用性を感じることができ、教員を目指すという学生も多いと思う。また、保育園・幼稚園、小学校という職場は、生徒にとってかつて自分たちが通っていたよく知っている場所であるという安心感からも、職場体験の職種としては親和性が高いといえる。それに何より、そこでの先生方は、生徒に対する指導も上手で、そういう中での体験なので、他の事業所とは根本的に異なる点がある。しかし、最近の職場体験では、小学校に行かせる場合、生徒が通っていた母校とは違う小学校で体験をさせるという学校も出てきている。母校での職場体験はどうしても恩師に甘えてしまうという点から、より緊張感を持った体験をさせるために、このような工夫をしているのであろう。

・教員の動き

　それでは、職場体験の3日間の教員はどのような動きをとるのかを説明

していく。教員はそれぞれ担当している事業所別のスケジュールを確認しながら、他学年の授業の合間に、担当の事業所を巡回する。事業所では、生徒の体験の邪魔にならないように、少し離れたところから見守ることが多く、もちろん、事業所の方には挨拶をするが、営業の妨げにならないように気を付ける。また、事業所の方の許可を得て、生徒たちの体験の様子を記録用に写真に撮らせてもらうこともある。ある自動車販売店では、その会社独自で職場体験用のメニューを作成されており、生徒たちは用意された作業着を着用し、自動車整備の施設にも入らせてもらうことができた。

職場体験の様子

　教員も生徒がちゃんと体験できているかどうか、事業所で迷惑をかけていないかなど内心ハラハラしながら、担当の事業所を巡回する。その日の職場体験が終了し、生徒の帰宅連絡が学校にあると、本当にほっとして、生徒と同じくらい疲れてしまうのである。

（４）事後指導

　３日間の職場体験が終了し、翌日登校した生徒からは、体験前の生徒とは違う何かしらの変化を教員は感じることができる。３日間離れていたせいかも知れないが、生徒が少し大人になったように感じ、職員室でもそのような話題で持ちきりになる。教員は一様に「かわいい子には旅をさせよ」「社会経験が子どもを成長させてくれた」という言葉を交わしながら、この嬉しい会話で盛り上がる。教員は生徒の微妙な変化も見過ごさないから、この小さな成長をどの教員も感じ取ることができ、特に日ごろ指導が難しい生徒の嬉しい変化には手放しで喜んだものである。生徒たちも、お互いの事業所での苦労話に花が咲き、「それは大変だったなあ。おまえもよくやったよ。」などとお互いを称えあう場面を見ることもあった。

・事業所へのお礼

　さて、職場体験が終わるとすぐに事後指導を行う。主なものは、お世話

になった事業所へお礼の手紙を書かせることである。この作業は、信じられないくらい生徒が主体的にどんどん書いてくれるので、この体験がいかに有意義であったかがわかる。このお礼の手紙は、教員がお世話になった事業所へ届け、また事業所の方にはご意見などをいただく返信用ハガキを添える。この時のお礼の手紙を事業所の方が読まれて、生徒たちの純粋な気持ちに心を動かされ、来年度も職場体験を引き受けようと思っていただけるのではないかと考えられる。そのことは、返信用のハガキに書かれている事業所の方からのメッセージで知ることができる。そして、この事業所からのメッセージに、私たち教員も心を揺さぶられ、学校と地域がつながっていくことをダイレクトに実感できるのが職場体験なのである。

・生徒用アンケートと感想

　　ここで、事後指導で行った生徒向けのアンケートから一部抜粋したもの（表5）を紹介する。

　　教員が一番気になっていた項目は、「体験先の決定について」であった。事業所のキャパシティのことなどもあり、生徒全員が希望通りの体験先に行けなかったのであるが、アンケートの結果は普通と満足で約8割を超えており、ほっと胸をなでおろすことができた。これは、おそらく職場体験前にアンケートを取れば違った結果になったと予想できる。要するに、体験前はその事業所が希望通りでないために仕方なく行くが、実際体験をしてみたら、満足度が高かったという結果ではないかと思われる。以下の項目もポジティブに体験した様子がうかがえ、「体験日数を増やして欲しい

（表5）職場体験・生徒用アンケート（項目抜粋）

体験先の決定について	満足	44%	普通	43%	満足していない	13%
体験日数について	増やして欲しい	48%	普通	47%	減らして欲しい	7%
1日の体験時間について	増やして欲しい	14%	普通	70%	減らして欲しい	8%
体験内容について	物足りない	22%	普通	70%	きつすぎる	8%
職場体験の総合的な感想	よかった	78%	普通	20%	よくなかった	2%

48%、体験内容が物足りなかった22%」という数字には驚いた。私たちは中学２年生の能力を過小評価していたのかも知れない。

　次に生徒の感想を「来年度職場体験をする後輩たちへのアドバイス」（表６）という視点でまとめたものを紹介する。この質問は、具体的に「後輩たちへ」という自分にとって身近な存在に対するアドバイスなので、書かれている内容は、予想していた以上に具体的でわかりやすく示唆に富んだものもあった。生徒の感想については、これ以外の項目として、「職場体験の中で発見した自分の長所と短所」、「将来、自分はどんな職業に就いていたいですか」という内容で書かせた。ここでは、それらの紹介は省略するが、どの項目も具体的に、かつ客観的に書かれており、職場体験を通して自分を見つめることができた結果が表れていると考える。これらの感想を読んで、生徒が職場体験をする前にはそういうそぶりさえ見せていなかったので、このことも大きな発見であった。実は、生徒は着実に成長していたのだが、教員たちは日々の生徒指導に追われ、その成長を見ようとしなかったのかも知れない。また、生徒たちも職場体験を経験したことで、自分たちの成長を素直に表現ができたのかも知れない。どちらにしても、予想以上の成果を得ることができたのであった。

(表6)来年度職場体験をする後輩たちへのアドバイス

- 温度調節の出来る服装で行くこと。
- あいさつはきちんとすること。
- 事業所の人が言ったことは素直に聞く。
- 言葉遣いに気をつける。(敬語を使って正しく)
- 迷惑をかけないようにする。
- 正しくきちんと仕事が出来るようにする。
- 絶対にいい経験になるので、嫌がらずに頑張ってください。
- 自分のなりたいものを選べばいいと思う。
- きっちり話を聞く。
- 楽しみながら先生の話を聞く。
- どんなときでも笑顔で。
- 時間を守る。
- 声が出せるように。
- 学校ではやってもいいことが、職場ではいけないということがたくさんある。今までの生活を一度見直したほうが良い。

（5）課題

・事業所からの意見

　この時の職場体験では、事後の事業所からのアンケート（集計時３月中

旬）は39%の回収率で、28の事業所から返信をいただいた。その内次年度の職場体験受け入れてもよいと回答されたのは25の事業所からであった。回答いただいた事業所のほとんどからお褒めの言葉をいただいたが、教員側が気付いていなかった点を指摘していただいた例もある。ある保育園からは「保育園児の体験ではなく、保育士の体験学習なので、給食を好き嫌いで残すことはやめて欲しかった」、「小さい子との触れ合いが、思春期の中学生によい影響を与えると思いますので、体験学習で終わるのではなく、ボランティア的に遊びに来て欲しい」という言葉もあった。共同作業所からは「どこの学校も同じですが、なぜこの作業所に来たのかという質問に、学校側から・・・という答えが返ってきます。もっと自分が行きたい、やってみたいという形の職場体験にして欲しい」など、本質を突く指摘もあった。また、時期的なことや他校の職場体験との兼ね合いなどで、市内の中学校間で日程を調整して欲しいという意見もあり、これは、私たちも他校の職場体験のスケジュール情報をなるべくキャッチするようにしていたが、どうしても時期が重なってしまい事業所に迷惑をかけてしまい、大いに反省するところであった。

・教員側の反省点

　まず、事業所に関しては「営業中などで忙しくされているので、打ち合わせなどの回数を少なくした方がよい。事業所開拓が一番大変である。」などがあり、日数と日程については「スケジュール的にはここしかない。冬は体調のこともあるので避けたい。3日でちょうどよい。」などの意見が出た。事前指導・事後指導については「説明を理解している生徒とそうでない生徒の差が大きかった。事前指導をあと1時間増やして電話のかけ方、自転車のマナー、傾聴の指導、敬語の指導などもっと細かな指導が必要であった。事後指導もあと1時間必要である。事業所別の事後指導も必要である。」という生徒が体験をしている様子を巡回しての反省点が多く出た。

　主担者は職場体験を総括して「この学年の生徒の状況や学年集団の諸事情から見て、職場体験がちゃんと成立するのか非常に不安であった。本校の職場体験は主担教員ひとりがすべての準備を推し進め、他の教員は自分が関わる事業所とその生徒だけを担当すればよいだけであった。そこで、学年の教員集団全員に役割分担をお願いして、全員で職場体験を推し進める方式にした。結局、これによって教員集団が一致団結し、適材適所で難局を乗り越えることができたとふり返る。また、学校という閉鎖した社会しか知らない教員にとっても、他の職種の社会人と交流し、さまざまな事業所を垣間見ることは、非常に貴重な体験になると思う。事業所の方でも、職場体験に関して概ね好意を持っていただき、逆に頭が下がる思いである。果たして、我々教員が教育実習生に対して同じような思いで受け入れているのかと反省するばかりである。また、職場体験で地域とつながったのは、教員も生徒も同様であり、地域の方々の学校に対する思いを改めて感じた。職場体験は、まさに学校と地域を結ぶ有機的な教育活動といえるであろう。（中略）。やはり、教育というものは学校や家庭だけでなく、地域の中でも育まれるものであると実感した。卒業生が社会に出て、数年すると見違えるほど立派になっていることからも、やはり社会の荒波が子どもの成長には必要なのであろう。（中略）理論や理屈だけではなく、実際に体を動かし、先輩の社会人とコミュニケーションを取ることから、教員と生徒の関係とは異なった社会構造を体験することができるわけである。」とまとめていた。このように、学校教育には生徒とともに教員も成長することができるダイナミクスさを有しており、総合的な学習の時間は、特にそれが顕著に現れる教科であると考える。担任ひとりが行なう学級指導や教科担任が行う教科指導とは異なり、その学年の教員集団が協力し、それぞれの得意分野を発揮しながら創り上げ、また複数の教員により生徒を多角的に見ることによって、総合的な指導・評価ができる教科だと考える。

　ところで、職場体験が実施されるようになり10年が経過した平成23

（2011）年1月に中央教育審議会から、「キャリア教育・職業教育の在り方について、その理念が浸透してきている一方で、例えば、職場体験活動のみをもってキャリア教育を行ったものとしているのではないか、社会への接続を考慮せず、次の学校段階への進学のみを見据えた指導を行っているのではないか、職業を通じて未来の社会を創り上げていくという視点に乏しく、特定の既存組織のこれまでの在り方を前提に指導が行われているのではないか、といった課題も指摘されている。また、将来の夢を描くことばかりに力点が置かれ、「働くこと」の現実や必要な資質・能力の育成につなげていく指導が軽視されていたりするのではないか、といった指摘もある。」[11] という答申が出された。この指摘は、なかなか厳しいものだが、教員が陥りやすい感覚論（感情論）の欠点を如実に説明している。なぜなら、職場体験は準備が大変で、実施は学校の外というリスキーな行事なので、それが無事に終わると教員は自己満足的な達成感で満たされ、加えて生徒がそれなりの目に見える成果を出せば、余計にその思いは強くなる。答申の指摘通り、職場体験が完結型の教育活動になっていることは明らかなことであろう。ここから、どのように高校でのキャリア教育につなげていくのか、そもそも「働くこと」をどのように人生の中で位置づけるのか、という非常に深い内容までを掘り下げる指導はなされていないのが現状であろう。これらのことをどのように取り込み、そのためにはどのような「しかけ」が必要なのかを考えていかなければいけない時期にきていることは確かである。20年間同じことを繰り返しているだけでは時代に取り残されるのは自明であろう。

おわりに

　ここでは、総合的な学習の時間の実践例で、ある中学校の職場体験について紹介した。私は平成29（2017）年に、以前赴任していたこの中学校に管理職という立場で異動することとなり、中学2年生が職場体験をしてい

る様子を違った角度から見ることができた。10年前とほぼ同じシステムで実施され、あまりにも変わっていない職場体験の様子を見て、私たちが、総合的な学習の時間の創成期に、一から創りあげてきた職場体験がそのままのスタイルで行われていることにいささかの違和感を持った。前のページで中央教育審議会の答申を紹介したが、まさに「職場体験」という行事をすることが目的になってしまい、その先のことや時代と共に変化している「働くこと」への捉え方についてが、置き去りにされているのではないかと感じた。

　今こそ、「働くこと」が何を意味するのかについて、探求的な見方・考え方を働かせ、横断的・総合的に自己の生き方を考えていくための資質・能力の育成を目指すことが必要ではないのかと考える。アフターコロナの時代は、まさに今までの既成概念が通用しないまったく新しい社会システムが必要になってくるはずであり、その新しい時代をたくましく生き抜く力を、家庭・学校・地域・社会が連携して、育んでいくことが教育の大きな目的になっていくであろう。

1）　バブル崩壊後の平成5年辺りから急激に上昇カーブを描き始め，2000年度には35000件近くを超える数を記録した．出典：ベネッセ教育情報サイト「「校内暴力・学級崩壊」について【前編】」2006年http://www.p.utokyo.ac.jp/lab/ichikawa/johoka/2006/group1/bouryoku.html
2）　中学校「職場体験ガイド」第1章「職場体験の基本的な考え方」平成17年11月文科省
3）　中学校「職場体験ガイド」第1章「職場体験の基本的な考え方」平成17年11月文科省
4）　合田哲雄「学習指導要領の読み方・活かし方―学習指導要領を「使いこなす」ための8章（2019年）教育開発研究所，p59
5）　中学校「職場体験ガイド」第2章「教育課程上の位置付けと学校における体制づくり」平成17年11月文科省
6）　文科省「平成29年度職場体験・インターンシップ実施状況等結果（概要）」国立教育政策研究所生徒指導・進路指導研究センター
7）　文科省「平成29年度職場体験・インターンシップ実施状況等結果（概要）」国立教育政策研究所生徒指導・進路指導研究センター
8）　「職場体験から学んだこと」～人とつながれ，地域とつながれ～平成19（2007）年度人権教育実践交流会報告）
9）　「私のしごと館　第2の人生は（もっと関西）とことんサーチ」平成30（2018）年1月11日日本経済新聞
10）　文科省「平成29年度職場体験・インターンシップ実施状況等結果（概要）」国立教育政策研究所生徒指導・進路指導研究センター
11）　「学習指導要領等の改善及び必要な方策等について（答申）・第1部学習指導要領等改訂の基本的な方向性　3．キャリア教育（進路指導を含む）」（平成28年12月21日）中央教育審議会

多主体協働によるプロジェクト型学習

1．**対象**　　　中学校第1、2、3学年
2．**実施時期**　各学校において定めた目標に基づき、学年や学校の年間指
　　　　　　　　導計画で単元を設定して実践することができる。実施時期
　　　　　　　　については多主体相互の調整が必要となる。
3．**学習名**　　第1学年「人間科学・人間としての基本権学習シリーズ」
　　　　　　　　第2学年「生活・経済社会・キャリア形成学習シリーズ」
　　　　　　　　第3学年「進路・人生・キャリア形成学習シリーズ」
4．**学習計画と単元概要**
　　第1学年「人間科学・人間としての基本権学習シリーズ」
　　　　1学期➡「学歴社会と私たちの生活」
　　　　2学期➡「子どもの権利条約と私たちの生活」
　　　　3学期➡「いじめ裁判例と私たちの生活」
　　第2学年「生活・経済社会・キャリア形成学習シリーズ」
　　　　1学期➡「企業家の研究」
　　　　2学期➡「冷蔵庫・携帯電話・菓子・家と社会・文房具）を開発しよう」
　　　　3学期➡「やさしい経済教室」
　　第3学年「進路・人生・キャリア形成学習シリーズ」
　　　　1学期➡「進路先調べ学習」
　　　　2学期➡「ハンバーガーショップの店長になろう」
　　　　3学期➡「生き方と仕事を考える」

5．協働体制

　学習に参画する各主体は、行政機関、企業（家電・通信・製菓・住宅・製造・運輸・証券・製薬・電気・テント・書店・飲食・スーパーマーケット等）、商工会議所（人材開発部門）、NPO、PTA、社会人・学生ボランティア。

6．各単元の流れ

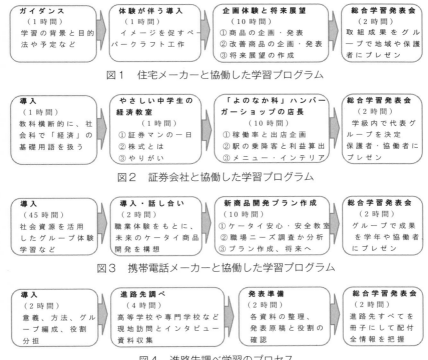

図 1　住宅メーカーと協働した学習プログラム

図 2　証券会社と協働した学習プログラム

図 3　携帯電話メーカーと協働した学習プログラム

図 4　進路先調べ学習のプロセス

7．「進路先調べ学習」（11時間）のねらい

　この学習は、中学校 2 年生の進路先である高等学校や専門学校等を機械的に割り当て、学年の生徒全員で調査して冊子にまとめる。自己が目指す進路先でなくとも、誰かの役に立ち、また自らも誰かが調べた複数のところについて、聴き尋ねることがきる協働的な取組である。発表会は保護者

にも公開して、各家庭に一冊、「進路先調べ学習のまとめ」の冊子を配る。
NPO職員や社会人・学生ボランティ、保護者が各グループと同行する。

8．学習活動の過程

過程	学習活動の概要
1	学年集会の形式でガイダンス、授業の意義と方法について理解、グループで役割分担（講堂）
2	機械的に割り当てられた進路先について調べるため、グループ行動計画書を作成（各教室）
3～6	1～2限授業後、3限体育館よりグループごとに出発、あらかじめ電話で進路先の担当者と約束し、入学内容や仕事内容について説明を受ける。経路や経費、所要時間などを調べる。
7	進路先の情報を整理し、話し合いながら冊子原稿をつくる。
8	発表に向けて、PC用スライド、印刷物の準備をする。
9～10	総合学習発表会として、保護者も集まって情報の交換を行う。
11	不足する情報はないのか。社会の変化に対処している進路先の状況など、自己の活動について内省と他の情報により発見した内容についてさらに深めていく。興味のある進路先の見学を考える。

通学域で実践するキャリア教育
「お仕事体験」（教育課程外）

1　問題の背景と所在

1-1　問題の背景

　総務省が特別集計した調査で就業形態別雇用者（15〜35歳）の割合を調べれば、1995（平成7）年から2004（平成16）年の時期は、ひとたび職を離れると正規雇用になり難く、非正規雇用となってしまう確率が高まり、賃金格差も生じ始めていることが明らかとなった。

　この問題は、多くの若者に働くことへの消極的な意識や姿勢を生むこととなった。

　このような状況にあって、企業は「失われた10年」の後の経費削減から、人材の雇用に関しては「即戦力」の志向に移っていった。すなわち、従来会社が担ってきた人材を採用し職業人として職能の育成自体を、その前段階に当たる学校教育や大学に移して、汎用的な社会人基礎力等の獲得を求めた。そして、他社で培った有能な人材の採用に動く傾向が強まった。

　このような社会の変容を背景に若者の実態にも変化が生じ、フリーターが増えてパラサイトシングル現象、さらには先進国に特有な課題（特に英国）として教育も仕事もトレーニングも受けない若者層であるNEETの急増が日本社会でも生じた。

　日本では、1999（平成11）年12月の中央教育審議会答申「初等中等教育と高等教育との接続の改善について」において、「キャリア教育」の用語が使われて以来、前述の流れが、大学や高等学校、そして小・中学校に「キャリア教育」としての取組が要請された初期といえる。

2005（平成17）年度（一部平成15年度）から、内閣府を軸に経済産業省、厚生労働省、文部科学省では新事業として、「若者挑戦プラン」「地域自律・民間活用型キャリア教育事業」「新キャリア教育構想」などに、先進的な地域社会や、中・高等学校が取り組むこととなった。筆者もこの事業に携わり、生徒の生き方教育やキャリア発達の中学校段階のキャリア教育の事例モデルとして、「1年：仕事を知る/職業人講話」、「2年：社会の現実を知る/職種の実際を体験する」、「3年：将来のことや自己の生き方を考える/進路先を調べる」を提案してきた。

1-2　問題の所在

　キャリア教育は、「一人一人の社会的・職業的自立に向け、必要な基盤となる能力や態度を育てることを通して、キャリア発達を促す教育である」としている（中央教育審議会「今後の学校におけるキャリア教育・職業教育の在り方について」）（平成23年1月31日）

　以前、筆者がかかわった学校教育と社会教育が融合する形で、学校園とそのPTAが共催して実践した事例は、その位置付けや方法論において、今でも「求められるキャリア教育の実践」としては揺らぎがある。そこで、第41回研究大会のテーマが、「キャリア教育の射程を問い直す」から、この機に本事例を捉え直すこととした。

　日本キャリア教育学会第41回研究大会が長崎大学で開催された。その案内に「この20年間に急速に普及してきたキャリア教育を批判的にふり返り、今後のあり方について議論を深め（日本キャリア教育学会Webページ）」るとも掲げられている。本事例が、「自他理解」、「社会及び自然を自分との関わりで捉え（生活科）」、「人間としての生き方（道徳科）」、「人間関係形成（特別活動）」、「社会の形成者（特別活動）」、「自己の生き方（総合的な学習の時間）」等のキーワードにおいて、さらなる検討を推進する一つの材料となれば幸いである。

2「お仕事体験」事業計画

2-1　申請に向けて

　都市部の中心地周辺に位置するX中学校の通学域は、A小学校・B小学校・C小学校・D小学校・E小学校の5小学校とY幼稚園の7校園の地域である。①進路指導領域で多くの場合、主体者意識が希薄で、家庭と学校の役割が恣意的・暴力的に変容することもあり、規範の維持に課題もみられる。②小・中学校全てが経済産業省のキャリア教育推進地区としてモデル実践校の指定を受け、学校文化が醸成されつつあり、PTAも何らかの活動を求めていた。③家庭教育・社会教育の促進と地域間連携のための共同事業の受託が必要であった。

2-2　受託の意義

　キャリア教育を学校教育のみに限定せず、これを媒介に地域社会の人間としての主体間の主体としての意識を回復することを目指すところに意義を見出した。換言して地域社会から市民社会へ移り行く教育イノベーションである。

2-3　学習のテーマ

　今回の主題は、「自分を知る。他者を知る。そして、人と人がつながる。」である。学習グループは、小学校校区のチームとして、当該在学の小・中学生、高校生OB,OG、保護者、大学生・社会人ボランティア、NPO職員を割り当てた。

3「お仕事体験」実践内容

3-1　実践の場所

　公開市民フォーラムは区民センター。仕事体験は小学校区のスーパーマーケット。事前・事後学習、学習成果発表会は公立中学校の多目的教室や体育館を会場とした。

3-2　主な概要と所要時間

市民フォーラム（3時間）
講演会・語り合いの場

事前学習（6時間）
ワークショップ、プロの店など

体験学習（6時間）
スーパーマーケットで仕事、インタビュー

事後学習・出店準備（23時間）
体験のふり返り、発表・道具づくり

学習成果発表会・模擬出店（6時間）
表現活動、販売活動、ふり返り

3-3　参加者数

	小学1,2	小学3,4	小学5,6	中学生	大人			合計（人）
					スタッフ	講師	見学者	
実人数	8	50	25	6	21	9	319	438
延べ人数	8	50	147	14	175	15	446	855

3-4　主な成果・課題

　学習者（小学5・6年生、中学1〜3年生）を対象に、簡単な効果測定を行った。社会人基礎力（課題発見力）をアレンジした設問（問9）「困難にぶつかったとき、自分が何をしなければならないのか、じっくり考えることがある。」の結果は、「（1）とてもそう思う」と「（2）思う」の合計がプレ調査で63%が、ポスト調査では38%と大幅に減少した。これを学習の結果、意識が低下したとみるか、ダイナミックスな体験から実社会においては問題解決の困難さの発見から出されたものと見て取ることもできる。その理由は、「お客さんは思うようにわかってくれなった」という意見が出されているからである。実社会に触れて、役割を取得して、他者理

解の困難さを理解したためと捉えることもできる。

　一方、課題は第一に児童生徒の参加者が少ないことがいえる。

4　考察

　平成20年告示の中学校学習指導要領では、特別活動の学級活動（3）は「学業と進路」と簡潔に整理された。平成29年告示版は、学級活動（3）は「一人一人のキャリア形成と自己実現」と改まり、小学校版にも同じ内容項目が新設された。キャリア教育は特別活動を要として実践するとされ、小学校から高等学校まで一貫した。

5　今後の課題

　教育課程として、同様の実践が可能か否か、検討が必要と考える。各教科、道徳科、総合的な学習の時間、特別活動において、生き方として道徳性の発達、探究活動や体験活動それぞれの特質から融合させた教育実践を指導計画づくりと授業開発が望まれる。

[引用文献]

文部科学省（2011）小学校キャリア教育の手引き〈改訂版〉，教育出版，p.6.
大阪市こども青少年局（2009）平成20年度「地域ですすめるこどもの仕事体験・ボランティア活動支援事業」報告書，大阪市，p.24-28.
文部科学省（2008）中学校学習指導要領 平成20年3月告示，東山書房.
文部科学省（2018）小学校学習指導要領（平成29年告示），東洋館出版社.
文部科学省（2018）中学校学習指導要領（平成29年告示），東山書房.

生徒手帳（生徒規則）の改正と子どもの権利条約

1　「総合的な学習の時間」の導入と現在

　総合的な学習の時間は、約20年前、1998（平成10）年7月の教育課程審議会答申を受けて学習指導要領が改訂された際に新設され、2000（平成12）年度から段階的に導入された。2002（平成14）年4月には小学校から高校まで完全実施となった。これによって学校はいわゆる「知識偏重の学力観」の転換を担う大きな課題を与えられ、全く新しい教育実践に取り組むこととなった。

　この頃、学校の教育現場では基礎・基本を確実に身に付けさせ、自ら学び自ら考える力などの「生きる力」の育成に取り組んでいたが、総合的な学習の時間の登場によって、学校の特色を活かしながら教科横断的で総合的な学習が課題となり、全く新たな学習活動と教材の開発に戸惑いながらも力を注ぐ教師の姿が多くみられた。

　その後、2008（平成20）年・2009（平成21）年改訂では、思考力・判断力・表現力等が求められ、教科を超えた横断的・総合的な学習とともに探究的な学習や協働的な学習が求められた。今回の改訂では、この探究的な学習を実現するために、探究的な学習における児童生徒の学習の姿である〔探求の過程〕として、「①課題の設定→②情報の収集→③整理・分析→④まとめ・表現」を明確にした。まとめ・表現を受けて新たな課題を見付け、さらに問題の解決を始める学習活動を発展的に繰り返していくことと考えられている。[1]

1　文部科学省（2018）『小学校学習指導要領（平成29年告示）解説 総合的な学習の時間編』東洋館出版社, Pp.9-13.

2　「総合的な学習の時間」実践事例

2-1　課題

　ここで実践事例として取り上げる学校は、大都会の中心部に位置し、生徒指導上の諸問題への取組が課題となっている。特に学校内の秩序維持は安定した学習環境を確保するために重要課題である。自ずと校則順守の徹底が求められてきた。しかし、校則への依存は、校則項目の増加や校則への生徒の受動性を生み、むしろ校則の軽視という逆説的な結果を生じさせることとなり、また生徒の人権にもかかわる問題を生じかねない。指導の徹底が問題の解決につながらないという状況を帰結していた。

　そのような中で、取り組まれたのがこの実践事例であった。その端は、2018（平成30）年6月、中学1年生の生徒に、ある学級担任が、「先生、梅雨に入り替え靴を買おうと思い、母と一緒に駅前のお店に行きましたが、白の運動靴は全く見かけませんでした。大型店にも販売していないようです。一本だけど青色ラインのものはありましたが、これは校則（生徒心得）に違反となりますか」と問われたことに発している。

　この課題を契機に、社会科や特別活動と横断的・総合的に連携して取り組む総合的な学習の時間において、探求的な学習や協働的な学習の視点も取り入れ、「子どもの権利条約」（Convention on the Rights of the Child）への理解を通して、日常生活の課題の解決に発展させ、生徒たちの学びへ向かう力等の資質・能力を育むために校内の教職員で取り組んだ実践である。[2]

2-2実践の概要

単元名

　「子どもの権利条約」を友達に分かりやすく伝えよう
　―「生徒手帳」の服装・所持品規則を見直す自治活動 ―

2　中尾豊喜（2019）「『総合的な学習の時間』における『主体的・対話的で深い学び』に関する一考察」，山中翔ほか『人間健康研究vol.2』広島文化学園大学，Pp.31-44（一部改編）.

単元目標

　多様な価値観を持つ生徒たちが、自己や他者の権利について学級のグループごとに調べ、話し合い、発表し合う探究のプロセスから、合意形成と自己実現の方法を獲得する。

地域・学校・生徒の実態

　事例校となる中学校の通学地域は、都市中心部にあって外国人生徒や保護者の居住者率が年々高まり、入学者数が増加する傾向にある。そのためか生徒たちは、とりわけ外国人生徒においては差別に対する課題意識や人としての権利意識が非常に高い。

　また、その反面、日常生活の課題を話し合う場合に他者との対話によって合意形成を図って解決していく資質・能力は未だに乏しいと言わざるを得ない。それゆえに、学校として国際理解に関わる教育実践や生徒指導を重点課題に掲げ、学校教育目標の一つとして国際理解教育や生徒自治をテーマに全学年で年間指導計画を立てて取り組んでいる。

題材（学習材）

　外国人生徒の中には、1989年11月に国連総会で採択され、その後わが国においても批准された「子どもの権利条約」を入学前に学習し、すでに日々の生活において実践できる段階まで習得している生徒もいる。

　その一方で、多くの生徒は何も知らない状態である。そのため、本題材を通して「子どもの権利条約」を学習材に条文の理解をすすめながら、日常生活の課題を取り上げ、探求の過程に沿って解決できる資質・能力を身に付けられるようにしたい。

育てたい資質・能力

観点	ア　知識及び技能	イ　思考力、判断力、表現力	ウ　学びに向かう力、人間性等
評価規準	（1）生活課題を通して条文の内容を理解することができる。 （2）社会参画の意義を理解することができる。	（1）主体的・対話的に条文の表現を工夫することができる。 （2）他者に伝わる表現方法を考えることができる。	（1）他者の意見を介し、自己の意見を捉え直して、深い学びにつなげることができる。 （2）社会の形成者としての自覚を持つことができる。

指導計画の概要（総13時間）

次	探究の過程	学習活動	時数	ア	イ	ウ	評価規準	評価方法
1	課題の設定 「青い線の入った靴は校則上認められるか。」 「校則は「子どもの権利条約」上認められるか。」	○[A]オリエンテーション（体育館）	1	○	—	○	・生徒規則と学習の関連を理解できる。	・ワークシート ・行動観察（発言、聞く態度等）
		○グループ編成と役割分担（教室）	1	○	—	—	・グループと自分の課題を設定できる。	・ワークシート（他者との対話）
2	の分析	[B]条文の理解と校則との対立矛盾の検討	2	○	—	—	・インターネットや図書館の資料から情報の収集ができる。	・行動観察（製作、発表、発言、聞く態度等）
3	情報の収集と問題解決の探究	○[C]シナリオづくり	2	—	○	○	・情報収集した内容を整理し、問題解決に取り組む。	・行動観察（発表、聞く態度等） ・シナリオ用紙
		○[D]用具製作	2	—	○	○		
4	整理・分析	○[E]学級内リハーサル、学年リハーサル	2	○	○	○	・発表の準備、製作ができる。他のグループ内容に質問や意見ができる	・ワークシート、発表の様子（他者との対話）
5	まとめ・表現	○[F]総合学習発表会	2	○	○	○	・他者に分かる発表を行い、また聞くことができる。	・相互評価シート
6	ふり返り	○[G]ふり返り	1	○	○	○	・学習活動をふり返り、成果と課題を理解し、内省ができる。	・ポートフォリオ（自己内対話）

127

話し合い活動

　前項「指導計画の概要」の「整理と分析」は、知識と技能を結び付けたり、考えを出し合ったりしながら問題の解決に取り組む内容である。

　この学級内リハーサルの時間に、外国人生徒の一人から、「靴にブルーラインがあっても何の害もない。それで悪い行動をするわけでもないし、他の人に迷惑をかけることもない」、「私たちには、この条約12条の意見表明権を使って生徒会で生活しやすくなるよう話し合おう」という意見に、学級では「確かに他の人たちには影響しない」や「青色の線があれば人間がおかしいですか」等の発言が続いた。

　これまで、白色靴の規則に疑問を持っていなかった生徒は、「なるほど、自分の行動が大切で、靴に色ラインがある、ないの問題ではないのだ」、「少しのラインやマークはいいと思う」等の意見が出されたが、この学級では規則を変える提案には至らなかった。

成果と課題

　この実践を設定するため年間指導計画の一部を改めて、2学期の社会科・特別活動・総合的な学習の時間を活用し、「子どもの権利条約」の条文を学級別に分担し、学級はグループに分けて取組を行った。外国人の生徒からは、身体的なことや靴の詳細な色彩まで規定している規則は意味が不明であることや、契約をしていないのに厳守を求められることも理解できないなどの意見が出され、結論が出ないまま単元の学習を終えた。

　課題としては、生徒から意見が出ても、学級会が学年委員会・生活委員会・風紀委員会等との実践や生徒議会への提案の仕組みや経験不足から、変更案の提案まで進行できなかったこと。加えて、人間相互の関係における自他の尊重、多様な他者を寛容的な態度で理解していくことについては継続した難題といえる。

　学習の成果は、生徒が発表を通じて校内外の生活や条文について知識・技能、表現力等の向上は一定程度みられたとしている。

3　探究的な学習や協働的な学習と「他者との対話」という課題

　前項の実践事例の意義や成果は、白色靴が販売されていないことから始まった「生徒手帳」の規則の問題から、生徒は自治の方法を改めて知ることができたことである。また国の環境によって学校の規則も異なることに気付きもあった。この視点では学級集団における話し合いの場の設定が有効に機能したと考えられる。しかし、あくまでも学級集団や学年集団としての教師の見方であり、主観的なところは否定できない。

　また、中教審答申[3]は、「『主体的・対話的で深い学び』の実現」「『対話的な学び』の視点」の項で、多様な方法を通して多様な他者と対話することのよさについて示唆している。その1つは、「他者への説明による知識や技能の構造化」であり、次に「他者からの多様な情報収集」である。この2つについては事例でも扱った。3つ目は、「他者とともに新たな知を創造する場の構築」というが、今回の事例では、ここでいう場における対話（話合い）のための教室環境を醸成するまでに至っていない。

　さらに、協働的な学習を進める上で、「集団としての学習成果に着目するのでなく、探究の過程を通した一人一人の資質・能力の向上ということをより一層意識した指導の充実が求められる」[4]という点は、危惧そのものである。つまり、答申が述べるように、協働的な学習においてグループで結論を出すことが目的でなく、そのプロセスを通じて一人一人の学習者がどのような資質・能力を身に付けていくかが重要となってくる。この意味で事例では、「対話的な学び」が校内において「他の児童生徒と活動を共にするというだけではなく、一人じっくりと自己の中で対話すること、…（省略）…様々な対話が考えられる」[5]というところは照射していると考える。

　いずれにしても、集団における学習活動が自己との対話、多様な他者の

3　文部科学省教育課程課・幼児教育課編（2017）「生活・総合的な学習の時間ワーキンググループにおける審議のまとめ（総合的な学習の時間）」、『中央教育審議会答申「幼稚園、小学校、中学校、高等学校及び特別支援学校の学習指導要領等の改善及び必要な方策等について」全文』東洋館出版社，Pp.732-751.
4　同上書，p.733.
5　同上書，p.748.

複眼的な意見、それを媒介とした自己の意見によって展開される学習の過程において他者の他者である自己は、他者を通して新たな発見によって新たな見方・考え方へと広がり、あるいは深まり、その繰り返しから深い学びへと移っていくものと考えられる。

　この単元の仕組みは、調べ学習やグループによる話し合い活動、学級集団による発表、学年発表会、事後の振り返りや自己内対話である事後学習という構造となっている。当然、学習の過程においては学級やグループ活動による「話し合い活動」が重要な位置を占めることとなる。無造作に話し合い活動を学級において実践しても、文化や家庭環境の異なる子ども（例えば、外国籍の子ども）が集まる現代の学校において、異なる他者との対話は常に意見や立場の違いを顕在化させる可能性がある。この違いゆえに、対話は売り言葉に買い言葉の応酬になったり、『何でもあり』の結果を招いたりすることとなってしまう可能性も考えられるからである。

　そうではなく、教師の日常の活動が、計画的に教室という社会環境・学習環境を醸し出すことが重要な要素となる。中学校に入学した第1学年の4月より、生徒と生徒、生徒と教師の相互関係を互いに主体的な関係となるような学級集団の形成に意図的・計画的に普段から取り組む必要がある。このような相互主体的な関係性を併せ持った学級集団の形成が条件となる。

　グループで課題を解決する学習形態を取る場合でも、単なる知識の活用だけでなく、コミュニケーションや役割分担に対する責任感など、対人関係の育成に比重を置いて、それを基盤にして対話による「学び」を進めることによって、思考力・判断力・表現力などを育成する「協働学習」が成り立つ。その際、「学び」としての話し合い活動が成立するための一つの条件として、本論でも提案されている「話し合いのルール」[6]を学級（学年）内の生徒・教師で共有することがさらに望まれる。

6　渡邉満（2013）『「いじめ問題」と道徳教育 ―学級の人間関係を育てる道徳授業―』ERP, Pp.56-60.

社会問題とその解決に向けての考察 —「SDGs」の視点から—

1. 単元名 社会問題とその解決に向けての考察—「SDGs」の視点から—

2. 単元の目標

　さまざまな社会問題への関心を高め、「SDGs」の個別の目標についての考察を深めるとともに、その解決策を探り、次年度の探究活動に向けた各自の研究課題をみつける。

3. 単元設定の理由

（1）生徒の実態

　これからの時代は科学技術の進歩やグローバル化などにより社会が大きく変化していく。生徒はキャリア形成の方向性を自分で考えなければならない。そのためには、自ら解決すべき課題を見つけ、探究する力が求められる。つまり、自己のあり方や生き方と不可分な課題を見つけ、解決していく力をつけなくてはならない。2022年度から成年年齢が18歳に引き下げられるので、社会についてもこれまで以上に学ぶ必要がある。

（2）教材について

　「SDGs」とは、「Sustainable Development Goals」の略で、持続可能な世界を実現するための17のゴールと169のターゲットから構成された行動計画である。2015年、国連に加盟するすべての国が、「SDGs」について記

載された「持続可能な開発のための2030アジェンダ」を全会一致で採択した。このアジェンダは地球上の誰一人として取り残さないことを誓い、加盟国が一丸となって2030年までに「SDGs」の目標の達成を目指している。「持続可能な開発」というと気候変動やエネルギーなどの環境面の課題を想起しやすいかもしれないが、17のゴールのなかには、ほかにも貧困、教育、ジェンダー、雇用、生産と消費などが掲げられている。

　「SDGs」は社会問題を考える際の入り口として、有効なものである。「ゴール」を意識することで、ものの見方も変わってくるのではないかと考える。

　社会問題を考える資料として、新聞を活用する。社会問題は、高校生には身近に感じにくいものもあるが、新聞記事を通してそれらを具体化することで、「自分事」として捉え、自分の言葉で考え、自分の言葉で発信できる力を養いたい。新聞記事を通して、「SDGs」の抽象的な目標を具体的に理解することができ、世界に共通する普遍的な問題や、それを解決しようとする様々な試みを記事から学ぶこともできる。

（3）指導について

　総合的な探究の時間、１年「探究基礎」、２年「探究」の枠組みの中で、次年度の「探究」に向け、各自の「探究」のテーマを絞り込むための、課題意識づくりが主たる目的である。新聞を活用して社会にどのような課題があるか、その課題に対し、自分自身はどのように関わっていくべきなのかといった事柄について、「SDGs」の視点から考える。

　持続可能な社会をつくるために必要なアプローチは、地域の持つ社会的・文化的背景や、子どもの発達段階によっても異なる。重要なことは、地球上で起きている様々な課題を解決することの重要性について、生徒が認識し、主体的・協働的に学び、行動するために必要な資質・能力を育むことである。

４．単元の評価規準

①知識・技能	②思考・判断・表現	③主体的に学習に取り組む態度
持続可能な社会の形成に参画するという観点から課題を探究するための方法について理解し、その知識を身に付けている。 必要な資料を収集し、学習に役立つ情報を適切に選択して、効果的に活用するとともに学び方を身に付けている。	持続可能な社会の形成に参画するという観点から課題を見いだし、多面的に考察し、社会の変化や様々な立場、考え方を踏まえ公正に判断して、その過程や結果を様々な方法で適切に表現している。	持続可能な社会の形成に対する関心を高め、それに参画するという観点から現代社会における課題を意欲的に探究し、現代に生きる人間としての在り方生き方について考察を深めようとしている。

５．指導と評価の計画

時	学習内容	評価の観点 ①	②	③	備考
1	SDGsとは何かについて理解する。	○			・動画「【外務省×SDGs】どれから始める？未来のために」 ・**資料**
2	新聞の読み方について理解する。	○			・新聞記者を講師として招聘する。
3	新聞を読んでSDGsの視点から社会問題に関する記事を探してスクラップする。		○	○	・ワークシート
4	グループになり記事を伝え合い、SDGs17の目標の何に関連しているのかを話し合う。		○	○	・**学習のてびき**
5	グループになり「SDGs切り抜き新聞」を作る。		○	○	・**模造紙に作成**
6	「SDGs切り抜き新聞」を発表しする。		○	○	・ワークシート
7	社会問題について考えたことをふり返り、自分の「探究」のテーマについて考える。	○		○	・ふり返りシート

６．生徒のふり返り

・小さな問題から大きな問題まで幅広い問題がSDGsにあてはまり、より深くその問題に取り組むためにグループで意見を出し合っていくことが大切だと感じた。そうすることで、別の角度から問題を見つめなおせて、新しい発見や知識を得られることがわかった。

・一つの記事に対して、SDGsの目標が混ざりあっていることがわかった。

・発表を聞いていると「平和」について、考えている人が多いと思った。平和な世の中にするために、自分は今何ができるのかをまず考えていきたい。そして、何らかの形で発信していきたい。

・SDGsに関連する記事がたくさんあることを知った。それらは自分が思っていた以上に多く、今から考えていかなければならない課題は山積みだと感じた。

・SDGsそのものが「平等」を実現するための目標だと思った。だから私は、過去をふり返り「平等」について考えていきたいと思った。

【資料】

SDGsの達成を目指し、誰一人置き去りにしない社会を築こう

　SDGsとは「Sustainable Development Goals」の略。「持続可能な開発」を実現するために2016年から2030年にかけて、世界が一丸となって17の目標を達成しようと、2015年の国連サミットで採択されたものです。持続可能な開発とは、私たちの暮らしや社会が抱える課題を解決して、地球全体が豊かな幸せな未来を手に入れられるようにするという意味です。貧困や差別、経済や環境など、あらゆる問題を一緒になって考えていくというのがSDGsなのです。

　SDGsを知り、自分にできることを考えることは、世界中の子ども

たちの未来を守ることにもなります。友達や家族の会話の中で、SDGsについて話題にして、自分にできることを考えてみましょう。

　国連広報センター所長の根本かおるさんは、SDGsについて次のようなメッセージを発信しています。

　今、世界には多くの深刻な問題があり、それらは複雑に絡み合っています。このままでは2050年には地球3つ分の天然資源が必要とされる見通しで、これらを解決していくには、地球上のあらゆる立場の人々や組織が協力しなくてはいけません。そのための具体的な方法として、2030年までに17の目標の達成を世界で目指そうというのがSDGsです。

　そこで大切になってくるのが、「誰ひとり置き去りにしない」社会を築くことです。平和で豊かな社会を将来につないでいくために、SDGsに関心を持ち、ライフスタイルを見直すなど、身の回りでできることがないか、ぜひ皆さんに考え、アクションにつなげていただきたいと思います。

【参考】

　国際連合広報センター

　https://www.unic.or.jp/news_press/features_backgrounders/31737/

（最終閲覧日、2020年8月8日）

【学習のてびき】

「SDGs に関する切り抜き新聞」をつくろう

名前（　　　　　　　　　　　）

1、記事を伝え合う

　自分が切り抜いてきた記事をグループのみんなに見せながら、17 の目標の何に関連しているのか
　（関連していることは複数の場合もある）記事の内容を説明し、選んだ理由を話す。
　＊聞いている人は、その記事について質問したり感想を伝えたりする。
　自分の選んできた記事がその記事と関連している場合は、次のその記事を紹介する。

2、切り抜きを通じて「何を伝えるか」を考え、テーマを大まかに決める

　貼る記事や見出しの配置を考える。記事をいくつかのグループに分けて配置する。
　配置が決まったら、のりで貼り付ける。17 の目標に関連していると思うアイコンを貼る。

3、記事を読んで、要約や感想、意見などのコメントを書き込む

　読みやすいようにていねいに書こう。作成者の名前を書く。イラストなど自由に。
　大見出しや小見出しを付けて、記事のグループごとに何を伝えたいのかをはっきりさせる。
　見出しは大きく、短く、人目を引くように書こう。新聞の見出しは大体 8〜12 文字程度。

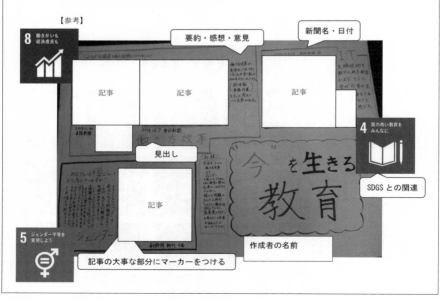

【生徒が作成した「SDGs切り抜き新聞」】

水色の付箋は、この「SDGs切り抜き新聞」を読んだ生徒からの感想。

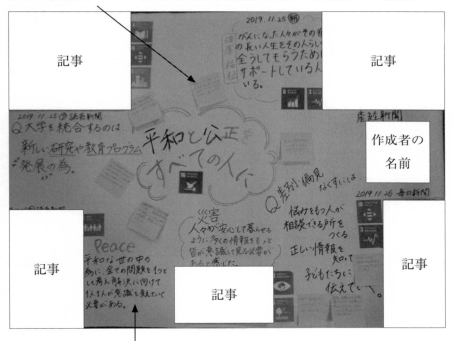

班で考えた記事の要約、記事に対する感想・意見

自己の在り方生き方について考える

　私は総合的な学習の時間の学びを通して、子どもの抱く夢の実現への道のりや自己の在り方生き方について向き合ってきた。総合的な学習の時間は自身で問いや課題を見出し、解決のために情報収集し、まとめ、整理したものを発表するという一連のサイクルの中で進められる。私はまさにこのサイクルを3年間の学びを通して体験した。1年次では「職業人インタビュー」、2年次では「卒業研究のテーマ選考」、3年次では「卒業研究」に取り組んだ。以降からは各年次で取り組んだ内容について詳しくみていきたい。

1年次「職業人インタビュー」

　「職業人インタビュー」では総合的な学習の時間における「自身で問いや課題を見つける」段階である。興味関心のある職業や分野について現場で活躍されている方から直接話を伺うという取組である。いわばこの取組は自分探しの旅への出発である。インタビュー内容やそのほかに集めた情報をもとに、その職種を目指すのはどのような進路を辿るのか、また自身の課題はなにか等をまとめる。その後発表を行うが、その際には生徒や先生方から活発な質疑応答が行われる。この経験は自己と向き合う貴重な時間となったように感じる。

２年次「卒業研究のテーマ選考」

　２年次になると卒業研究作成に向けて動き出す。第一段階としてまず批判的な思考力を養う訓練を行った。卒業研究を書き進める際には、問題に対して仮説を立て実証していくなど物事を多面的に考える必要がある。この力を養うためにディベートが多く行われた。肯定派と否定派の両方を同じテーマで体験することで批判的な思考力を養った。次の段階として卒業研究のテーマ選考に移る。

　興味関心のある分野の先行研究や著書を読み研究内容を絞っていく。しかし多くの生徒は研究内容について漠然としたテーマしか考えられない。この研究によって何が明らかになるのか、何に活かされるのかを説明できないのだ。この段階では教員の果たす役割が非常に大きかったとふり返る。総合的な学習の時間は20人ほどの少人数で行われており、生徒一人ひとりに個別指導が行き届いていた。個別指導の内容としては主に面談が行われ、研究内容についてカウンセリングのような話し合いを経て、テーマの決定へと導いてくれた。

３年次「卒業研究」

　３年次では12800字以上の卒業研究に取り組み、ゼミの中で発表をもって、３年間のまとめとした。自分探しの旅へ出た１年次の頃に比べるとこの時期には自己理解が高まっているという実感がわいていた。何に興味関心があるのか、自分のよさは何か、またよさを社会にどう還元することが出来るのかを自然と考えられるようになったからである。それぞれが選考したテーマについて研究を進めると同時に、自身の研究にも繋がっていたのではないだろうか。自己理解を深めた学生は社会を生き抜く力を身に付けることが出来たのではないだろうか。

まとめ

　これらの一連の学びを通して私は２つの力が身に付いたと考えている。まず１つ目は物事を多角的・多面的に見る力である。２つ目は課題解決能力だ。課題の発見から解決までの道筋を立てることが出来るようになった。こうした能力は予測不能で変化の激しい現代社会を生き抜くためには必要不可欠な能力である。主体的に学び、考え、他者と協働しながら課題を解決していくプロセスを経験できたことは今となっても財産である。教員の手厚い支援と３年間の接続性の高い学びによって以上の力を身に付けることが出来た。

講師となっての実感

　教師生活がスタートして５か月が経とうとしている。生徒の教育的ニーズに応えるため、答えのない問いに自問自答を繰り返す日々は、まるでゴールのないマラソンを走り続けているかのようだ。

　それにしても、生徒の「わかった」や「できた」といった瞬間に立ち会えた時には、この上ない喜びを感じる。私は、教職のやりがいや魅力はここにあると思う。

　そして教育現場の課題も見えてきた。それは、生徒の学びの場を保証するためにICT機器を活用した授業実践及び環境整備が、家庭だけでなく地域社会からも強く求められていること。自身も社会的に機能する学校の一員であることを自覚し、課題解決に微力ながら貢献していきたい。

特別活動の
目標と内容

特別活動の目標と内容

4-1　校種間の比較

　次の表は、各校種の学習指導要領（平成29年・30年告示）[1]における「特別活動」第１の目標と内容を引用して、比較しながら発達段階による違いを把握するために校種別に整理した。

　まずは、幼児教育との関係もふまえつつ、初等教育や義務教育、中等教育を個別にまた複合的に広く俯瞰して相対的に捉えていく。

　それぞれの類似点と相違点に目を配り、用語や文章、育成を目指す「資質・能力」の違いを見いだし、それぞれの意味を考えていくこととする。

「特別活動」第１の目標の比較表

小学校	中学校	高等学校
第１目標　集団や社会の形成者としての見方・考え方を働かせ、様々な集団活動に自主的、実践的に取り組み、互いのよさや可能性を発揮しながら集団や自己の生活上の課題を解決することを通して、次のとおり資質・能力を育成することを目指す。	**第１目標**　集団や社会の形成者としての見方・考え方を働かせ、様々な集団活動に自主的、実践的に取り組み、互いのよさや可能性を発揮しながら集団や自己の生活上の課題を解決することを通して、次のとおり資質・能力を育成することを目指す。	**第１目標**　集団や社会の形成者としての見方・考え方を働かせ、様々な集団活動に自主的、実践的に取り組み、互いのよさや可能性を発揮しながら集団や自己の生活上の課題を解決することを通して、次のとおり資質・能力を育成することを目指す。

1　文部科学省（2018）『小学校学習指導要領（平成29年告示）』東洋館出版社，Pp.183-189. 文部科学省（2018）『中学校学習指導要領（平成29年告示）』東山書房，Pp.162-167. 文部科学省（2019）『高等学校学習指導要領（平成30年告示）』東山書房，Pp.478-482.

(1)多様な他者と協働する様々な集団活動の意義や活動を行う上で必要となることについて理解し、行動の仕方を身に付けるようにする。

(2)集団や自己の生活、人間関係の課題を見いだし、解決するために話し合い、合意形成を図ったり、意思決定したりすることができるようにする。

(3)自主的、実践的な集団活動を通して身に付けたことを生かして、集団や社会における生活及び人間関係をよりよく形成するとともに、自己の生き方についての考えを深め、自己実現を図ろうとする態度を養う。

(1)多様な他者と協働する様々な集団活動の意義や活動を行う上で必要となることについて理解し、行動の仕方を身に付けるようにする。

(2)集団や自己の生活、人間関係の課題を見いだし、解決するために話し合い、合意形成を図ったり、意思決定したりすることができるようにする。

(3)自主的、実践的な集団活動を通して身に付けたことを生かして、集団や社会における生活及び人間関係をよりよく形成するとともに、人間としての生き方についての考えを深め、自己実現を図ろうとする態度を養う。

(1)多様な他者と協働する様々な集団活動の意義や活動を行う上で必要となることについて理解し、行動の仕方を身に付けるようにする。

(2)集団や自己の生活、人間関係の課題を見いだし、解決するために話し合い、合意形成を図ったり、意思決定したりすることができるようにする。

(3)自主的、実践的な集団活動を通して身に付けたことを生かして、主体的に集団や社会に参画し、生活及び人間関係をよりよく形成するとともに、人間としての在り方生き方についての自覚を深め、自己実現を図ろうとする態度を養う。

第2各活動・学校行事の目標及び内容

〔学級活動〕

1目標

　学級や学校での生活をよりよくするための課題を見いだし、解決するために話し合い、合意形成し、役割を分担して協力して実践したり、学級での話合いを生かして自己の課題の解決及び将来の生き方を描くために意思決定して実践したりすることに、自主的、実践的に取り組むことを通して、第1の目標に掲げる資質・能力を育成することを目指す。

2内容

　1の資質・能力を育成するため、全ての学年において、次の各活動を通して、それぞれの活動の意義及び活動を行う上で必要となることについて理解し、主体的に考えて実践できるよう指導する。

(1)学級や学校における生活づくりへの参画

ア　学級や学校における生活上の諸問題の解決

第2各活動・学校行事の目標及び内容

〔学級活動〕

1目標

　学級や学校での生活をよりよくするための課題を見いだし、解決するために話し合い、合意形成し、役割を分担して協力して実践したり、学級での話合いを生かして自己の課題の解決及び将来の生き方を描くために意思決定して実践したりすることに、自主的、実践的に取り組むことを通して、第1の目標に掲げる資質・能力を育成することを目指す。

2内容

　1の資質・能力を育成するため、全ての学年において、次の各活動を通して、それぞれの活動の意義及び活動を行う上で必要となることについて理解し、主体的に考えて実践できるよう指導する。

(1)学級や学校における生活づくりへの参画

ア　学級や学校における生活上の諸問題の解決

第2各活動・学校行事の目標及び内容

〔ホームルーム活動〕

1目標

　ホームルームや学校での生活をよりよくするための課題を見いだし、解決するために話し合い、合意形成し、役割を分担して協力して実践したり、ホームルームでの話合いを生かして自己の課題の解決及び将来の生き方を描くために意思決定して実践したりすることに、自主的、実践的に取り組むことを通して、第1の目標に掲げる資質・能力を育成することを目指す。

2内容

　1の資質・能力を育成するため、全ての学年において、次の各活動を通して、それぞれの活動の意義及び活動を行う上で必要となることについて理解し、主体的に考えて実践できるよう指導する。

(1)ホームルームや学校における生活づくりへの参画

ア　ホームルームや学校における生活上の諸問題の解決

学級や学校における生活をよりよくするための課題を見いだし、解決するために話し合い、合意形成を図り、実践すること。

イ　学級内の組織づくりや役割の自覚

学級生活の充実や向上のため、児童が主体的に組織をつくり、役割を自覚しながら仕事を分担して、協力し合い実践すること。

ウ　学校における多様な集団の生活の向上

児童会など学級の枠を超えた多様な集団における活動や学校行事を通して学校生活の向上を図るため、学級としての提案や取組を話し合って決めること。

(2)日常の生活や学習への適応と自己の成長及び健康安全

ア　基本的な生活習慣の形成

身の回りの整理や挨拶などの基本的な生活習慣を身に付け、節度ある生活にすること。

学級や学校における生活をよりよくするための課題を見いだし、解決するために話し合い、合意形成を図り、実践すること。

イ　学級内の組織づくりや役割の自覚

学級生活の充実や向上のため、生徒が主体的に組織をつくり、役割を自覚しながら仕事を分担して、協力し合い実践すること。

ウ　学校における多様な集団の生活の向上

生徒会など学級の枠を超えた多様な集団における活動や学校行事を通して学校生活の向上を図るため、学級としての提案や取組を話し合って決めること。

(2)日常の生活や学習への適応と自己の成長及び健康安全

ア　自他の個性の理解と尊重、よりよい人間関係の形成

自他の個性を理解して尊重し、互いのよさや可能性を発揮しながらよりよい集団生活をつくること。

ホームルームや学校における生活を向上・充実させるための課題を見いだし、解決するために話し合い、合意形成を図り、実践すること。

イ　ホームルーム内の組織づくりや役割の自覚

ホームルーム生活の充実や向上のため、生徒が主体的に組織をつくり、役割を自覚しながら仕事を分担して、協力し合い実践すること。

ウ　学校における多様な集団の生活の向上

生徒会などホームルームの枠を超えた多様な集団における活動や学校行事を通して学校生活の向上を図るため、ホームルームとしての提案や取組を話し合って決めること。

(2)日常の生活や学習への適応と自己の成長及び健康安全

ア　自他の個性の理解と尊重、よりよい人間関係の形成

自他の個性を理解して尊重し、互いのよさや可能性を発揮し、コミュニケーションを図りながらよりよい集団生活をつくること。

イ　よりよい人間関係の形成 　学級や学校の生活において互いのよさを見付け、違いを尊重し合い、仲よくしたり信頼し合ったりして生活すること。 ウ　心身ともに健康で安全な生活態度の形成 　現在及び生涯にわたって心身の健康を保持増進することや、事件や事故、災害等から身を守り安全に行動すること。	イ　男女相互の理解と協力 　男女相互について理解するとともに、共に協力し尊重し合い、充実した生活づくりに参画すること。 ウ　思春期の不安や悩みの解決、性的な発達への対応 　心や体に関する正しい理解を基に、適切な行動をとり、悩みや不安に向き合い乗り越えようとすること。	イ　男女相互の理解と協力 　男女相互について理解するとともに、共に協力し尊重し合い、充実した生活づくりに参画すること。 ウ　国際理解と国際交流の推進 　我が国と他国の文化や生活習慣などについて理解し、よりよい交流の在り方を考えるなど、共に尊重し合い、主体的に国際社会に生きる日本人としての在り方生き方を探求しようとすること。
エ　食育の観点を踏まえた学校給食と望ましい食習慣の形成 　給食の時間を中心としながら、健康によい食事のとり方など、望ましい食習慣の形成を図るとともに、食事を通して人間関係をよりよくすること。	エ　心身ともに健康で安全な生活態度や習慣の形成 　節度ある生活を送るなど現在及び生涯にわたって心身の健康を保持増進することや、事件や事故、災害等から身を守り安全に行動すること。	エ　青年期の悩みや課題とその解決 　心や体に関する正しい理解を基に、適切な行動をとり、悩みや不安に向き合い乗り越えようとすること。

オ 食育の観点を踏まえ
た学校給食と望ましい食
習慣の形成
　給食の時間を中心としな
がら、成長や健康管理を
意識するなど、望ましい
食習慣の形成を図るとと
もに、食事を通して人間
関係をよりよくすること。

(3)一人一人のキャリア形
成と自己実現
ア 社会生活、職業生活
との接続を踏まえた主体
的な学習態度の形成と学
校図書館等の活用
　現在及び将来の学習と
自己実現とのつながりを考
えたり、自主的に学習する
場としての学校図書館等
を活用したりしながら、学
ぶことと働くことの意義を
意識して学習の見通しを
立て、振り返ること。

イ 社会参画意識の醸成
や勤労観・職業観の形成
社会の一員としての自覚
や責任をもち、社会生活
を営む上で必要なマナー
やルール、働くことや社
会に貢献することについ
て考えて行動すること。

オ 生命の尊重と心身と
もに健康で安全な生活態
度や規律ある習慣の確立
節度ある健全な生活を送
るなど現在及び生涯にわ
たって心身の健康を保持
増進することや、事件や
事故、災害等から身を守
り安全に行動すること。

(3)一人一人のキャリア形
成と自己実現
ア 学校生活と社会的・
職業的自立の意義の理解

　現在及び将来の生活や
学習と自己実現とのつな
がりを考えたり、社会
的・職業的自立の意義を
意識したりしながら、学
習の見通しを立て、振り
返ること。

イ 主体的な学習態度の
確立と学校図書館等の活用
　自主的に学習する場と
しての学校図書館等を活
用し、自分にふさわしい
学習方法や学習習慣を身
に付けること。

(3)一人一人のキャリア形
成と自己実現
ア 現在や将来に希望や
目標をもって生きる意欲
や態度の形成

　学級や学校での生活づ
くりに主体的に関わり、
自己を生かそうとすると
ともに、希望や目標をも
ち、その実現に向けて日
常の生活をよりよくしよ
うとすること。

イ 社会参画意識の醸成
や働くことの意義の理解
　清掃などの当番活動や
係活動等の自己の役割を
自覚して協働することの
意義を理解し、社会の一
員として役割を果たすた
めに必要となることにつ
いて主体的に考えて行動
すること。

ウ　主体的な学習態度の形成と学校図書館等の活用 　学ぶことの意義や現在及び将来の学習と自己実現とのつながりを考えたり、自主的に学習する場としての学校図書館等を活用したりしながら、学習の見通しを立て、振り返ること。	ウ　主体的な進路の選択と将来設計 　目標をもって、生き方や進路に関する適切な情報を収集・整理し、自己の個性や興味・関心と照らして考えること。	ウ　社会参画意識の醸成や勤労観・職業観の形成 　社会の一員としての自覚や責任をもち、社会生活を営む上で必要なマナーやルール、働くことや社会に貢献することにとについて考えて行動すること。 エ主体的な進路の選択決定と将来設計 適性やキャリア形成などを踏まえた教科・科目を選択することなどについて、目標をもって、在り方生き方や進路に関する適切な情報を収集・整理し、自己の個性や興味・関心と照らして考えること。
３　内容の取扱い (1)指導に当たっては、各学年段階で特に次の事項に配慮すること。 〔第１学年及び第２学年〕 話合いの進め方に沿って、自分の意見を発表したり、他者の意見をよく聞いたりして、合意形成して実践することのよさを理解すること。基本的な生活習慣や、約束やきまりを守ることの大切さを理解して行動し、生活をよくするための目標を決めて実行すること。	３　内容の取扱い (1)２の(1)の指導に当たっては、集団としての意見をまとめる話合い活動など小学校からの積み重ねや経験を生かし、それらを発展させることができるよう工夫すること。	３　内容の取扱い (1)内容の(1)の指導に当たっては、集団としての意見をまとめる話合い活動など中学校の積み重ねや経験を生かし、それらを発展させることができるよう工夫すること。

〔第3学年及び第4学年〕
理由を明確にして考えを伝えたり、自分と異なる意見も受け入れたりしながら、集団としての目標や活動内容について合意形成を図り、実践すること。自分のよさや役割を自覚し、よく考えて行動するなど節度ある生活を送ること。
〔第5学年及び第6学年〕
　相手の思いを受け止めて聞いたり、相手の立場や考え方を理解したりして、多様な意見のよさを積極的に生かして合意形成を図り、実践すること。高い目標をもって粘り強く努力し、自他のよさを伸ばし合うようにすること。
(2)2の(3)の指導に当たっては、学校、家庭及び地域における学習や生活の見通しを立て、学んだことを振り返りながら、新たな学習や生活への意欲につなげたり、将来の生き方を考えたりする活動を行

(2)2の(3)の指導に当たっては、学校、家庭及び地域における学習や生活の見通しを立て、学んだことを振り返りながら、新たな学習や生活への意欲につなげたり、将来の生き方を考えたりする活動を行うこと。その際、生徒が活動を記録し蓄積する教材等を活用すること。

(2)内容の(3)の指導に当たっては、学校、家庭及び地域における学習や生活の見通しを立て、学んだことを振り返りながら、新たな学習や生活への意欲につなげたり、将来の在り方生き方を考えたりする活動を行うこと。その際、生徒が活動を記録し蓄積する教材等を活用すること。

〔児童会活動〕

1 目標

　異年齢の児童同士で協力し、学校生活の充実と向上を図るための諸問題の解決に向けて、計画を立て役割を分担し、協力して運営することに自主的、実践的に取り組むことを通して、第1の目標に掲げる資質・能力を育成することを目指す。

2 内容

　1の資質・能力を育成するため、学校の全児童をもって組織する児童会において、次の各活動を通して、それぞれの活動の意義及び活動を行う上で必要となることについて理解し、主体的に考えて実践できるよう指導する。

(1)児童会の組織づくりと児童会活動の計画や運営

　児童が主体的に組織をつくり、役割を分担し、計画を立て、学校生活の課題を見いだし解決するために話し合い、合意形成を図り実践すること。

〔生徒会活動〕

1 目標

　異年齢の生徒同士で協力し、学校生活の充実と向上を図るための諸問題の解決に向けて、計画を立て役割を分担し、協力して運営することに自主的、実践的に取り組むことを通して、第1の目標に掲げる資質・能力を育成することを目指す。

2 内容

　1の資質・能力を育成するため、学校の全生徒をもって組織する生徒会において、次の各活動を通して、それぞれの活動の意義及び活動を行う上で必要となることについて理解し、主体的に考えて実践できるよう指導する。

(1)生徒会の組織づくりと生徒会活動の計画や運営

　生徒が主体的に組織をつくり、役割を分担し、計画を立て、学校生活の課題を見いだし解決するために話し合い、合意形成を図り実践すること。

〔生徒会活動〕

1 目標

　異年齢の生徒同士で協力し、学校生活の充実と向上を図るための諸問題の解決に向けて、計画を立て役割を分担し、協力して運営することに自主的、実践的に取り組むことを通して、第1の目標に掲げる資質・能力を育成することを目指す。

2 内容

　1の資質・能力を育成するため、学校の全生徒をもって組織する生徒会において、次の各活動を通して、それぞれの活動の意義及び活動を行う上で必要となることについて理解し、主体的に考えて実践できるよう指導する。

(1)生徒会の組織づくりと生徒会活動の計画や運営

　生徒が主体的に組織をつくり、役割を分担し、計画を立て、学校生活の課題を見いだし解決するために話し合い、合意形成を図り実践すること。

(2)異年齢集団による交流

　児童会が計画や運営を行う集会等の活動において、学年や学級が異なる児童と共に楽しく触れ合い、交流を図ること。

(3)学校行事への協力

　学校行事の特質に応じて、児童会の組織を活用して、計画の一部を担当したり、運営に協力したりすること。

3　内容の取扱い

(1)児童会の計画や運営は、主として高学年の児童が行うこと。その際、学校の全児童が主体的に活動に参加できるものとなるよう配慮すること。

〔クラブ活動〕

1目標

　異年齢の児童同士で協力し、共通の興味・関心を追求する集団活動の計画を立てて運営することに自主的、実践的に取り組むことを通して、個性の伸長を図りながら、第1の目標に掲げる資質・能力を育成することを目指す。

(2)学校行事への協力

　学校行事の特質に応じて、生徒会の組織を活用して、計画の一部を担当したり、運営に主体的に協力したりすること。

(3)ボランティア活動などの社会参画

　地域や社会の課題を見いだし、具体的な対策を考え、実践し、地域や社会に参画できるようにすること。

(2)学校行事への協力

学校行事の特質に応じて、生徒会の組織を活用して、計画の一部を担当したり、運営に主体的に協力したりすること。

(3)ボランティア活動などの社会参画

地域や社会の課題を見いだし、具体的な対策を考え、実践し、地域や社会に参画できるようにすること。

2 内容

　1の資質・能力を育成
するため、主として第4
学年以上の同好の児童を
もって組織するクラブに
おいて、次の各活動を通
して、それぞれの活動の
意義及び活動を行う上で
必要となることについて
理解し、主体的に考えて
実践できるよう指導する。

(1)　クラブの組織づくり
とクラブ活動の計画や運
営児童が活動計画を立て、
役割を分担し、協力して
運営に当たること。

(2)　クラブを楽しむ活動
異なる学年の児童と協力
し、創意工夫を生かしな
がら共通の興味・関心を
追求すること。

(3)　クラブの成果の発表
活動の成果について、ク
ラブの成員の発意・発想
を生かし、協力して全校
の児童や地域の人々に発
表すること。

〔学校行事〕

1 目標

全校又は学年の児童で協力し、よりよい学校生活を築くための体験的な活動を通して、集団への所属感や連帯感を深め、公共の精神を養いながら、第1の目標に掲げる資質・能力を育成することを目指す。

2 内容

1の資質・能力を育成するため、全ての学年において、全校又は学年を単位として、次の各行事において、学校生活に秩序と変化を与え、学校生活の充実と発展に資する体験的な活動を行うことを通して、それぞれの学校行事の意義及び活動を行う上で必要となることについて理解し、主体的に考えて実践できるよう指導する。

(1)儀式的行事

学校生活に有意義な変化や折り目を付け、厳粛で清新な気分を味わい、新しい生活の展開への動機付けとなるようにすること。

〔学校行事〕

1 目標

全校又は学年の生徒で協力し、よりよい学校生活を築くための体験的な活動を通して、集団への所属感や連帯感を深め、公共の精神を養いながら、第1の目標に掲げる資質・能力を育成することを目指す。

2 内容

1の資質・能力を育成するため、全ての学年において、全校又は学年を単位として、次の各行事において、学校生活に秩序と変化を与え、学校生活の充実と発展に資する体験的な活動を行うことを通して、それぞれの学校行事の意義及び活動を行う上で必要となることについて理解し、主体的に考えて実践できるよう指導する。

(1)　　　儀式的行事

学校生活に有意義な変化や折り目を付け、厳粛で清新な気分を味わい、新しい生活の展開への動機付けとなるようにすること。

〔学校行事〕

1 目標

全校若しくは学年又はそれらに準ずる集団で協力し、よりよい学校生活を築くための体験的な活動を通して、集団への所属感や連帯感を深め、公共の精神を養いながら、第1の目標に掲げる資質・能力を育成することを目指す。

2 内容

1の資質・能力を育成するため、全校若しくは学年又はそれらに準ずる集団を単位として、次の各行事において、学校生活に秩序と変化を与え、学校生活の充実と発展に資する体験的な活動を行うことを通して、それぞれの学校行事の意義及び活動を行う上で必要となることについて理解し、主体的に考えて実践できるよう指導する。

(1)　　　儀式的行事

学校生活に有意義な変化や折り目を付け、厳粛で清新な気分を味わい、新しい生活の展開への動機付けとなるようにすること。

(2)文化的行事

　平素の学習活動の成果を発表し、自己の向上の意欲を一層高めたり、文化や芸術に親しんだりするようにすること。

(3)健康安全・体育的行事

　心身の健全な発達や健康の保持増進、事件や事故、災害等から身を守る安全な行動や規律ある集団行動の体得、運動に親しむ態度の育成、責任感や連帯感の涵養、体力の向上などに資するようにすること。

(4)遠足・集団宿泊的行事

　自然の中での集団宿泊活動などの平素と異なる生活環境にあって、見聞を広め、自然や文化などに親しむとともに、よりよい人間関係を築くなどの集団生活の在り方や公衆道徳などについての体験を積むことができるようにすること。

(2)文化的行事

平素の学習活動の成果を発表し、自己の向上の意欲を一層高めたり、文化や芸術に親しんだりするようにすること。

(3)健康安全・体育的行事

心身の健全な発達や健康の保持増進、事件や事故、災害等から身を守る安全な行動や規律ある集団行動の体得、運動に親しむ態度の育成、責任感や連帯感の涵養、体力の向上などに資するようにすること。

(4)旅行・集団宿泊的行事

　平素と異なる生活環境にあって、見聞を広め、自然や文化などに親しむとともに、よりよい人間関係を築くなどの集団生活の在り方や公衆道徳などについての体験を積むことができるようにすること。

(2)文化的行事

平素の学習活動の成果を発表し、自己の向上の意欲を一層高めたり、文化や芸術に親しんだりするようにすること。

(3)健康安全・体育的行事

心身の健全な発達や健康の保持増進、事件や事故、災害等から身を守る安全な行動や規律ある集団行動の体得、運動に親しむ態度の育成、責任感や連帯感の涵養、体力の向上などに資するようにすること。

(4)旅行・集団宿泊的行事

平素と異なる生活環境にあって、見聞を広め、自然や文化などに親しむとともに、よりよい人間関係を築くなどの集団生活の在り方や公衆道徳などについての体験を積むことができるようにすること。

(5)勤労生産・奉仕的行事
勤労の尊さや生産の喜び
を体得するとともに、ボ
ランティア活動などの社
会奉仕の精神を養う体験
が得られるようにするこ
と。

3内容の取扱い
(1)児童や学校、地域の実
態に応じて、2に示す行
事の種類ごとに、行事及
びその内容を重点化する
とともに、各行事の趣旨
を生かした上で、行事間
の関連や統合を図るなど
精選して実施すること。
また、実施に当たっては、
自然体験や社会体験など
の体験活動を充実すると
ともに、体験活動を通し
て気付いたことなどを振
り返り、まとめたり、発
表し合ったりするなどの
事後の活動を充実するこ
と。

(5)勤労生産・奉仕的行事
勤労の尊さや生産の喜び
を体得し、職場体験活動
などの勤労観・職業観に
関わる啓発的な体験が得
られるようにするととも
に、共に助け合って生き
ることの喜びを体得し、
ボランティア活動などの
社会奉仕の精神を養う体
験が得られるようにする
こと。

3内容の取扱い
(1)生徒や学校、地域の実
態に応じて、2に示す行
事の種類ごとに、行事及
びその内容を重点化する
とともに、各行事の趣旨
を生かした上で、行事間
の関連や統合を図るなど
精選して実施すること。
また、実施に当たっては、
自然体験や社会体験など
の体験活動を充実すると
ともに、体験活動を通し
て気付いたことなどを振
り返り、まとめたり、発
表し合ったりするなどの
事後の活動を充実するこ
と。

(5)勤労生産・奉仕的行事
勤労の尊さや創造するこ
との喜びを体得し、就業
体験活動などの勤労観・
職業観の形成や進路の選
択決定などに資する体験
が得られるようにすると
ともに、共に助け合って
生きることの喜びを体得
し、ボランティア活動な
どの社会奉仕の精神を養
う体験が得られるように
すること。

3内容の取扱い
(1)生徒や学校、地域の実
態に応じて、内容に示す
行事の種類ごとに、行事
及びその内容を重点化す
るとともに、各行事の趣
旨を生かした上で、行事
間の関連や統合を図るな
ど精選して実施すること。
また、実施に当たっては、
自然体験や社会体験など
の体験活動を充実すると
ともに、体験活動を通し
て気付いたことなどを振
り返り、まとめたり、発
表し合ったりするなどの
事後の活動を充実するこ
と。

第 **5** 章

新しい特別活動の
実践例

小学校における特別活動の実践例
（学校行事を中心に）

（1）はじめに

　特別活動は、学級活動、児童会活動、クラブ活動、学校行事から構成され、それぞれ構成の異なる集団での活動を通して、子どもたちが学校生活を送る上での基盤となる力や社会で生きて働く力を育むものである。

　小学校においては、子どもたちの一人ひとりが身近な社会である学級や学校生活において、自己のよさや可能性を発揮して自らよりよい生活や人間関係をつくり、自分らしく生きていくことができるように、特別活動の充実を図る必要がある。それらを踏まえ、本稿においては、「学校行事」を中心に取り上げる。

（2）小学校における特別活動の校内体制について

　特別活動は、一つの部として位置づけられていることが多い。「特別活動部」という名前で存在することは、まれで、通常は、体育部、児童活動部、情操図書部、安全指導部、生活指導部等の名前になることが多い。部の運営としては、通常、部のキャップもしくは主任が置かれ、その人を中心に部を運営する。主任をしていると、校内を推進する組織にも属することとなり、学校運営にも携わることになる。学校運営を推進する組織で練られた案を職員会議に提案し、全体の同意を図る。承認された案を実際に遂行する。実施してから、成果と課題を、次年度の計画立案に活かすようにする。

（３）学校行事について

　学習指導要領（平成29年度告示）には、次のような記載がある。

（学校行事の目標）

全校又は学年の児童で協力し、よりよい学校生活を築くための体験的な活動を通して、集団への所属感や連帯感を深め、公共の精神を養いながら、第１の目標に掲げる資質・能力を育成することを目指す。

　これらの目標を実現するためには、事前の計画・準備・実践・ふり返りという学習過程を意識して指導することが重要である。以下も、学習指導要領の記述からである。

学校行事の内容の取扱いに関する留意事項

学習指導要領第６章の第２〔学校行事〕の３「内容の取扱い」の（１）より児童や学校、地域の実態に応じて、２に示す行事の種類ごとに、行事及びその内容を重点化するとともに、各行事の趣旨を生かした上で、行事間の関連や統合を図るなど精選して実施すること。また、実施に当たっては、自然体験や社会体験などの体験活動を充実するとともに、体験活動を通して気付いたことなどを振り返り、まとめたり、発表し合ったりするなどの事後の活動を充実すること。

（４）学校行事の種類

　一口に学校行事といっても、多種多様なものがある。学習指導要領では、次のものを定義している。

　（１）儀式的行事　（２）文化的行事　（３）健康安全・体育的行事

　（４）遠足・集団宿泊的行事　（５）勤労生産・奉仕的行事

これらより、本稿においては、（4）遠足・集団宿泊的行事について紹介していきたい。

（4）遠足・集団宿泊的行事

　遠足・集団宿泊的行事とは、学習指導要領「特別活動」の「学校行事」の「2．内容」に次のように示されている。

　自然の中での集団宿泊活動などの平素と異なる生活環境にあって、見聞を広め、自然や文化などに親しむとともに、よりよい人間関係を築くなどの集団生活の在り方や公衆道徳などについての体験を積むことができるようにすること。

　具体的には、通常、春や秋に実施する校外学習（遠足）がある。行き先は、学校によって異なるが、宿泊的行事は、主に5年生で実施する林間学校や自然学校、臨海学校等がある。6年生になると、修学旅行を実施する。

①遠足や社会見学について
　遠足は、学年によって行き先が異なる。低学年は、主に、公園や動物園、水族館、身近な公共施設が多い。高学年になると、工場や歴史遺産、博物館や科学館等の社会見学を実施することが多い。
　次より具体的な遠足のしおりを例示する。

1年生の春の遠足のしおり

はるのえんそく

〇〇しょうがっこう　1ねん（　　）くみ（　　）ばん

なまえ（　　　　　　　　　　）

1.もくひょう：みんなで るるを まもって こうどうする。

あんぜんに きをつけて みんなでたのしむ。

2.ひ に ち　:5がつ○にち すいようび

3.じ か ん　:8じ30ぷん しゅうごう（きょうしつしゅうごう）

4.いきさき　:〇〇こうえん

（いきは、あるき、かえりだけ ばすで いきます。）

5.もちもの　:りゅっくさっく（らんどせるでは いきません。）

おべんとう、すいとう、おてふき、しきもの、

はんかち、てぃっしゅ、おやつ（100えんまで）

びにいるぶくろ（ふくろに なまえを かきます。）

かっぱ（あめが ふりそうなとき）

6.ふくそう：あかしるぼう、なふだ、にきなれたくつ

よごれてもよい うごきやすいふく

7.よてい:

がっこう しゅうごう	8じ30ぷん	きょうつ
しゅっぱつの あいさつ	8じ35ぷん	うんどうじょう にあつまる
がっこう しゅっぱつ	8じ40ぷん	
〇〇こうえん	9じ20ぷん	あるき
	11じごろ おべんとう	
	おやつ	
	あそび	
こうえんしゅっぱつ	1じごろ	ばす
がっこうとうちゃく	1じ30ぷんごろ	
きょうしつへ	2じ30ぷんごろ げこう	

やくそく
① ばすの なかでは しずかに しましょう。
② ごみは もってかえろう。
③ くさや きを たいせつに しましょう。
④ こうえんは ほかのひとも つかいます。ひとに めいわくを かけないように しましょう。
⑤ おべんとう、おやつの こうかんは しません。

1年生　秋の遠足のしおり

あきのえんそく

どうぶつえん

めあて　① ともだちと なかよくきょうりょくし、ルールをまもって あんぜんに こうどうしよう。

② いろいろなどうぶつを しっかりみて、ちがうところや おなじところを みつけよう。

〇〇小がっこう
1ねん（　　）くみ　なまえ（　　　　　　　　）

〇ひにち　　**10がつ□にち（げつ）** あめでもいきます。

〇しゅうごう　**8じ30ぷんに、かだらいのひろば**
（おくれないように しましょう。）

〇しゅっぱつ　**8じ50ぷん** バスでいきます。
<10じから1じ30ぷんまで どうぶつえん>

〇かえるじこく　**2じ30ぷんごろ**

〇かいさん　　**2じ45ぷんごろ**
（みちのこみぐあいによっては、 おそくなることもあります。）

やくそく　①おはなしを しっかりきいて、みていいばしょや じかんを まもりましょう。

②はんのひとと きょうりょくして こうどうしましょう。

③ごみは かならず もちかえるように しましょう。

④えんないの くさばなを たいせつに しましょう。

⑤おおごえを だしたり、ものを なげたりして、どうぶつを おどろかせないように しましょう。

やくそくを まもって おたがいでにのこる たのしい えんそくに しよう♪♪♪

もちもの　<ふくそう> うごきやすいふく ・ あかしろぼう ・ はきなれたくつ

・おべんとう　・すいとう　・おやつ（100えんまで）・ハンカチ　・ティッシュ

・しきもの　　・スーパーのふくろ（ゴミいれよう）　・あめく

・しおり　　　・うわぎ（さむいとき）

<ひつようなひとだけ>
・よいどめのくすり
（よいやすいひとは、すいようびまでに、れんらくちょうで、せんせいにしらせましょう。）
・バスによったときようの エチケットぶくろ

（おなじ はんの おともだち）※リーダーは、あかまる

あさからあめのひと とうこうはかさでもいいですが、どうぶつえんでは、あるきやすいように、できるだけレインコートをもってきてくださいね。

4年　社会見学のしおり

4年生　社会見学

日時：10月20日（火）※雨天決行
　　8時25分　○○公園集合
　　8時30分　出発
　　15時35分ごろ解散予定（解散後、下校します。）

行き先：浄水場
　　　　下水処理場

名前	

目当て

①浄水場や下水処理場で働く人々の様子や施設を見学し、働く人々の思いを知る。

②見学を通して「水」の大切さを知り、環境問題に関心を持つ。

③歩くときは、安全に注意し、行動する。

持ち物

弁当・水筒・しおり・社会ノート・筆記用具・しきもの・ハンカチ・ティッシュ・とぐつ・とぐつを入れるふくろ・ビニール袋・雨具（天気が悪い時）
※バスに酔いそうな人は、あらかじめ酔いどめ薬を飲んできて下さい。

行程

○○公園…（徒歩）…◆◆駅…□□駅…バスに乗車…（徒歩）…浄水場見学…（徒歩）…グラウンド（昼食・休憩）〔雨天時…△△小学校体育館〕…（徒歩）…下水処理場見学…バスに乗車…公園前で下車…○○公園解散

注意

・やむをえず、欠席する場合は、友だちに伝えるか、8時15分までに学校に連絡してください。
・公共交通機関（電車・バス）を使用するので、乗車中のマナーを守る。
・見学中は静かにして、説明をしっかり聞く。
・歩いている時は、一列にならんで友だちに注意しながら歩く。

メモ	

縦割り遠足のしおり

一日のかつどう

8：30	自分の教室に集合
8：40	トイレをすませて運動場に班ごとに集合
8：45	遠足出発の会
9：10	バスに乗車し、出発
10：20	到着
10：40	オリエンテーリング開始
11：50	オリエンテーリングおわり
12：10	ぼうけんの森広場に移動
	遊んで昼食、おやつ、遊具遊び（班活動）
14：00	集合、トイレ
14：10	バスに乗車し、出発
15：20	学校に到着予定（道路の混み具合で変わります。）遠足おわり会、　3：30解散

秋の遠足
～○○小みんなで楽しく グッタイム！～

☆　行き先　　○○運動公園
☆　日時　　　10月31日（木）午前9時30分～午後3時30分
☆　集合　　　午前8時30分（自分の教室）
☆　解散　　　午後3時30分（運動場）
☆　行き方　　バス

年　　組	
名前	

班	班長	先生	号車
名簿	（1年）	（4年）	
	（2年）	（5年）	
	（3年）	（6年）	
持ち物	お弁当、水筒、おやつ（150円まで）、しきもの、しおり、ハンカチ、ティッシュ、赤白ぼうし、防寒グザー、時計（一つ）、雨具（天気予報をよく確かめて）よい止めの薬とエチケット袋（バスによう人）		

遠足のルール

1. 班長や6年生の言うことをよく聞き、守る。
2. 危険な事やおかしい事があれば、すぐに先生に伝える。
3. ケガをしないようにすごす。

班のめあて	

②林間学校

　林間学校は、学習指導要領において、「遠足・集団宿泊的行事」に分類される。主に5年生が対象となるが、これも自治体や各校によって、実施学年が違う。国立や私立小学校は、低学年や中学年から実施しているところもある。

　林間学校は、修学旅行との違いには、次のようなものがある。

1.飯ごう炊さん等を通して、子どもたち自らが、食事を作る。また、就寝準備も自分たちで行う。

2.自然の中でしかできない体験を行う。

例：キャンプファイヤー、魚つかみ、川遊び、オリエンテーリング等

3.林間学校は、たいてい、子どもたちにとって初めての集団宿泊学習となる。そのため、6年生や中学校、高校で行う宿泊学習の基本を学ぶ機会となる。

③修学旅行

　修学旅行とは、学校では体験できないことを現地に行って学ぶということが目的である。学習指導要領では、学校行事の遠足・集団宿泊的行事として取り扱われている。ほとんどの小学校では、６年生で実施している。実施時期は、春の場合、５月下旬から６月中旬にかけて行う。秋の場合は、10月中旬から11月中旬にかけて行うことが多い。

　修学旅行も、自治体や各校によって行く場所が違う。主な交通手段としては、新幹線、バス、電車、船、等を利用する。

　修学旅行を実施する場合、学級や学年で、「どんな修学旅行にするか」について話し合い活動を持つ。何のために行くのか、をしっかりと意識させておかないと、単なる集団旅行になってしまう。具体的な例として、広島に行く修学旅行を紹介する。広島は、我が国が初めて原子爆弾の被害を受けた街だ。平和を願うために、全世界から訪問されている。子どもたちには、広島に行くことを通して、平和な社会を作るために何をすればいいのかを考えるきっかけづくりとなる。総合や特活はもちろんのこと、国語や社会の教材も活用して、平和や戦争のことを学んでいく。その集大成として、広島に行って、現地の様子を見て学ぶ。原爆資料館の見学や被爆体

験の講話、平和公園の碑巡り等を通して、平和の尊さを胸に刻んでいく。そして、学校に戻って、修学旅行の学びの成果を全校集会で発表する。このように、修学旅行を一つのきっかけとして、カリキュラムを組み替えて学ぶことも大事な要素である。

地域とともに考える
「安心・安全、みんなに優しいまちづくり」

1．はじめに

　新しい学習指導要領が2020年度から小学校で全面実施した。今回の改訂のポイントの中に、特別活動において育成すべき資質・能力の重要な視点として、次の三つがある。

（1）人間関係形成：「個と個」や「個と集団」の関わりの中で、互いのよさを生かし、協働して取り組み、よりよい人間関係を築こうとする視点。

（2）社会参画：児童が現在、そして将来に所属する様々な集団や社会に対して積極的に関わり、よりよいものにしていこうとする視点。

（3）自己表現：将来を見通して、今の自分にできることを考え、よさや可能性を生かして実践しながら、よりよい自分づくりを目指す視点。

　また、この学習指導要領の大きな柱として、「よりよい学校教育を通じてよりよい社会を創る」という目標を達成すること、つまり「社会に開かれた教育課程」を実現させることがある。それを踏まえ、特別活動においては、次の四つのような活動の充実が求められている。

（1）「学級や学校における生活づくりへの参画」やクラブ活動、児童会活動を中心とした自発的、自治的な活動等に地域の方の協力を得る活動の充実。

（2）社会参画の意識の醸成や、地域や社会において自己実現を目指すことができるようにするための「日常の生活や学習への適応と自

己の成長及び健康安全」や「一人一人のキャリア形成と自己実現」
の授業の充実

（3）学級活動や児童会活動、クラブ活動を通した地域行事への参画や、
地域や学校の特色を踏まえた学校行事の充実。

（4）特別活動の目標を地域と共有した教育活動を展開し、地域の人的・
物的資源を活用する活動の充実。

　今回紹介する授業では、上記の新学習指導要領の趣旨に基づき、「児童
が現在、そして将来に所属する様々な集団や社会に対して積極的に関わり、
よりよいものにしていこうとする視点」を持ち、「特別活動の目標を地域
と共有した教育活動を展開し、地域の人的・物的資源を活用」した取組を
行った。

2．このまち大すきプロジェクト（5年全員）〜みんなが安心して暮らせるまちづくり〜

　兵庫県宝塚市立末成小学校では、2018年度（平成30年度）・2019年度（令
和元年度）5年生の特別活動の授業で、コミュニティ・スクールの強みを
活かし、学校と家庭と地域・家庭が強固に連携・協働した取組を行った。

（1）取組の背景

　この頃、市ではまちづくりの見直しを進めており、各地域でまとめた計
画を2021年度の「第6次市総合計画」の一編として位置づけるとなってい
た。そこで、地域のまちづくり計画見直し委員会（末成小学校地域まちづ
くり協議会）が、地域のまちづくり計画の取りまとめを行っていた。その
中で、委員会からは、将来のまちを考える時に、子どもの意見を聞きたい
という声があがった。一方、学校では、地域と強固に連携・協働するコミ
ュニティ・スクールとしての強みをいかして、「学校・家庭・地域の連携
を基盤にした安心・安全、みんなに優しいまちづくり」をテーマに研究を

進めており、子どもたちに社会の一員として、よりよいまちづくりについて考えさせたいという思いがあった。

　そこで、学校と地域が一緒になって、「このまち大すきプロジェクト〜みんなが安心して暮らせるまちづくり〜」の活動を行うことになった。

（2）まちづくりのためのアンケート

　アンケートを通して、地域の課題に気付き、地域のまちづくりについて考えた。

　アンケートは、地域のまちづくり計画見直し委員会で作ったものを、5年生全員に書かせた。書く際には、担任がアンケート項目の解説をし、アンケートの意味を理解させながら考えさせた。アンケートの質問項目は以下の通りである。

Ⅰ　あなたが住んでいるところはどこですか。

Ⅱ　あなたは、今住んでいるところ（または宝塚市）が好きですか。
　（1つだけ○）
　　　1．好き　　　　　　　　2．どちらかというと好き
　　　3．どちらともいえない　　4．どちらかというときらい
　　　5．きらい

Ⅲ　あなたは、今住んでいるところは住みやすいと思いますか。
　（1つだけ○）
　　　1．住みやすい　　　　　2．どちらかというと住みやすい
　　　3．どちらともいえない　4．どちらかというと住みにくい
　　　5．住みにくい

Ⅳ　あなたは、大人になってもこの地域に住みたいと思いますか。
　（1つだけ○）
　　　1．住みたい　　　　　　2．どちらかというと住みたい

　３．どちらともいえない　　４．どちらかというと住みたくない

　５．住みたくない

【Ⅳで1または2を選んだ人】あなたがこの地域に住みたいと思う理由は何ですか。（3つまで○）	【Ⅳで4または5を選んだ人】あなたがこの地域に住みたくないと思う理由は何ですか。（3つまで○）
１．買い物などが便利だから ２．電車やバスなど公共の交通が便利だから ３．自然がたくさんあるから ４．親が住んでいるから ５．将来いいまちになりそうだから ６．友達が住んでいるから ７．この地域が好きだから ８．生まれ育ったまちだから ９．親の家があるから 10．他に住みたいまちがないから 11．その他（具体的に：　）	１．買い物などが不便だから ２．電車やバスなど公共の交通が不便だから ３．自然が少ないから ４．働く場所がないから ５．将来いいまちになりそうもないから ６．遊ぶ場所がないから ７．この地域が好きではないから ８．他に住んでみたいまちがあるから ９．その他（具体的に：　）

Ⅴ　この地域（または宝塚市）の「よいところ・自慢できるところ」と「悪いところ・残念なところ」はどんなところですか？自由に書いてください。

Ⅵ　あなたは、将来（5年後、10年後）、この地域がどんなまちになったらいいと思いますか。あてはまるもののすべてに○をつけてください。

　　１．自然や緑が多いまち

　　２．企業や工場など働く場所がたくさんあるまち

　　３．事件や事故、災害の少ない安全なまち

　　４．お年寄りや体の不自由な人が暮らしやすいまち

　　５．子どもを産み育てやすいまち

　　６．保健（健康づくり）や医療（病院など）が充実したまち

　　７．電車やバスなど公共の交通機関が充実した交通の便がよいまち

　　８．文化や芸術、スポーツが楽しめるまち

　　　　9．図書館など学べる場所が充実したまち

　　　　10．お店などがあるにぎやかなまち

　　　　11．子どもたちが元気に遊べる場所がたくさんあるまち

　　　　12．その他（具体的に　　　　　　　　）

Ⅶ　もし、あなたが宝塚市の市長だったら、宝塚市をどんなまちにし
　　たいですか。また、この地域のまちづくりに意見やアイデアがあれ
　　ば、自由に書いてください。

Ⅷ　学校通信12月号に「ひょうごケータイ・スマホアンケート」の結
　　果が掲載されていました。小学校5年生の2人に1人が1時間以上、
　　3人に1人が2時間以上インターネットをしています。スマホは非
　　常に便利なものですが、スマホの利用について次のような課題（よ
　　くないこと）が言われています。これらの課題を解決するため、皆
　　さんができることは何でしょうか？

・スマホを長時間利用すると、家族とのコミュニケーションが低下す
　る

・スマホを長時間利用すると、集中力、判断力、記憶力が低下し、学
　力も低下する

・スマホを長時間利用すると、睡眠障害を起こし睡眠不足で学力の低
　下を引き起こす

・有害サイトによる犯罪や高額請求や架空請求の被害にあう可能性が
　ある

・SNSによるいじめや仲間はずれで人間関係が悪化する可能性がある

・知らないうちに第三者に個人情報が流れている可能性がある

・姿勢が悪くなり、視力低下、肩こり、筋肉痛などが起きやすくなる

・スマホ依存症になる可能性がある

＊スマホの使用が出来ない状態が続くとイライラして落ち着かなくなる

＊一日中スマホに関することを考え、どうしても触ってしまう

＊メールやSNSを必要以上にチェックする

＊何気なくネットや動画を見ていたら、かなりの時間が経ってしまっている

＊気付いた時にはおこづかい以上に課金がされていた

アンケートの主な結果は次の通りである。

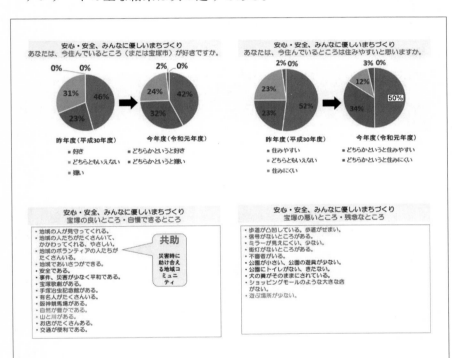

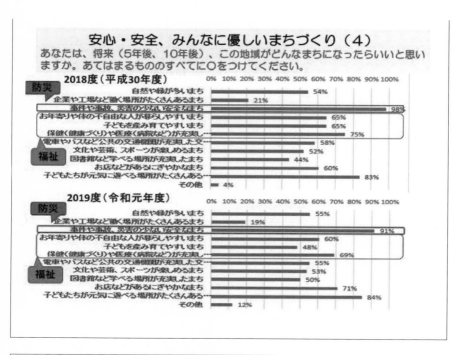

安心・安全、みんなに優しいまちづくり（4）

あなたは、将来（5年後、10年後）、この地域がどんなまちになったらいいと思いますか。あてはまるもののすべてに〇をつけてください。

2018度（平成30年度）

防災
- 自然や緑が多いまち 54%
- 企業や工場など働く場所がたくさんあるまち 21%
- 事件や事故、災害の少ない安全なまち 98%
- お年寄りや体の不自由な人が暮らしやすいまち 65%
- 子どもを産み育てやすいまち 65%
- 保健（健康づくり）や医療（病院など）が充実… 75%
- 電車やバスなど公共の交通機関が充実した交… 58%

福祉
- 文化や芸術、スポーツが楽しめるまち 52%
- 図書館など学べる場所が充実したまち 44%
- お店などがあるにぎやかなまち 60%
- 子どもたちが元気に遊べる場所がたくさんある… 83%
- その他 4%

2019度（令和元年度）

防災
- 自然や緑が多いまち 55%
- 企業や工場など働く場所がたくさんあるまち 19%
- 事件や事故、災害の少ない安全なまち 91%
- お年寄りや体の不自由な人が暮らしやすいまち 60%
- 子どもを産み育てやすいまち 48%
- 保健（健康づくり）や医療（病院など）が充実… 69%
- 電車やバスなど公共の交通機関が充実した交… 55%
- 文化や芸術、スポーツが楽しめるまち 53%

福祉
- 図書館など学べる場所が充実したまち 50%
- お店などがあるにぎやかなまち 71%
- 子どもたちが元気に遊べる場所がたくさんある… 84%
- その他 12%

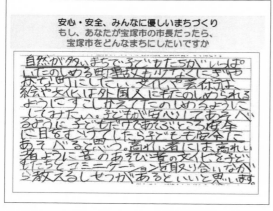

安心・安全、みんなに優しいまちづくり
もし、あなたが宝塚市の市長だったら、
宝塚市をどんなまちにしたいですか

この結果を通して、子どもたちは、今住んでいるところが概ね好きで、住みやすいと考えていることがわかった。

「地域のよいところ、自慢できるところ」の項目では、地域の人たちとのつながりに関することが大変多く書かれていた。日頃から地域の方々が子どもたちのために、愛情いっぱいに温かく優しく見守ってくださっていることで、子どもたちが地域の人たちを誇りに思っていることが明らかになった。

「将来、この地域がどんなまちになったらいいと思いますか。」という項

目からは、災害に強いまち、福祉の充実したまちを望んでいることがわかった。

(3)　5年生と地域の人たちとの話し合い

　5年生を8グループに分け、それぞれのグループに地域の方々が入り、地域の課題や将来住みたいまち、スマホの利用についてなどを話し合った。その後、グループで話し合ったことを、グループの代表の子どもたちが発表し、全体交流をした。

　子どもたちは、地域の課題やどんなまちにしたいかなど具体的な意見を、自分たちの視点から本音で述べることができた。また、スマホなどの問題を地域の人たちと共有し、どのようにスマホを利用すればいいのかを一緒に考えた。子どもたちにとっては、地域の大人の考えを直接聞くことができ、大変貴重な体験となった。

3．終わりに

　この特別活動の授業では、地域で活躍されている方々とよりよいまちづくりについて話し合うことを通して、多様な意見に触れ、自分の見方・考え方を深めていくことができた。このように地域の課題を大人と共有して考えることで、社会の一員としてまちづくりに参画しているという意識を持ち、社会の活動に意欲的に係わったり、社会の行事に積極的に参加したりすることに繋がっていくと考えられる。

個の自律と集団規律訓練としての 1年生「宿泊行事」

1. **対象**　　　中学校第1学年
2. **実施時期**　第1学期の初期（5月～6月）、事前10時間、実践1泊2日、事後2時間
3. **単元名**　　学級や学年における生活づくり―集団行動の意義と自己―（全40時間）
4. **単元の目標**　特別活動の第1の目標、学級活動の内容（1）や（2）ア、学校行事の目標・内容を踏まえて、学級や学年における生活づくりへの参画、自他の個性の理解と尊重、よりよい人間関係の形成として、互いのよさや可能性を発揮しながらよりよい集団生活をつくること。さらに、学年の生徒で協力して、集団への所属感や連帯感を深める。自己と他者の尊重しながら集団生活における規律の意義を理解し、適切に実践できる態度を養う。
5. **学習・活動の過程と内容**

時間	学習・活動の内容
1	宿泊行事の意義と概要、取組の方法を理解する 学年全体でガイダンス（体育館）
2	学級で具体的な指導、グループ編成・役割分担・目標の設定、意見や質疑の集約(教室)
3	学年全体で委員・係会議（各場所）、実行委員会の結成
4	学級で委員・係会議で決定されたことを報告（教室）
5-7	各委員・係の取り組み（各場所）　※「しおり」原稿締切
8	「しおり」づくり、教室や廊下に啓発の模造紙掲示（各学級）
9	学年全体で「しおり」の読み合わせ（体育館）
10	「しおり」の記入、委員・係、グループ活動（教室）
11-12	委員・係活動（各場所）
13	「しおり」の記入、委員・係、グループ活動（教室）
14	学年全体で、「しおり」の確認、行動リハーサル（体育館）
15-37	朝、学校発➡目的地（海浜、山間）→学校着、翌日夕 ※一泊2日の行程は別に示す。
38-39	ふり返り、グループ活動,、学級活動、学級通信や文集等（教室）
40	学年集会、実行委員会の解散（体育館）

生き方教育としての2年生「職業体験学習」

1．対象　　　中学校第2学年

2．実施時期　第2学期（10月〜11月）、体育大会の後

　　　　　　　　事前10時間、実践5日、事後4時間

3．単元名　　「実社会に学ぶ、仕事体験」

　　　　　　　　—職業に関する体験的・問題解決的な学習—（全55時間）

4．単元の目標　特別活動の第1の目標、学級活動の内容（3）「一人一人のキャリア形成と自己実現」や学校行事の内容（4）を踏まえ、生き方の教育として各教科、道徳科、総合的な学習の時間を横断的・総合的に連携して、職業観・勤労観の醸成とその意義（学ぶこと働くことの意義）を掴む。その上で、自己の生き方と他者との相互行為を通して、社会の形成者として必要とされる基本的な資質を養う。

5．学習・活動の過程と内容

時間	学習・活動の内容
1	職業体験の意義と取組みの方法を理解する 学年全体でガイダンス（体育館）7月初旬
2	学級で具体的な指導、希望する職種を考える（教室）7月初旬
夏季	保護者説明会（図書館） ※親子で体験する職種の事業所に依頼するため、その意義と方法を説く 決定次第に学校が依頼文を送付して契約する
4-5	学年集会で3年生の経験談を講話、事業所代表者の講話、保護者の講話（体育館）、学級に戻り体験先の調整作業と諸対応（教室）
6-7	学級枠を超えて職種ごとの集まりを形成（各場所） 体験する事業者への挨拶と事前学習
8	職業体験学習の体験ノート作成、予定の確認（教室）
9-48	体験（教師は巡回）
50	職種ごとの集まりで職種のまとめ（各場所）
51	職種ごとの集まりで発表準備（各場所）
52-53	職業体験発表会（体育館）
54-55	職業体験全体のふり返る※特に自己に焦点を当てて職業や社会との関係（学級通信・文集など）

企画から実施まで生徒自治による
3年生「修学旅行」

1. **対象**　　　　中学校第3学年
2. **実施時期**　　第3学期の初期（4月～5月）、事前8時間、実践2泊
　　　　　　　　　3日、事後2時間
3. **単元名**　　　自分たちで行う修学旅行―自治と自己指導能力―（全83
　　　　　　　　　時間）
4. **単元の目標**　特別活動の第1の目標、学級活動の内容、生徒会活動、
　学校行事の目標・内容（4）を踏まえる。平素と異なる生活環境にあっ
　て、見聞を広め、自然や文化などに親しむとともに、よりよい人間関係
　を築くなどの集団生活の在り方や公衆道徳などについての体験を積む。
　　第1学年からの学級集団形成、泊を伴う集団行動などの実践の積み重
　ねた経験を通して、修学旅行実行委員会の企画の下、自治と自己指導能
　力を発揮して自由な行事を実践する。
　　服装、所持品、小遣いなど全ての生徒の意見表明を尊重する。

5. 学習・活動の過程と内容

時間	学習・活動の内容
1	修学旅行実行委員の公募と結成式、生徒による説明と教師によるガイダンス（体育館）放課後：実行委員による啓発模造紙作成
2-3	学級で話し合い、民宿施設の希望（学級別・男女別）、選択・自由行動の内容の話し合い、服装・所持品・小遣いの意見集約（教室）
4-5	実行委員会から、行程案、服装・所持品・小遣い案の提示、年全体で委員・係会議（各場所）、実行委員会の結成
6-8	各委員・係活動（各場所）　※「しおり」原稿締切
9-10	「しおり」作成と重要項目の読み合わせ確認（教室）
11-81	駅（学校）集合―駅（学校）解散 全て実行委員の指示で行動する。学級ごとに異なる行程。宿泊施設は学級ごとに男女別に宿泊。学級担任ほか教員は専用宿泊施設に泊まる。全てを生徒自治と生徒の自己指導能力に任せた取り組み。
82	ふり返り、学級文集・通信など（教室）
83	学年集会、実行委員会の解散（体育館）

※　旅行業者の添乗員も生徒自治を尊重して支援する。

"ジェットコースターモデル"を
用いた文化祭活性化に向けての実践

「文化祭の準備で、生徒は残ってくれないよ」

　この言葉は、私が実践校へ着任した際に、同僚から聞かされたものである。"文化祭が大好き"な私にとっては、とても寂しい一言であった。他にも「行事の時に校外へ抜け出そうとするので警備を強化している」「文化祭は踊るか食べるかだけ」という声も聞こえてきた。

　そのような状態から生徒が少しでも文化祭の取組に熱心な方向に向かうようにならないかと考え、まずは生徒の実態を把握し、分析することから動き始めた。そこから見えてきた生徒の不安や不足している部分を補うために次の二点を重視して文化祭の運営方法を工夫した。

---

　①　取組の序盤に教員が手厚くサポートをし、徐々に手を引きながら
　　　生徒主体の活動に移行していく"ジェットコースターモデル"
　②　高い目標を掲げがちな文化祭の取組において、様々な難易度の小
　　　さな活動を細分化して設定し、成功体験を積みながら発展させてい
　　　く"スモールステップ"

実践校の背景と問題点

　実践校は全日制総合学科の高校で、生徒は自分の興味、関心や希望する進路に応じて多様な科目の中から選択して履修している。卒業後の進路は就職、専門学校、短大、大学と多岐に渡る。学校の創設は1941年で、普通

科・家政科・園芸科としての経験や設備をいかし、2004年に総合学科へと改編された。私は2010年に着任し、2011年から一つの学年を卒業まで持ち上がりで担任した。校務分掌として生徒会指導部に所属し、文化祭を中心とした学校行事の活性化と生徒の自主性を高めるための取組を行った。

　着任当時の実践校に対する印象は**「文化祭よりも体育祭の方が盛り上がる学校」**であった。体育祭は競技中心の内容構成で勝敗がわかりやすく、エネルギーを発散する場として機能していた。それでも、体育祭の途中に校外へ抜け出そうとしたり、校舎内に隠れようとしたりする生徒を指導するために、「立番」として教員を配置しなければならない状態であった。

　それに対して、文化祭は事前の準備活動への意欲が乏しく、直前の準備（前日だけ学校に残って雰囲気だけを楽しんでいる）や当日の催しを「お客さん」として楽しむだけといった傾向が見られた。それでも生徒はそれなりに達成感を感じているようであったが、それは**プロセスを伴わない一時的なもの**であった。この傾向はクラスの出展内容や生徒の取組の様子からも感じ取ることができ、担任個人の経験量や指導の力量に頼る部分が大きく現れていた。

　学校全体としては生活指導部を中心として、遅刻指導や身なりの指導（服装指導、頭髪指導など）といった規律指導を強化して学校を落ち着いた状態にするための取組が進められていた。年間の懲戒件数や遅刻件数などが減少するなど、その成果は徐々に現れていた。その中で、**生徒の意欲やエネルギーがさらに学校生活に向かうようにするために**、規律指導だけでなく学校行事を通して学校全体を活性化させたいと考えた。

状況の分析と課題

　実践校の文化祭は10月下旬から11月上旬に、1日のみで開催し、外部公開はなく保護者のみ入場可能としていた。内容は「展示・バラエティ」「飲食バザー（2・3年限定）」「舞台発表」の3部門から構成され、各クラス

は、最低１つは出展することが規定されていた。

　まずは、生徒が文化祭に関する取組に意欲が持てない理由について検討することから始めることにした。生徒から話を聞くと「アルバイトが忙しい」「行事の内容に期待や満足をしていない」「外部非公開のため、友達を招待できない」といった声が聞こえてきたが、生徒と接する中で多くの者が「やってみたい」という想いを持っていることがわかってきた。生徒の想いに触れる中で「何をやっていいのかわからない（見通しが持てない）」「リーダーがいない（チームづくりへの不安）」「どうやってやるのかわからない（技術の不足）」といった点が見出された。

　これらの生徒の声を分析することによって、教員による指導方針のあり方について検討するきっかけを得ることができた。分析から**「生徒が『しない』のではなく生徒たちに『やらせていない』のではないか？」**という課題を得ることができた。そこで、準備から当日までの全般にわたって文化祭の活動を見直し、生徒に「何をどのように頑張らせるか」ということを意識して文化祭運営の仕組みを改善していくことにした。

文化祭の運営を改善する上での方針とポイント

　本来であれば"生徒会を中心とした生徒による自主的な取組"をめざしたいところではあったが、まずは「生徒の活動量を高める」ことを目標として、次の五点を掲げて取組を進めることにした。

①生徒にも教員にもきちんと情報提供をする

　これまでは、職員会議などで行事に向けての「実施大綱」「実施要項」が確認され、その中から必要な情報を生徒に随時伝えていくといった運営がされていた。しかし、この状況では生徒と教員の持つ情報量に大きな差が発生し、生徒も次々と追加で提示される情報についていくのがやっとの状態で、見通しを持って取り組むということができていなかった。そこで、

文化祭の準備から当日までの全般において、必要な情報を網羅した「文化祭ハンドブック」（後述）を作成するなどして、生徒、教員ともにできる限り同じ内容の情報を提供し、**「生徒が知らない、担任しか知らない情報」**をできる限り減らすようにした。このことによって、文化祭全体を通して活動の見通しを持てるようにするとともに、活動への不安を少しでも除去できるようになった。

②企画・準備段階の活動を大切にする

　文化祭当日だけではなく、それまでのホームルームや準備活動を重視して、生徒が意欲的に多様な活動を展開し、成長できるような活動を適切に設定することを大切にした。特に、文化祭企画ホームルーム（クラス討論）の充実に着目し、**クラス討論に明確な目的（ゴール）を持たせる**ために、部門エントリー用紙（企画書）を導入し、参加部門決定に際して審査を受けることなどを設定した。

③"ジェットコースターモデル"によるサポート体制づくり

　「生徒に任せる」と言いながらホームルームでの議論が停滞してしまい、なんとか話をまとめるために"助け舟"を出したり、行事直前になって間に合いそうにないので準備活動に介入し、夜遅くまで残って生徒の作業を肩代わりしたりするという教員の姿が見られた（これは私自身の経験でもある…）。この状態からなんとか脱却することを目指した。生徒が活動する上で教員によるサポートが必要であるという現状を踏まえ、様々な場面において**教員が取組の序盤で手厚いサポートを行い、徐々に手を引きながら生徒たちに任せるようにする活動モデル**を設定した。ジェットコースターがチェーンで高く引き上げられた後は、動力を加えなくてもアップダウンを繰り返しながら自力走行をするような姿を想定し、**"ジェットコースターモデル"**と名付けて活用した。

④リーダーへのエンパワーメント

　高校の特徴として、調査書や学力検査などによる選抜を経て、一定の学力層の生徒が在籍しているという点が挙げられる。このことにより、高校によっては中学校においてリーダーシップを発揮した生徒が集まる学校や、逆にリーダー経験がない生徒ばかりが集まる学校ができる傾向が見られる。実践校の生徒は、何か面白いことはしたいという想いはあるけれど、人前に立ってリーダーシップを発揮した経験を持つ者が少なかった。そのような**生徒たちがリーダーとしての役割を果たすことができる**よう、文化祭の取組を設定する上で工夫が必要であると考えた。そこで、クラスのリーダーに対して説明会や情報交換会を頻繁に開催し、クラス活動を活性化させるための手法や、情報を的確に伝える等のサポートを丁寧に行うことにした。

⑤活動の多面化によるクラスのチーム力の育成

　「クラス全体で力を合わせて、1つのことを協力して成し遂げる」ということは大切であるが、クラスの様子を観察する中で、**小さなグループがたくさん集まってクラスが構成されている**ことに気付いた（図1）。このようなクラス内の人間関係の現状に合うように、メインとなるクラス企画に加えて多様な活動を並行させて展開し、多くの生徒に活躍の場が設定できるようにした。

　また、多様な活動をスムーズに展開させていくために、準備開始時から文化祭当日に向けて"スモールステップ"を意識し、生徒が取り組むことができそうなシンプルかつ簡単な内容から徐々に活動を広げられるよう、活動を展開した。

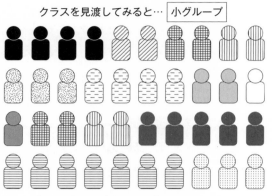

図1　小さなグループによって構成されているクラスの
イメージ

具体的な工夫の実例

①「文化祭ハンドブック」の作成による情報の共有

　できる限り教員と同じ資料（ルール）を生徒と共有することを目的とし
て、「文化祭ハンドブック」を次のような構成で作成した。

第1部 概要（ルール）	第2部 企画決定まで
第3部 部門のルールアイデア集	第4部 その他の取組
第5部 諸注意	第6部 文化祭までの道のり
付録 ホームルームで実施するアンケートの見本	

　文化祭ハンドブックには、ルール以外に「クラス討論の進め方」「クラ
スで実施するアンケートの見本」「部門ごとの文化祭までの取組の見通し
（図2）」「文化祭までのスケジュールカレンダー（図3）」「出展内容のヒ
ント」などを、写真やイラスト、図表をたくさん用いて掲載した。文化祭
ハンドブックは多めの部数を印刷して配布し、**各教室にも常に吊っておい
てもらうことで"みんなのルールブック"となる**ようにした。

図2　文化祭ハンドブックより（文化祭までの道のり）

文化祭までのカレンダー

月	火	水	木	金	土	日
8 体育の日	9	10	11	12 考査①	13 考査②	14
15 考査③	16 考査④	17 考査⑤ 飲食試作会	18	19	20 オープン スクール	21
22 文化祭 HR	23	24	25	26	27	28
29 文化祭 HR	30	31	1 オープニング	2 文化祭		

部門によって取り組みは違いますが、早めに予定を合わせていきましょう。

> 急に言う　→　集まりが悪い　→　雰囲気が悪くなる　→　文化祭が成功しない

という悪循環にならないようにしよう！

> 考査終了から文化祭までの日程は短いです。（土日含めて 15 日間）
> 考査前から計画を立てておきましょう。

「この日はやる！」という日を決めておいて、早めに宣伝して、みんなの予定をおさえちゃいましょう！後ろの黒板にこのカレンダーを大きく書いたり、プリントをつくって配ったりするのも効き目アリです！

<ヒント>　何事も、"動き出し"は大人数に適していません。集まったのに「何もやることが無い」では、盛り下がります。最初は少人数でもやり始めましょう。
　　（計画段階）　いつぐらいに、どんなことをする？を計画　→少人数で考える！！
　　（動き出し）　とりあえずやってみる「あの材料、あの道具がない〜」→準備する
　　（本格活動）　みんなでやる！人手を使って一気に準備を進める　→予告しておく

図3　文化祭ハンドブックより（文化祭までの計画の立て方）

②文化祭実行委員会（キックオフミーティング）の充実

　９月に実施されるクラス討論に向けて、各クラスの学級代表２名＋文化祭実行委員２名の計４名を集めて会議を開いた。そこで、「文化祭ハンドブック」を用いて文化祭の概要説明やクラス企画を成功させるためのコツを紹介した。

　クラスのリーダーとなる学級代表は１～２名程度としている場合が多いが、その生徒にクラスを動かすリーダーとしての力量が備わっていないとうまく機能しないことが心配される。そこで各クラスからの参加人数を４名として必要な情報を伝え、さらにその４名がクラスで声をかけ、応じてくれたメンバーを中心にクラス独自の"クラス実行委員会"を組織するという**「集団リーダー体制」**を構築することを狙って設定した（図４）。

　また、この会議は学年別に開催した。文化祭は全学年同じルールで運営されているので、一度に実施することができるが、学年によって留意点や力を入れるべき点が異なることから、手間はかかるが３回に分けて開催した。この工夫によって、リーダーとなる生徒たちのニーズに応じた内容を的確に伝えることができた。

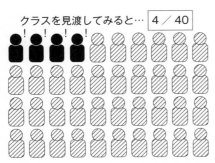

クラスを見渡してみると…　4／40

a.代表の４名だけでクラス討論に臨むと、他の多数がうまく関わることができずに、討論が成立しない恐れがある。

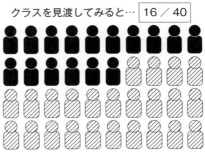

クラスを見渡してみると…　16／40

b.事前に協力してくれそうなメンバーに声をかけて、クラス実行委員会を結成し「原案」を作成してからクラス討論臨むと、協力して取り組む雰囲気を作りやすい。

図４　"クラス実行委員会"のイメージ

③１年生に文化祭の内容や進め方のイメージを持たせる

　１年生は、高校に入学して最初の文化祭となることから、学年集会などの機会を活用し、写真や動画を多用して文化祭のイメージやルールを伝える場を設けた。中学校までの取組は学校によってそれぞれ異なるので、実践校の文化祭はどのようなものかをしっかり伝え、**これからどのようなことに取り組んでいくのかということを意識してもらうために**設定した。この取組を通してリーダーではない生徒にも文化祭に対するイメージや意欲を持ってもらうことができ、クラス討論に臨むリーダーに対するエンパワーメントの効果をもたらすことにつながった。

　当初は、教員が紹介していたが、徐々にリーダーとなる生徒の育成を狙い、写真データや簡単な台本を事前に提供し、教室にあるプロジェクターを用いてリーダーが自らクラスに向かって文化祭の概要を説明する取組に発展した。このことによって、今まで以上にクラス全体に**リーダーとしての存在を認識してもらう**という効果を得ることができた。

④「部門エントリー用紙」と生徒会執行部員を交えた「企画審査」

　クラスの参加部門を学年によって指定することはあえてせず、クラス討論を経て、部門にエントリーするという形式を取った。**審査を受けるためにエントリー用紙（図５）を仕上げるという明確な目標**が各クラスに生まれ、リーダーとなる生徒が中心となってホームルームが討論の場として機能するようになった。また、例えば三年生の希望を優先するなどの学年による優先はしないと明言することによって、審査によって希望した部門に参加できないかもしれないという緊張感が生まれ、ホームルームを活性化させることにつながった。

　各クラスの参加部門決定に際して、教員だけではなく生徒会執行部の生徒を加えて審査会を実施し、審査結果の各クラスへの伝達は教員のフォローのもと、執行部の生徒が行うことにした。このことによって、生徒会執

行部の生徒に**自分たちが文化祭を運営していくのだという意識**を持たせることができ、説明を受ける各クラスのリーダーにとっても、文化祭は生徒の力で成功させるも　のだということを感じさせることにつながった。

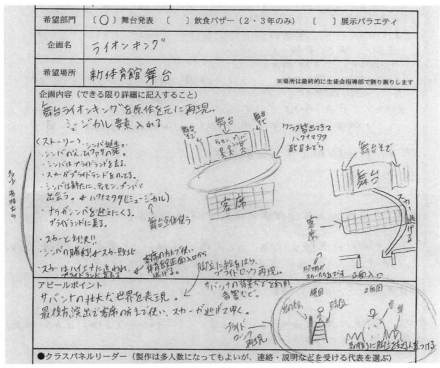

図5　エントリー用紙の記入例（舞台発表部門・3年生）

⑤“ものづくり”のきっかけを作る「クラスパネル」の導入

　新たに「クラスパネル部門」を設け、全クラスがクラス企画に加えてこの部門に参加するようにした。ベニヤ板に角材で枠と脚を取り付けたパネルを製作し、各クラスに割り当てた（図6）。そこにロール紙を貼り、クラス企画の宣伝を描いて文化祭当日に人通りの多い場所に掲出するようにした。

事前確認のために、縮小版の原画を作成して担任や部門担当教員のチェックを受けるプロセスも設定した。このプロセスは、大きなパネルをいきなり作るのではなく、まずは小さく始めるという"スモールステップ"の考え方を取り入れたものである。

　クラスパネルは各クラスの絵や工作が好き・得意といった者が動き出すきっかけを作り、**文化祭の準備活動における「ものづくり」の活性化**を狙って導入した。クラス企画として製作するものは大掛かりなものが多く、材料や道具の準備などものづくりをどのように進めるか停滞しがちであるが、教室でパネルを作っている生徒がいることによって、その影響を受けて他の活動も動きが加速していく効果が見られた。年を追うごとに立体化するなどの充実を見せ、文化祭の会場を彩る効果も得ることができた。

図6　クラスパネルの制作例

⑥全ての生徒を巻き込んだ「モザイク壁画」の導入

　全校生徒がA4用紙１枚程度の用紙を塗ったものを貼り合わせて、巨大モザイク壁画を製作した（図７）。当初は学年による独自企画として行われたが、思うようにクラス活動に関わることができていない生徒も含め、全ての生徒に「文化祭に関わっている」という意識を持たせたいということをねらいとして全校による取組として発展していった。１人ずつの作業はそこまで大きなものではなく、この取組を通して、ペン、ハサミ、のりなどの道具類が教室に登場するきっかけとなった。貼り合わせ作業は有志を募って行なったが、各学年のものづくりの好きな生徒が"職人"として活躍し、生徒の普段とは異なる一面を知ることができた。また、年を重ねて実施する中で、学年ごとに貼り合わせたものをつないで１枚の作品にする「合作」に取り組むようになり、上級生が下級生にノウハウを伝えるなど、部活動の加入率が低い実践校では、異学年交流の貴重な場となった。

図７　モザイク壁画の製作過程

⑦部門会議・講習会の実施

　クラス企画が決定してからは、主に部門としての活動が中心となる。そこでも"ジェットコースターモデル"や"スモールステップ"の考え方を取り入れ、活動初期に手厚くサポートすることを意識して部門会議や講習会を実施した。それぞれの部門における重点を紹介する。

○展示・バラエティ部門

　この部門は、**企画内容が重要**となり、クラス討論の中心もこの点になる。安易なアイデアしか出ないとクラス討論が低調になり、その後のクラスの活動も活発にならない。ひいては、部門全体が盛り上がりに欠けてしまう。そこで過去の出展内容や他校の事例などをできる限り多く紹介し、イメージが膨らむように工夫した。また、他クラスとの重複（かぶり）が出てしまいがちなので、クラス討論が始まった時期に部門会議を開催し、各クラスの様子や、検討されている企画内容などの情報交換を行い、クラス討論の進行に役立つようにした。

○飲食バザー部門

　食品を扱う部門であるため、**家庭科や保健部と連携を図りながら衛生講習会や試作会などを実施**した。衛生講習会は、食中毒予防などの意識を高めるとともに、お客さんに喜んでもらう商品を提供するという意識を高めることにつながった。試作会は、少ない食数で実際に調理して、必要な食材の量や道具などの確認を行うとともに、多くの食数を捌き切ることができるかどうかを考えるきっかけとなった。ステップを進めるごとに「実施計画書」の作成を求めた。生徒は計画書を充実させるという具体的な目標を持ちながら活動を深めていくことにつながった。飲食バザーは調理に携わる一部の生徒に活動が偏りがちであったため、店舗の装飾やクラスの枠を超えた活動（飲食スペースの整備、ごみ箱の設置）なども設定し、様々

な生徒が活躍できるように活動を多面化させた。

○舞台発表部門

　クラス討論では、演目や大まかな役割分担を決めているクラスが多く見られた。それぞれの役割が具体的にどのように動いてよいのかわからないという生徒が多く、活動が停滞しがちであった為、**役割ごとに講習会を開催した**。これも"ジェットコースターモデル"を意識したもので、できる限り多くのノウハウを早い段階で生徒に伝え、活動の見通しを持たせることをねらった。開催した講習会は次の通りである。

・基礎講習会（クラス演劇全体の流れ・台本作成に向けて）

・演出、舞台監督講習会

　（役者に寄り添う"演出"と裏方を束ねる"舞台監督"を分ける重要性）

・大道具講習会

　（全てのものを作ろうとしないことの大切さ・技法の紹介）

・照明講習会（実際の機器を用いた操作説明・できることの紹介）

・音響講習会

　（効果音とBGMの違い・キャストの練習に付き合うこと）

・キャスト講習会

　（発声練習・立ち方や動き方・稽古のステップの紹介）

　台本や、装置、音響、照明それぞれの計画書の提出を設定し、不十分な点を指摘することによって、それぞれの役割で目標を持って活動することを促すことができた。

　実際の上演場所である体育館の舞台を使ったリハーサルも設定した。リハーサルの設定にも"スモールステップ"の考え方を用いて、それぞれの回で何をすべきか、何に重点を置くべきかを明確にした。リハーサル1回目

は舞台の大きさや感覚を確認するためのもので短時間とした。2回目は教室で練習していたことを実際の舞台で試し、うまくいかない部分をどうするか試行錯誤できるようにするために上演時間の倍の時間を確保した。3回目は本番直前に実施し文化祭当日と同じ動きを求めて上演時間と同じ時間を設定した。

新学習指導要領による実践の検討

　今回紹介した実践は、平成21年に改訂された学習指導要領が適用される時期のものであったが、ここではあえて、平成30年に改訂された新学習指導要領に示され内容と照らし合わせて、ポイントとなる部分を検討していく。

　学習指導要領の改訂にあたって、特別活動では「学びの過程において、質の高い深い学びを実現する観点から、特別活動の特質に応じた物事を捉える視点や考え方（見方・考え方）を働かせることが求められる」[1] という方針が示されています。特別活動における見方・考え方は次のように示されており[2]、その中から、三つの視点を読み取ることができる。

〈集団や社会の形成者としての見方・考え方〉

　各教科・各科目等における見方・考え方を総合的に働かせながら、自己及び集団や社会の問題を捉え、よりよい**人間関係の形成**、よりよい集団生活の構築や**社会への参画**及び**自己の実現**に向けた実践に結び付けること。　　　　　　　　　　　　　　（**太字**は筆者による）

　三つの視点それぞれについて、**新学習指導要領解説では次のように説明されている**[3]。

〈特別活動を指導する上で重要な三つの視点〉

（1）「人間関係形成」

　集団の中で、人間関係を自主的、実践的によりよいものへと形成するという視点で（中略）考え方や関心、意見の違い等を理解した上で認め合い、互いのよさを生かすような関係をつくることが大切である。

（2）「社会参画」

　集団や社会に参画し様々な問題を主体的に解決しようとするという視点で（中略）集団の中において、自発的、自治的な活動を通して、個人が集団へ関与する中で育まれるものと考えられる。

（3）「自己実現」

　集団の中で、現在及び将来の自己の生活の課題を発見し、よりよく改善しようとする視点で（中略）集団の中において、個々人が共通して当面する現在及び将来に関わる課題を考察する中で育まれるもの。

　ここから、この三つの視点に沿って実践をふり返る。なお、新学習指導要領解説の中でも「三つの視点はそれぞれ重要であるが、相互に関わり合っていて、明確に区別されるものでないことにも留意することが必要である」[4]とされている。実践を進める上で、これらの視点が重なり合うことによってその効果を発揮しているという点に注意してほしい。

　活動当初にクラスで話し合うことは重要で、その際の雰囲気やそこで生まれた関係性は文化祭の活動全体に大きな影響を与える。実践の中では、準備活動のプロセスを大切にし、生徒と教員の情報共有や、リーダーとなる生徒へのエンパワーメント、1年生へのイメージ付けなどを通してクラス討論の成功に向けての仕組みを整えてきた。この点はクラス討論を通して他者の考え方、関心、意見の違い等に触れ、理解し認め合うことにつながり、**「人間関係形成」**に寄与していると考えられる。さらに、クラスが

小さなグループで構成されているという見立てをもとに多様な活動を並行させて設定し、最終的にそれらの小グループによる活動を統合して文化祭の成功という大きな目標を達成する取組は人間関係形成に"スモールステップ"の概念を導入したものといえる。

　クラス討論などの企画段階から実際の準備活動へ展開する際に、クラスパネルやモザイク壁画などの活動によって"ものづくり"が動き出したことや、各部門の部門会議や講習会によって活動内容のヒントを手厚く提示したことによって多くの生徒を活動に引き込み、自発的な活動を促す効果があったと考えられる。文化祭の取組に意欲・関心を持って積極的に関与するようになることで、文化祭の成功という課題に向けて個人が集団へ主体的に関与することにつながり、「**社会参画**」の実現に近づけることができたのではないかと考えられる。

　「**自己実現**」については文化祭の成功を「個々人が共通して当面する課題」と捉えると、その中で自分のできること、したいことを意識しながら活動に関わることによって、自己の理解を深めたり、生き方や働き方を考えるきっかけになったりしたといえる。

　また、新学習指導要領では第5章第2の1「目標」で、学校行事の目標が次のように示されている[5]。

〈学校行事の目標〉
　全校若しくは学年又はそれらに準ずる集団で協力し、よりよい学校生活を築くための体験的な活動を通して、**集団への所属感や連帯感を深め**、公共の精神を養いながら、第1の目標に掲げる資質・能力を育成することを目指す。　　　　　　　　　（**太字**は筆者による）

　実践事例では、モザイク壁画の取組について紹介した。開始当初は、文化祭の準備における活動量を増やすため、何をして良いかわからない、あ

まり活動に関わりたくない、といった生徒を巻き込むためのものであったが、継続して実施する中で、多くの生徒を準備活動に引き込み、完成した作品を掲示することにより、学校全体としての取組の象徴として生徒が達成感を感じられるものに成長していた。また、学年を超えた後輩へのノウハウの伝授なども見られた。これは、学校行事の目標にある**「全校若しくは学年又はそれらに準ずる集団による協力」**や**「集団への所属感や連帯感を深める」**活動につながったと考えられる。

　また、クラス討論や審査会で参加出展部門が決定して以降は、部門ごとに運営するようにした。部門会議や講習会を通して、お互いのクラスがライバルではあるものの、その部門を成功させるという共通の意識を持った"チーム"が形成されたといえる。これはクラスという単位を越えて**「集団への所属感や連帯感を深め」**ることにつながったと考えられる。

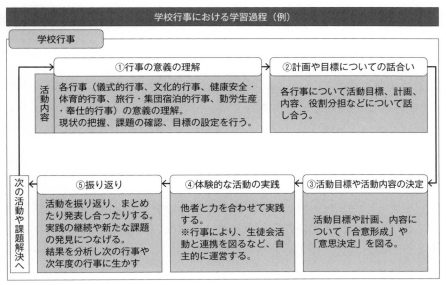

図8　学校行事における学習過程の例[6]

最後に、図8に示した学校行事における学習過程の例を通してこの実践をふり返ると、①〜④の過程について、"ジェットコースターモデル"や"スモールステップ"を機能させながら進めることができたと考えられる。具体的には、「文化祭ハンドブックの活用」「文化祭実行委員会（キックオフミーティング）の実施」「1年生へのイメージ付け」などを通して①行事の意義の理解を促すことができた。「クラス討論を重視」「リーダーへのエンパワーメント」「部門エントリー用紙と企画審査」などを通して②計画や目標についての話合い、③活動目標や活動内容の決定についての取組を促すことができた。「部門会議・講習会の実施」「クラスパネルの導入」「モザイク壁画の全校での実施」などを通して④体験的な活動の実践を促すことができた。しかし⑤振り返りについては、教員は総括のためにアンケートによる意見収集や会議を実施しているものの、生徒は生徒会執行部による簡単なアンケートを実施する程度しか実践できていない。クラスや部門によるふり返りの場を設定することが必要であると考えられる。

まとめと今後の展開

　生徒会執行部が2018年の文化祭のあとに実施したアンケートによると「文化祭が楽しかった」と答えた生徒が98.9%にものぼった。当初は「文化祭の準備で、生徒は残ってくれないよ」と言われていた学校とは思えないほどの変化を感じている。**「この学校は行事が楽しいから」**という理由で実践校を志望する者もいる。生徒が文化祭に取組むという伝統ができつつある中で、**さらに生徒による自主的な運営へと挑戦するという**課題も見えてきた。また、文化祭の実施は生徒会指導部の教員だけでは成し得ない大きな取組である。多くの議論を経て全教員が役割を分担し、企画段階から生徒に寄り添って指導していただいた成果である。教員に過剰な負担がかかるようでは、持続可能な実践とはなり得ない。この点からも、生徒の力を引き出して取組を進める仕組みづくりを深めていく必要があるといえ

る。

　本稿では文化祭について紹介したが、体育祭でも生徒から競技だけでなく「応援合戦」をしたいという声が上がった。応援合戦を立ち上げた学年の生徒は、旗演技と応援ダンスを見事に成し遂げてくれた。学ランに身を包み、身長の倍以上はある大きな団旗を悠然と振る姿や、グランド全体を使って構成された観客を引き込む見応えのあるダンスに、全生徒の視線と声援が集中していた。そこには、グランドを抜け出そうとする生徒の姿はなかった。

　「この生徒たちはやらない」「この生徒たちはできない」と決めてしまったり、「やらせてみたけどダメだった」と諦めたりするのではなく、**「どうすればできるようになるか」を追い求めることが大切**であることをこの実践から学ぶことができた。

〈引用文献〉

1）文部科学省『高等学校学習指導要領（平成30年告示）解説　特別活動編』東京書籍 平成31年　p.7
2）同上書 p.13
3）同上書 Pp.12〜13
4）同上書 p.12
5）同上書 p.86
6）同上書 p.87

第 **6** 章

幼児教育から初等教育へのスムーズな移行について

第**6**章

幼児教育から初等教育への
スムーズな移行について

6-1　指針・要領の変遷に見る時代の要請

　保育所（園）・幼稚園の幼児教育から小学校における初等教育への移行が課題に掲げられるようになったのはいつ頃からであろうか。国内で出版された全ての出版物を収集・保存する国立国会図書館において、「幼小接続」をキーワードとする出版物の推移を確認すると2010年を境にして2014年頃から大幅に増加していることが見て取れる（図1）。加えて、幼小接続の課題を語る際に併せて取り上げられる「小1プロブレム」をキーワードにした推移を見ても、同様の傾向を見て取ることができるであろう。

　しかしながら学術論文や著書の主題として取り上げられる以前、即ち教育現場における課題として注目され始めたのは1999年以降であると一般的には捉えられている。

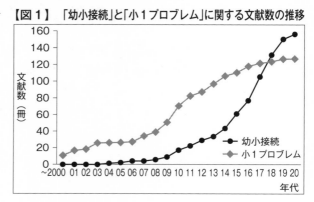

【図1】　「幼小接続」と「小1プロブレム」に関する文献数の推移

小1プロブレム2000年代からの動向

　小1プロブレムとは小学校へ入学した新1年生が保育園や幼稚園からの環境変化に馴染めず、集団行動が取れない為に授業が成立しない状態が数か月にわたり継続する問題と捉えられている。2000年以降に学校週5日制

【図2】　小1プロブレムの背景に潜む諸要因

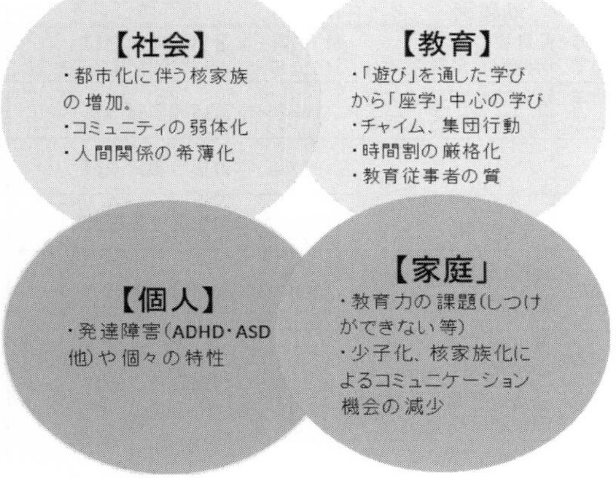

が開始された後、現場で徐々に確認されるようになり現代では教育問題の一つとしてその認識が定着している。主に授業の際、自分の席に座っていることができずに教室を歩き回ってしまうこと、教師の話を聞かずに周りと違う行動を取ってしまうことなどが一般的な課題に挙げられる。入学直後の環境変化に戸惑い、小学校での生活に不安を示すことは珍しいことではないものの、こうした落ち着かない状態が数か月にわたり継続してしまうことに注目が集まった。当初は学級崩壊の一部とみなされたが、形成されたクラスが崩壊していく学級崩壊とは異なり、入学時において既にクラスが成立しない点で区分された経緯がある。この様な現象は幼児期と学童期の狭間に存在する社会、教育的、加えて家庭的そして個人的側面をはじめとした種々の要因が複合的に影響をもたらした結果であると考えられる（図2）。

　1950年代半ば以降の高度経済成長により我が国の産業構造は劇的に変化した。都市化の進行に伴い共働き家庭が増加し、家族形態は拡大家族から核家族へと移行した。その結果、少子化の進行と共に家庭内における触れ合いが減少し、地域コミュニティの弱体化、人と人とのつながりが希薄化しつつある現状に異論の余地はないであろう。激動の20世紀後半を経て社会は紛れもなく大きく変貌を遂げた。汐見（2016）はこうした社会の変化に学校現場が追い付いていないことによって小1プロブレムのような問題が生じると指摘している。では時代の変化に対して教育現場はいかなる変

【図3】 保育所保育指針・幼稚園教育要領・学習指導要領の変遷過程

区分 / 年代	教育問題・課題 キーワード	保育所（園） 幼稚園	小学校
戦後〜 1950年代	就学奨励	1948年：保育要領刊行 1956年：幼稚園教育要領刊行	1947年：学習指導要領刊行 1951年・58年：学習指導要領改訂
1960年代	大学紛争／保留児 モンテッソーリ教育	1964年：幼稚園教育要領改訂 1965年：保育所保育指針策定	1968年：学習指導要領改訂
1970年代	つめこみ式教育／非行 落ちこぼれ／登校拒否		1977年：学習指導要領改訂
1980年代	いじめ／不登校 校内暴力		1989年：学習指導要領改訂
1990年代	学級崩壊／学校週5日制 体罰／5領域／待機児童 一斉保育・自由保育	1990年 ：保育所保育指針改訂 ：幼稚園教育要領改訂	1998年：学習指導要領改訂
2000年代	小1プロブレム 幼小接続／学力低下 軽度発達障害 生きる力	2000年 ：保育所保育指針改訂 ：幼稚園教育要領改訂 / 2008年 ：保育所保育指針改定 ：幼稚園教育要領改訂	2008年：学習指導要領改訂
2010年代	いじめ／不登校 特別支援教育 ICT	2015年 ：幼保連携型認定こども園 教育・保育要領 / 2017年 ：保育所保育指針改定 ：幼稚園教育要領改訂	2017年：学習指導要領改訂

遷を辿ってきたのであろうか。時を同じくして保育所（園）・幼稚園や小学校の各教育現場における指針・要領の歴史を今一度紐解いてみる（図3）。

　戦後、1948年に文部省（現：文部科学省）により刊行された「保育要領」は、保育所や幼稚園に留まらず保護者を含めた有益性の高いものとして幼児保育の原点と称された。その後、1956年に幼稚園教育要領が、また1965年に保育所保育指針が策定された後、短期では8年、また長期においては25年の期間を経て改定を重ね、2017年の改訂により現代に至っている。一方で小学校現場では1947年に小学校学習指導要領が刊行され、直近の改訂を経た後はおおよそ10年ごとのスパンで見直されていることが見て取れ、この点は幼児教育現場も同様である。では各指針および要領は如何なるねらいのもと策定され、現代に至る過程で何をもって度重なる改訂がくわえられてきたのか。そこに教育現場が求める子供像や時代の要請、更には現在の子供たちが直面している課題に迫るヒントが隠されてはいないであろうか。

1948年　保育要領—幼児教育の手引き—

保育要領（1948年）

児童中心主義の理念に基づく保育実践のすすめ。幼児期の心身の特質に応じた計画の基で保育実践。1) 見学、2) リズム、3) 休息、4) 自由遊び、5) 音楽、6) お話、7) 絵画、8) 制作、9) 自然観察、10) ごっこ遊び・劇遊び・人形芝居、11) 健康保育、12) 年中行事の全12の項目を掲げる。

1948年の保育要領は、戦後の幼児教育に多大な影響を与え、子供中心の保育への舵取りに大きく寄与した。特に幼児期における個々の特質に応じた日課を作り適切な教育計画のもとで保育が実践されることの重要性を強調したが、この時点では現行の要領・指針にある健康、環境、言葉、人間関係、表現の5領域については明文化されていない。12項目にわたって保育内容を記したものの、ねらいや目標は掲げていないことで保育の方法に柔軟性や幅の広さを感じさせる内容である。また現行の教育要領・保育指針が「環境による保育」を基本理念としている背景を踏まえ、**既にこの時代から**保育室や遊戯室などの建物や運動場、遊具等の整備容を掲載し、子供たちが普段生活する「場」を整えることで子供たち一人ひとりに豊かな経験をもたらすことのできる**環境整備を重視していた**点を早瀬・山本（2016）は指摘している。

　一方で、**保育内容と目標とのつながりが明示されていない**ことによって、**カリキュラム作成時や運用に不便さを感じる**といった現場からの批判を受け新しい基準を示すものとして幼稚園教育要領の作成へつながることとなった。

1956年　幼稚園教育要領刊行からの変遷

幼稚園教育要領（1956年）

幼稚園の教育課程における一基準を示すものとして保育要領を改定。学校教育法に掲げる目的・目標に則り、教育内容を健康・社会・自然・言語・音楽リズム・絵画製作の「6領域」で明示。小学校との接続を意識して教育目標を具体的に示した。

改訂（1964年）

幼稚園教育は小学校の準備教育ではない事、及び知識・技能習得に偏った教育は改める事をはじめとした幼稚園教育の独自性について明確化。6領域に囚われない総合的経験・活動によって幼稚園修了までに達成する事が望ましいねらいを明示。

改訂（1990年）

幼稚園教育の基本として環境を通して行うものとすることを明文化した他、幼児の発達的側面から健康・環境・言葉・人間関係・表現の5領域を編成。また1日4時間、年間最低39週とする教育日数と時間を地域の実情に応じて対応できるよう表記改正。

改訂（2000年）

5領域を維持。集団との関わりを通して自我の芽生えによる自己主張や自己抑制しようとする気持ちへの対応を図ることを明示。幼児期の知的発達を促す教育として、自然体験や社会体験など具体的生活体験を重視することを盛り込んだ。

改訂（2008年）

幼小連携の推進と円滑な接続を図るため、規範意識や思考力の芽生えに関する指導の充実を明示。また園と家庭の連続性を重視し、預かり保育や子育て支援を推進。引き続き5領域は維持されたが、人間関係領域で最も多くの追加内容が示された。

改訂（2017年）

幼児教育において育みたい資質・能力の3本柱と、幼児期の終わりまでに育って欲しい10の姿を明示する事で共通の資質と能力を育てる目標を明確化。内閣府、文部科学省、厚生労働省がそれぞれ連携し、共通課題を明確にしているのが大きな特徴。

　1956年に学校教育体系の施設として幼稚園の保育内容を規定した当初、学習指導要領の改訂と相まって**小学校との接続を意識した内容**であったが、**「領域」に示された内容に保育が偏り、自由遊びが軽視**されると批判を受ける。即ち**幼児主体の「遊び」が一転し教師主導の小学校的な実践の展開**と捉えられたわけである。この点を受け、1990年の改訂により**6領域から現行の5領域に改められた**背景に、**小学校の教科とは異なることを強調**したと指摘するのは天野（2019）である。また2008年および2017年の改訂において小学校との接続が強調されたが、「幼児期の終わりまでに育ってほしい姿」に特化して、幼小接続を強化した教師主導の指導への懸念も併せて指摘している。「遊び」を通した総合的指導の中での実現が望ましいことは言うまでもないことであろう。

1965年　保育所保育指針策定からの変遷

保育所保育指針（1965年）
児童福祉施設の設備及び運営に関する基準を基に、保育所保育の理念や保育内容・方法等を体系的に示すものとして策定。全ての子どもの最善の利益のために全保育所が拠るべき全国共通の枠組みとして保育所保育の質を担保する仕組みを定めた。

改訂（1990年）
保育内容について幼稚園教育要領との整合性を図る目的で6領域から5領域に改正。更に乳児保育への対応および障害児保育に関して明記すると共に、養護と教育の一体性を基調として児童の生命保持・情緒安定に関わる養護的機能を明確化。

改訂（2000年）
児童福祉法改正および幼稚園教育要領の改訂を踏まえ多様化する保育ニーズへの保育施策を明記。保育姿勢（体罰の禁止・プライバシー確保等）に関する事項の追加、加えて家庭、地域社会、専門機関との連携、協力関係の必要性について明確化。

改訂（2008年）
保育所と幼稚園の機能を一体化した認定こども園制度の創設。延長保育や一時保育をはじめとした多様なニーズに応じた保育サービスの普及を通して、子育て家庭を支える地域の担い手として支援活動を活発に実践する必要性を掲げる。

改訂（2017年）
職員の資質・専門性の向上に伴い、保育所保育における幼児教育の積極的な位置づけ。特に乳児、1歳以上3歳未満児の保育に係る充実と環境変化を踏まえた健康及び安全についての見直し。家庭及び地域と連携した子育て支援の必要性を掲げる。

　保育所保育指針は保育所保育の基本となる考え方やねらいをはじめ、広く保育の実施に関わる事項と運営に関する事項を制定することで一定の保育水準の確保を目的とした。その後、多様化する保育ニーズに応じた支援の実践と共に認定こども園や幼稚園と共に幼児教育の一翼を担う施設として教育要領との更なる整合性が図られた。特に「幼児期の終わりまでに育って欲しい10の姿」については保育の5領域に基づいて展開される保育活動を通じて、学習指導要領において重視する三要素が育まれることが肝要として、保育所保育における幼児教育の積極的な位置づけが推進される運びとなった。

1947年　学習指導要領刊行からの変遷

学習指導要領（1947年）

学校教育法及び学校教育法施行規則の制定に伴い、教育課程に関する基本的事項を明文化。特に児童生活の発達と指導方法の「**一般編**」と、国語や算数科、社会科といった各「**教科編**」とに分けて教育課程の基準として試案の形で指導要領を策定。

改訂（1951年）

前回同様、一般編と各教科編とに分け試案の形で刊行。前指導要領の運用状況調査や実験学校における研究を通して教科間の関連が十分図られていなかった問題を改訂。社会科における**道徳教育**の在り方、地理歴史教育の系統性などを明確化。

改訂（1958年）

従来の一般編および各教科編の構成を一つの告示にまとめ、教育課程の基準として規定。小学校の教育課程は各教科、**道徳**、特別教育活動及び学校行事等によって編成する事を明示。また年間最低授業時数を示し義務教育の水準の維持を図った。

改訂（1968年）

時代の進展に対応した教育内容のより一層の向上を目的として、小学校の各学年における各教科及び**道徳**の授業時数を最低時数から標準時数へと改めた。また指導内容は義務教育9年間を見通して、小学校段階における有効・適切な事項を精選した。

改訂（1977年）

各教科等の目標・内容を中核的事項に絞ることで、学習負担の適正化を図り**ゆとり**ある充実した学校生活の実現を明示。個々の特性に応じた教育を通して人間性豊かな児童生徒を育てることを目的とし、**道徳教育や体育**を一層重視して育成を図る。

改訂（1989年）

教育内容の見直しに伴い第1、2学年の社会及び理科を廃止し**生活科**を新設。**道徳教育の充実**をもって心豊かな人間育成を図ると共に生涯学習の基盤を培うという観点に立ち、21世紀を目指して社会変化に自ら対応できるよう指導方法の改善を図る。

改訂（1998年）

教育内容の厳選と共に「**総合的な学習の時間**」の新設を通して基本を確実に身に付けた上で、自ら学び自ら考える力、**生きる力**の育成を「**ゆとり**」の中で育むことを提言。完全学校週5日制の導入に伴い特色ある教育、学校づくりの推進を図った。

改訂（2008年）

小学校の第5、6学年に「**外国語活動**」を新設し、**言語活動の充実**を図ると共に、授業時数を増加することで基礎的・基本的な知識や技能の習得を推進。また思考力や判断力・表現力等を育む事を目的として指導内容を充実し「**生きる力**」を育成。

改訂（2017年）

主体的・対話的で深い学び（アクティブラーニング）の導入により何ができるようになるかを明確化。また各学校において学習効果の最大化を図ることを目的とした**カリキュラム・マネジメント**の確立により、学校全体として教育活動の質向上を推進。

教育内容のより一層の向上と教育改善を目的として一斉学習としての各教科内容に係る指導はもとより、道徳教育や総合的な学習の時間を通して集団での生活面での指導が推進されてきた点に幼小連携の意思を汲み取ることができるであろう。

保育要領の刊行にはじまり幼稚園教育要領や保育所保育指針、そして小学校学習指導要領の刊行と改訂の歴史をそれぞれ概観してきた。本稿の主題となる幼児教育から初等教育への移行に特化すると、**幼稚園教育要領の刊行当初から小学校との接続を意識した内容**であったことが確認できる。同時に幼稚園教育は小学校の準備教育ではないことを念頭に、幼稚園教育の独自性が明確化されたこと、そして**2000年代から幼小連携推進と接続が明示**された過程も併せて垣間見ることができたであろう。加えて教育課程審議会や中央教育審議会において幼保小の円滑な接続に係る教育課程の基準改善や、教育内容の一層の充実が併せて検討されるなど、幼児教育と初等教育との連携を重視する考えが随所に示されている。従って幼児教育の現場では、規範意識の確立に向けた集団における人間関係に関する内容や、小学校低学年の教科等の学習、及び生活の基となる体験の充実の必要性が提言され、一方の小学校教育では幼児教育で培った成果を踏まえた上で小学校における基本的生活習慣への適応と確立、併せて教科学習への円滑な移行の重要性に着目しているといえよう。更にこうした教育内容に係る指導のみならず、集団での生活面での指導の両面を重要視するとした幼稚園教育要領と学習指導要領の改訂を通して、**幼児教育と初等教育との接続が視野に入っていなかった訳ではない**ことは明らかである。結果、2008年の改訂において円滑な接続を目的として**幼児と児童との交流の機会を設ける**ことや、**幼稚園教諭と小学校の教師とのカンファレンスの機会を設ける**ことで**双方の連携を図る具体的内容が明記**された。

　具体的な教育課程としては、2008年の学習指導要領改訂時に示された「アプローチカリキュラム」と「スタートカリキュラム」が挙げられる。これは各園から小学校への移行に伴って環境は元より教育方法や目的、評価のあり方等が大きく変化する一方、幼児期から学童期への発達段階を生きる子供の連続性と一貫性を保持しながら子供の立場に立ち、学びのカリキュラムを充実させる概念である。特に就学前の幼児教育段階をアプロー

チ期として、また就学後の初等教育段階をスタート期としてそれぞれのカリキュラムを策定した。2008年以降、各機関において検討が加えられた当初は都市圏を中心とした実践報告であったが、現在では各自治体がそれぞれ独自のカリキュラムを実践している。富山県は年長児の4月から3月までを"わくわく"アプローチ期として、また小学1年生の4月から7月までを"きときと"スタート期とする「わくわく・きときとカリキュラム」で幼小接続を図っている。各種園と小学校とが連携し、年長児が校舎を探検して生活環境を体験することや、お楽しみ会などで年長児と1年生との交流を深めて幼小接続に備えている。また青森県では入学の初期段階で小学校の生活リズムをつかむことを目的として午前中の時間割を組むことや、生活科の時間等で教科学習への「導入」として子供たちが経験してきた読み聞かせ等を取り入れて、積極的な実践展開が成果を上げていることを中野らが指摘している。こうした取組を概観すると、幼小接続に関して課題を感じながら実に8割もの市町村が具体的な取組には至っていないとされた文部科学省（2009）の調査結果は改善されつつあることが推察される。その一方で幼小接続にまつわる問題が依然として課題とされるダブルバインドについて、次節では一つの事例から幼小接続に係る次なる局面について検討したい。

6-2 　幼児教育から初等教育へのスムーズな移行

事例―発達支援施設との連携―

　いつもお母さんに抱っこされ、一家の長男として大切に育てられたシンちゃん。愛情たっぷりで育ってきたシンちゃんの様子が変わってきたのは3歳頃。弟ができ家族が増えた頃から、急に大泣きしたかと思うと手足をバタつかせ気持ちを抑えることができなくなりはじめました。その様子を心配した両親もシンちゃんに寄り添うものの、子ども二人を相手にして今までと同じという訳にはいかず、シンちゃんはますます感情を爆発させるようになりました。その後、幼稚園に入園し先生やお友達にも恵まれて園に行くのが大好きな子ではあったものの、自分の要求が通らないと気持ちを抑えることができず、会話も支離滅裂になり手を焼くことが多くなりました。そして幼稚園の先生と何度も相談する中で発達支援施設へも定期的に通所する案が出ました。

　施設では相手の気持ちを推し量るためのカリキュラムが組まれ、パズルやブロックを使った形作り、また絵本を読んでのクイズなど先生と一緒に遊びを中心にした生活を送りました。また、会話を通して語彙力を豊かにすることも並行し、1年間の通所でシンちゃんの様子は著しく変化しました。支援学級への登校も考えましたが小学校とも連携・検討した上で普通学級に進学することになり、無事に幼稚園と施設を卒園。小学校でも積極的にコミュニケーションを取り、勉強にも遊びにも笑顔いっぱいで生活しているシンちゃんの様子に、両親はもちろんシンちゃんに関わった皆が何よりも嬉しく感じるのは言うまでもありませんでした。

家庭と教育機関との"連携"で育まれる子供

　さて、本事例の第二子の誕生による家庭環境の変化や、幼稚園・小学校

への入学に伴う生活環境の変化は既に触れた通りで極めて多くの家庭で生じる。加えてADHD（注意欠如多動性障害）やASD（自閉症スペクトラム症）等の発達障害、気になる子供の様相も見逃すことはできない。昨今、発達支援施設との連携を一方的に拒否する養育者は減少し、発達障害に限らずコミュニケーション全般をはじめとした気になる子供への対応を希望する養育者が増加傾向にある。**特に需要が高まっているケースが保育園や幼稚園に登園しつつ、定期的に発達支援へ通所する形態**である。本事例では「幼児期の終わりまでに育ってほしい10の姿」を基にして「協同性」や「道徳性・規範意識の芽生え」、また「社会との関わり」や「言葉による伝え合い」などを中心とした支援が行われた。幼稚園での教育と共に発達支援施設での教育を並行することで他者と関わる力が育まれた点は極めて大きかったであろう。結果として家庭生活及び園生活、そして小学校生活の適応へと移行した背景には、家庭から幼稚園への相談と発達支援施設との連携、そして小学校への検討と接続が功を奏したことは明らかである。

　一人ひとりの発達の連続性と一貫性を保持した上で目の前にいる子供が抱える生き辛さや悩みを解決するべく、子供の立場に立って子供を中心に据える対応は先述のアプローチ、スタートカリキュラムの概念に通ずるものがある。幼児教育から初等教育へのスムーズな移行を想定する上で、各園と小学校との間の連携だけに留まらず子供の最も近い存在である家庭が有する力はやはり極めて大きい。特に養育者が主動的な役割を担い、教育現場に対して積極的に連携・対応する姿勢が求められているのは言うまでもなく、更に家庭と各園、また各施設や小学校との間に見られる連携は今後より一層深められていく必要がある。その理由として現状の体制では対応が困難なほど、我が国は大きな時代の転換期を迎えるためである。過去から現在、そして今後訪れる激動の未来に向けて連携の重要性を今一度確認することで本稿のまとめへとつなげることにする。

まとめ ―新たな局面へ対応が求められる教育現場―

　本稿では幼児教育から初等教育へのスムーズな移行を主題として展開した。保育要領の策定から保育所保育指針または幼稚園教育要領、そして学習指導要領の策定と改訂の歴史を紐解く中で、小1プロブレムをはじめとした幼小接続を視野に入れた教育現場の動向を読み解いた。この問題が注目を集めてから約20年が経過した今、各園、小学校を中心とした教育従事者の尽力によって子供たちの環境は大幅に整備され、その職責は十二分に果たされてきたと言っても過言ではない。では何故、改めて幼児教育から初等教育への移行を主題と掲げたのかについて、教育現場はまた新たな局面を迎える段階であるからこそ、今一度この課題と向き合う必要があると考えた。

　アジアでは史上初となる二度目の夏季東京五輪の開催（新型コロナ禍の影響で2021年に延期）は元より、2020年は新学習指導要領の導入による教育改革により新たな局面が訪れる。情報技術革新に伴う社会のグローバル化を見据えた人材育成を視野に、外国語活動として正式科目となる英語教育と論理的思考の基盤形成を目的としたプログラミング教育の推進はその目玉となろう。特にプログラミング教育はアプリケーションの作成等を目的としている訳ではなく、論理立てて物事を捉え考えるプログラミング的思考の育成を目的としているが、実際に誤解が生じているケースは珍しくなく、その理解も容易ではない。現在、教育現場において論理的思考力を身に付けるための効果的な学習活動が模索されているが、現状では教師一人ひとりに課せられる負担が増したことは否めず、それは授業時数が倍増する英語教育においても同様のことがいえるであろう。更にアクティブ・ラーニングに取って代わった「主体的・対話的で深い学び」を通して、自らの可能性を発揮し自己実現できる力、いわゆる「21世紀を生き抜く力」や「21世紀型能力」の醸成は、今後一層の早期教育への波及と幼児教育と

の接続課題に拍車をかける可能性が極めて高い。時代は更に新たな局面へ
と益々スピード感を加速させていき、教育現場に求められる変化の波は今
後より激しさを増していくことは間違いないであろう。しかしながら教育
の中心にあるべき子供の発達の連続性と一貫性は不変で、尚且つ発達障害
や気になる子供たち全ての様相を含め、固有の発達が保障される普遍性を
忘れては決してならない。

　間も無く訪れる、もしくは既に訪れている新たな局面に対して、まず小
学校にリーダーやサブリーダー等の配置による二重、三重の教育支援を推
進することが急務となろう。現行のTA（ティーチング・アシスタント）
は主に手のかかる子供の対応に留まるケースが多く、TT（ティーム・テ
ィーチング）は教職員定数の関係からも編成が困難なケースが報告されて
いる通り普及は未だ十分とはいえない。従来の体制で個々のニーズを的確
に読み取り支援していくことができるほど現代を生きる子供は最早単調で
はない。保育者や教師、養育者を含めた大人からは凹凸に見える子供たち
の発達が相対比較されることなく、一人ひとりの個性として見守るべき大
人の目が、絶対的に不足してはいないであろうか。今後、教育に従事する
保育者や教師に改めて求められる責務の大きさを、全員で分かち合い連動
する体制づくりこそが喫緊の課題である。また大人の舵取りが子供に与え
る影響がより一層大きくなっていくことは明白であるが、「育ってほしい
10の姿」や「3つの柱」が大人のための尺度に決してなってはならない。
当たり前のことではあるが、身に付け「させる」、考え「させる」といっ
た教育側の尺度ではないことを、今後訪れる新たな課題への対応に忙殺さ
れてはならないのである。身に付け、考える主役は目の前にいる子供たち
である事を、今こそ再認識する必要があろう。従って、ティームとして連
動しながら発達の凹凸を等身大の個性と認める体制が再構築されなければ、
固有の発達を保障することがますます困難になることは間違いない。これ
ら教育現場の再体制化がこれから訪れる接続問題ならびに種々の教育問題

に対応する上では急務であり、そして喫緊の課題と捉えられるであろう。

　小1プロブレムをはじめとした幼小接続問題の変遷を紐解く過程におい
て、一見、「手に負えない」または「荒れ」と見える子供たちの様相は、
次代（時代）の教育を基礎から見直す声なき提言に思えてならない。今回、
幼児教育から初等教育への移行について、過去から現在への動向、そして
未来へとつながる新たな幼小接続の問題を取り上げた本稿も、次代の教育
を検討する一つの契機となる事を期待してやまない。

参考文献

1）幼児期の教育と小学校教育の円滑な接続の在り方に関する調査研究協力者会議　幼児期の教育と小
　学校教育の円滑な接続の在り方について（報告）
2）早瀬　眞喜子・山本弥栄子　2016　幼稚園教育要領・保育所保育指針の変遷と保育要領を読み解く
　プール学院大学研究紀要第57号，Pp.365〜380
3）善野　八千子　保幼小連携の課題解決に向けた考察 A study on the cooperation for developing
　the education between nurseryschools, kindergartens and elementary schools. Pp.57〜68
4）天野　佐知子　2019　保育所保育指針の変遷に関する一考察―領域「環境」の保育内容に着目して
　―A study on the transition of childcare nursery policy―Focusing on the area of "environment"
　in childcare―金沢星稜大学人間科学研究第13巻第1号
5）学習指導要領等の改訂の経過　https://www.mext.go.jp/a_menu/shotou/new-cs/idea/__icsFiles/
　afieldfile/2011/03/30/1304372_001.pdf
6）学生指導要領の変遷文部科学省　https://www.mext.go.jp/b_menu/shingi/chukyo/chukyo3/004/
　siryo/__icsFiles/afieldfile/2011/04/14/1303377_1_1.pdf#search=%27%E5%AD%A6%E7
　%BF%92%E6%8C%87%E5%B0%8E%E8%A6%81%E9%A0%98+%E6%94%B9%E8%A
　8%82+%E6%AD%B4%E5%8F%B2%27
7）大前暁政（2014）．小1プロブレムに対応する就学前教育と小学校教育の連携に関する基礎研究A
　study on the significance and problems in the cooperation between preschool programs and
　elementary school：Focusing on "the first-grade problem in elementary schools"，京都文教大学
　人間学研究所紀要，（15），Pp.19-32
8）中野真志・中井義時・千田雅美・成田都志子・設楽真由美・高橋真江美・三谷裕理・成田栄子．ス
　タートカリキュラムハンドブック〜楽しく安心できるスタートを目指して〜，啓林館
9）須藤康介（2015）．学級崩壊の社会学―ミクロ要因とマクロ要因の実証的検討―，明星大学研究紀
　要―教育学部第5号，Pp.47-59
10）「小1プロブレム」を乗り越える〜背景から原因を探る　https://benesse.jp/kosodate/201604/20160406-1.
　html
11）天野佐知子（2019）．幼稚園教育要領の変遷に関する一考察―小学校家庭科を見据えた保育内容「自然」
　及び「環境」―A study on the Transition of Education Procedures in Kindergarten-An Observation
　of "Nature" and "Environment" Content in Childcare, Viewed With Elementary School Home
　Economics-，金沢星稜大学人間科学研究第12巻第2号，Pp.9-14

18歳までの
保育・教育の一貫性

第 **7** 章

18歳までの保育・教育の一貫性

7-1　幼児期や異校種間の連携の重要性

　子どもの権利条約は、第１条で子どもを18歳未満のすべての者と定義し、第３条では子どもの最善の利益が主として考慮されることを謳（うた）っている。1989（平成元）年11月20日にニューヨークの国連総会で採択され、1990年９月２日に発効して31年目を迎えた。当時、日本も国として批准しながら1994（平成６）年にようやく国内で発効して26年目となる。

　学習者は、一個人という一人ひとりの人間である。保育所、幼稚園、こども園、学校というパラダイムが先に存在するのでなく、あくまでも新生児・乳児・幼児・児童・生徒という学びの行為の側が主体である。

　このたびの『幼稚園教育要領』（文部科学省、平成29年告示）の総則においては、「幼稚園教育において育みたい資質・能力」と「幼児期の終わりまでに育ってほしい姿」を初めて示した。このため、「資質・能力」という用語が同要領に７か所、資質と能力という用語がそれぞれ１か所記載されている。

　また、『保育所保育指針』（厚生労働省、平成29年告示）や『幼保連携型認定こども園教育・保育要領』（内閣府・文部科学省・厚生労働省、平成29年告示）の総則で同様に「資質・能力」という用語が各４か所も用いられた。

　これは、小学校から高等学校までの各学習指導要領の各教科・科目等で育成を目指す「資質・能力」と関連させて、幼児期の教育・保育において「資質・能力の基礎」という表記で総則に重要事項として掲げられた。そ

して、2018（平成30）年 4 月 1 日より実施に移った。また、幼児教育と初
等教育の連携をこれまで以上に図るよう、「幼稚園教育において育みたい
資質・能力」と「幼児期の終わりまでに育ってほしい姿」は、『小学校学
習指導要領』（文部科学省、平成29年 3 月告示）に明記された。さらに、
中学校と高等学校の学習指導要領に校種の接続するところで連携を深める
よう示されました。

　こうして、幼児期から高等学校まで一貫して育みたい「資質・能力」の
方向性が定まった。この構図は、日本では初めてのスキームとなる。

　10年後、次期学習指導要領等の改訂に向けて省庁間のヨコの連携が推進
され、学習者である子どもを主眼に幼児教育の構造がさらに改変する可能
性が示唆されている。つまり、保育・教育機関の枠組みから、学習者であ
る子どもを視座とした見方・考え方、学習者の成長発達を見据えた保育・
教育制度への移行しようとしているということである。

　具体的には、幼稚園において生きる力の基礎を育むために、幼稚園教育
の基本を踏まえ、「次に掲げる資質・能力を一体的に育むよう努めるもの
とする。」として、

（1）　豊かな体験を通じて、感じたり、気付いたり、分かったり、で
きるようになったりする「知識及び技能の基礎」
（2）　気付いたことや、できるようになったことなどを使い、考えた
り、試したり、工夫したり、表現する「思考力、判断力、表現力等の
基礎」
（3）　心情、意欲、態度が育つ中で、よりよい生活を営もうとする
「学びに向かう力、人間性等」

の三つを掲げている。

　これらは、 5 領域（健康、人間関係、環境、言葉、表現）のねらいや内

容に基づく活動で総合的に育むものとし、「幼稚園教育において育みたい資質・能力」や、「幼児教育を行う施設として共有すべき事項」「育みたい資質・能力」や、「幼保連携型こども園の教育及び保育において育みたい資質・能力」とした項目が新設された。

また、これに続けて「幼児期の終わりまでに育ってほしい姿」として、次の10項目を掲げました。

（1） 健康な心と体
（2） 自立心
（3） 協同性
（4） 道徳性・規範意識の芽生え
（5） 社会生活との関わり
（6） 思考力の芽生え
（7） 自然との関わり・生命尊重
（8） 数量や図形、標識や文字などへの関心・感覚
（9） 言葉による伝え合い
（10） 豊かな感性と表現

幼児教育では、上記の（1）の項目は、「健康」領域で扱い、（2）・（3）・（4）は領域の「人間関係」で、（5）・（6）・（7）・（8）は「環境」領域において、（9）は領域「言葉」で、（10）は「表現」の領域で主に扱います。この姿からは、初等教育への関連性や連続性を見て取ることができる。

7-2 「資質・能力」表記の実態

この節では、幼稚園教育要領や保育所保育指針等（平成29年告示）、また各校種の学習指導要領（平成29年・30年告示）において、「能力」や「資質」、そして「資質・能力」という用語の使用頻度を観察する。その前提

として、「能力」と「資質」の用語について考える。

　まず、「能力」という語は憲法用語である。新しき日本建設の礎として1946（昭和21）年11月に公布された日本憲法第26条 1 項において、「すべての国民は、法律の定めるところにより、その**能力**に応じて、ひとしく教育を受ける権利を有する。」と謳われた。オリジナル（原文）は、Article

【表 1 】　幼稚園教育要領の新旧比較（掲載数）

幼稚園教育要領		現行（平成29年告示）			旧（平成2（0）年告示）		
		資・能	資	能	資・能	資	能
前文（新設）		2	1	1	—	—	—
第 1 章　総則		5	0	0	0	0	0
	第 1　幼稚園教育の基本	（0）	（0）	（0）	（0）	（0）	（0）
	第 2　幼稚園教育において育みたい資質・能力及び姿…	（4）	（0）	（0）	（0）	（0）	（0）
	第 3　教育課程の役割と編成等	（1）	（0）	（0）	（0）	（0）	（0）
	第 4　指導計画の作成と幼児理解に基づいた評価	（0）	（0）	（0）	（0）	（0）	（0）
	第 5　特別な配慮を必要とする幼児への指導	（0）	（0）	（0）	（0）	（0）	（0）
	第 6　幼稚園運営上の留意点	（0）	（0）	（0）	（0）	（0）	（0）
	第 7　教育課程に係る教育時間終了後等の教育活動など	（0）	（0）	（0）	（0）	（0）	（0）
第 2 章　ねらい及び内容		2	0	0	0	0	0
	健康	（0）	（0）	（0）	（0）	（0）	（0）
	人間関係	（0）	（0）	（0）	（0）	（0）	（0）
	環境	（0）	（0）	（0）	（0）	（0）	（0）
	言葉	（0）	（0）	（0）	（0）	（0）	（0）
	表現	（0）	（0）	（0）	（0）	（0）	（0）
第 3 章　教育課程に係る教育時間…		0	0	0	0	0	0
合計		9	2	2	0	0	0

※ただし、項目は現行要領（平成29年告示）を用いた。また□の数値（　）は内数を表す。

26 of the Constitution. "All people shall have the right to receive an equal education correspondent to their ability, as provided by law."[1] であり、能力は"Ability"とし、CompetenceやCompetency、Skill等とは捉えられていなかった。

　一方の「資質」は、改正された教育基本法で新たに用いられた法律用語である。1947（昭和22）年３月、わが国の教育界においては憲法と同位に位置付くといってもよい教育基本法が憲法より先に公布された。そして、60余年が経過した2006（平成18）年12月に、制定後初の改正において、その全部を改めた新たな教育基本法が施行された。

　この教育基本法において、教育の目的を謳（うた）う第１条は、「教育は、人格の完成を目指し、平和で民主的な国家及び社会の形成者として必要な**資質**を備えた心身ともに健康な国民の育成を期して行わなければならない」[2]として、2006（平成18）年の改正で「資質」という語が用いられた。1947（昭和22）年に制定された旧教育基本法には存在していない用語である。

　この「資質」について広辞苑第七版では、「うまれつきの性質や才能、資性、天性」[3]と教えている。

　「資質」は、このようにして同法第１条で初めて法律の条文に登場する。前述の憲法用語の「能力」と、この「資質」という法律用語は、続く同法第５条２項で、「義務教育として行われる普通教育は、各個人の有する能力を伸ばしつつ社会において自立的に生きる基礎を培い、また、国家及び社会の形成者として必要とされる基本的な資質を養うことを目的として行われるものとする」として相互いに再登場している。

　そこで、「能力」という憲法語と、「資質」という法律語を題材に検討を

1　ライト最例ハウス編（2014）「ORIGINAL（原文）」『CON－憲シート』．
2　中里実・佐伯仁志・大村敦志編代（2020）「教育基本法」『六法全書 令和２年版Ｉ』有斐閣，p.2574.
3　新村出編（2018）『広辞苑』第七版，岩波書店p.1276.

【表2】　小学校学習指導要領の現行版と旧版の比較（掲載数）

小学校学習指導要領（前文、総則）	現行（平成29年告示）			旧（平成20年告示）		
	資・能	資	能	資・能	資	能
前文（新設）	2	1	1	—	—	—
第1　小学校教育の基本と教育課程の役割	1	0	0	0	0	1
第2　教育課程の編成	5	0	0	0	0	0
4　学校段階等間の接続	(2)	(0)	(0)	(0)	(0)	(0)
第3　教育課程の実施と学習評価	1	0	0	0	0	0
第4　児童の発達の支援	1	0	0	0	0	0
2　別な配慮を必要とする児童への指導	(0)	(0)	(0)	(0)	(0)	(0)
第5　学校運営上の留意事項	0	0	0	0	0	0
第6　道徳教育に関する配慮事項	0	0	0	0	0	0
合計	10	1	1	0	0	1

※ただし項目は学習指導要領（平成29年告示）を用い、数値（　）は内数を表す。

【表3】　中学校学習指導要領の新旧比較（掲載数）

中学校学習指導要領（前文、総則）	新（平成29年告示）			現行（平成20年告示）		
	資・能	資	能	資・能	資	能
前文（新設）	2	1	1	—	—	—
第1　中学校教育の基本と教育課程の役割	0	0	0	0	0	1
第2　教育課程の編成	5	0	3	0	0	0
4　学校段階等間の接続	(1)	(0)	(0)	(0)	(0)	(0)
第3　教育課程の実施と学習評価	1	0	2	0	0	1
第4　生徒の発達の支援	1	0	0	0	0	0
2　別な配慮を必要とする児童への指導	(0)	(0)	(0)	(0)	(0)	(0)
第5　学校運営上の留意事項	1	0	0	0	0	0
第6　道徳教育に関する配慮事項	0	0	0	0	0	0
合計	10	1	6	0	0	2

※ただし項目は学習指導要領（平成29年告示）を用い、数値（　）は内数を表す。

進める。テキストには新旧・現行の学習指導要領等⁴を用いることとする。

　【表2】は、能力と資質、また「資質・能力」について、小学校学習指導要領の現行版（平成29年告示）と旧版（平成20年告示）の記載数を比較した表である。

　また、【表3】は中学校のそれです。明らかに「資質・能力」の記載数に増加が顕著に見られる。

　教育基本法の改正の効力が、前回の学習指導要領（平成20年・21年告示）の改訂では発揮できなかったのか、学習指導要領で用いる語句と憲法や教育基本法あるいは学校教育法等の用語を位置付け、法的な根拠性を高めてきている管見ですが観取することができます。

　このことは、一方で教師の教育実践の行為に対しても、その法解釈という意味で説明性が高まってくることに他ならない。

　【表5】は、中学校の総合的な学習の時間の比較表である。「資質・能力」に至っては新版が合計9箇所と0との比較で概ね同じことがいえる。

　また、【表6】は、中学校学習指導要領の特別活動を比較した表である。

【表4】　道徳科・道徳の時間の新旧比較（掲載数）

中学校学習指導要領		新（平成29年告示）			現行（平成2（0）年告示）		
〔特別の教科 道徳科／道徳の時間〕		資	能	資・能	資・能	資	能
第1　目標		0	0	0	0	0	0
第2　内容		0	0	0	0	0	0
	A　…自分自身…	(0)	(0)	(0)	(0)	(0)	(0)
	B　…人との関わり…	(0)	(0)	(0)	(0)	(0)	(0)
	C　…集団や社会との関わり…	(0)	(0)	(0)	(0)	(0)	(0)
	D　…生命や自然、崇高なもの…	(0)	(0)	(0)	(0)	(0)	(0)
第3　指導計画の作成と内容の取扱い		0	0	0	0	0	0
合計		0	0	0	0	0	0

※□の数値（　）は内数を表す。

4　新版は，―（2017）『幼稚園教育要領 保育所保育指針 幼保連携型認定こども園教育・保育要領〈原本〉』チャイルド本社．文部科学省（2018）『小学校学習指導要領（平成29年告示）』東洋館出版社．文部科学省（2018）『中学校学習指導要領（平成29年告示）』東山書房．文部科学省（2019）『高等学校学習指導要領（平成30年告示）』東山書房．

同類のことを観取することができる。

　ところが、既に解されていると考えるが、「特別の教科　道徳（道徳科）」と道徳教育の要としての「道徳の時間」を比較した【表4】は、能力も、資質も、「資質・能力」という文字一つも見つからない。おそらく、道徳的価値を自分の事として、多面的・多角的に深く考えたり、議論したりする道徳教育への転換により、道徳科や道徳教育が学習者の道徳性の発達をねらう基本的な考え方があるからなのであろう。

【表5】　総合的な学習の時間の新旧比較（掲載数）

中学校学習指導要領 〔総合的な学習の時間〕	新（平成29年告示）			現行（平成20年告示）		
	資・能	資	能	資・能	資	能
第1　目標	1	0	0	0	0	0
第2　各学校において定める目標及び内容	5	0	0	0	1	1
第3　指導計画の作成と内容の取扱い	3	0	0	0	1	1
合計	9	0	0	0	2	2

【表6】　特別活動の新旧比較（掲載数）

中学校学習指導要領〔特別活動〕	新（平成29年告示）			現行（平成2(0)年告示）		
	資・能	資	能	資・能	資	能
第1　目標	1	0	0	0	0	1
第2　各活動・学校行事の目標及び内容	6	0	0	0	0	0
学級活動	(2)	(0)	(0)	(0)	(0)	(0)
生徒会活動	(2)	(0)	(0)	(0)	(0)	(0)
学校行事	(2)	(0)	(0)	(0)	(0)	(0)
第6　指導計画の作成と内容の取扱い	1	0	0	0	0	0
合計	8	0	0	0	0	1

※□の数値（　）は内数を表す。
※「合意形成」4か所。「主体的・対話的で深い学び」「キャリア形成」「障害のある生徒など」「障害のある幼児児童生徒との交流」「カウンセリング」、「人間関係の形成」「社会への参画」「自己実現」が新設。

7-3 「キャリアパスポート」試案

　現行の中学校や高等学校における「特別活動」の学級活動の内容（3）、またはホームルーム活動の内容（3）は「学業と進路」であった。この（3）の内容項目が、このたび「一人一人のキャリア形成と自己実現」に改まった。そして、小学校特別活動の学級活動の内容（3）にも新設された。

　下の文章は、中央教育審議会答申第197号（平成28年12月21日）「幼稚園、小学校、中学校、高等学校及び特別支援学校の学習指導要領等の改善及び必要な方策等について（答申）」における特別活動の箇所の引用である。

　教育課程全体で行うキャリア教育の中で、特別活動が中核的に果たす役割を明確にするため、小学校から高等学校までの特別活動をはじめとしたキャリア教育に関わる活動について、学びのプロセスを記述し振り返ることができるポートフォリオ的な教材（「キャリア・パスポート（仮称）」）を作成することが求められる。特別活動を中心としつつ各教科等と往還しながら、主体的な学びに向かう力を育て、自己のキャリア形成に生かすために活用できるものとなることが期待される。将来的には個人情報保護に留意しつつ電子化して活用することも含め検討することが必要である。

　同答申では、この後に有名な「特別活動に関する指導力は、免許状がない等から専門性という点で軽く見られがちであるが…」が述べられている。

　以下、試しとして現状で考えられる「キャリアパスポート」を筆者なりに表現してみる。

キャリア・パスポート（試案）

Career-passport《私の今まで、今、今からと私たち》　　なまえ＿＿＿＿＿＿＿．

		好きなこと、楽しかったこと
幼児教育	健　　康	(1)健康な心と体
	人間関係	(2)自立心、(3)協同性、(4)道徳性・規範意識の芽生え
	環　　境	(5)社会生活との関わり、(6)思考力の芽生え、(7)自然との関わり・生命尊重、(8)数量や図形、標識や文字などへの関心・感覚
	言　　葉	(9)言葉による伝え合い
	表　　現	(10)豊かな感性と表現
	小学校入学前に保護者から	

発達段階		学習活動	私の感想
初等教育／小学校	1年		
	2年		
	将来の夢		
	3年		
	4年		
	将来の夢		
	5年		
	6年		
	将来の夢、やりたい仕事		
中等教育前期／中学校	1年		
	2年		
	3年		
	将来の夢、やりたい仕事		

中等教育前期／中学校	だれもが「幸福な社会」とは、どんな社会だろう	

中等教育後期／高等学校	1年		
	2年		
	3年		
	将来の夢、やりたい仕事、社会への貢献	
	だれもが「幸福な社会」とはどんな社会だろう	

【凡例】　私はそう思う→◎　　私はそのことを日々意識している→○

初等	中等前	中等後	項　　目
			(1)新しいことに挑戦しようと思う
			(2)自分の長所や短所を知っている
			(3)友達にまどわされず、自分の意見を言うことができる
			(4)目標達成のために、他の人と協力してやろうと思う
			(5)失敗を恐れずに挑戦する
			(6)夢をかなえるために、少しずつ努力しようと思う
			(7)夢のために目標を立て、その目標を達成する
			(8)困難にぶつかったとき、パソコンなどで資料を集めたり、友達や親、先生などにアドバイスを受けようと思う
			(9)困難にぶつかったとき、自分が何かしなければならないのか、じっくり考えることがある
			(10)夢や目標のために、計画を立てて物事を進めようとしている
			(11)途中で何かの問題がおき、初めに立てていた計画を変えて取り組もうと思う。
			(12)困難にぶつかったとき、自分の考え方や学んだことを活かして解決しようと思う

		⒀聴いている人が、わかりやすいように話をしようとしている
		⒁相手の話を素直に聴こうとする
		⒂友達が話しているとき、友達が話しやすいようにしようと思う
		⒃自分とは違う意見を持っている人がいても、否定しない
		⒄友達の立場を思いやって、行動しようと思う
		⒅他の人に迷惑をかけないように、ルールやマナーに気をつける
		⒆状況に応じて、自分の話し方や行動に気を付けようとしている
		⒇周囲の人たちのようすを見ながら、人のために何かしようと思う

©ToyokiNAKAO2018

　この「キャリア・パスポート」の記載の材料となる毎日の学級活動やホームルーム活動の思考や内容の過程を記録から観察できるように次頁の「記録ノート」が活用できる。一つの例として示す。このノートは、学級風土・ホームルーム風土の形成、つまり学級やホームルーム集団づくりに個人のリフレクション（内省）として用いることができる。

　また、学級風土は学校生活や学習上の規範であり、とても重要な機能である。以下、以前に筆者が著したその概要を引用する。

　風土とは、元来、その土地固有の気候や地質など自然環境を指すが、広義には社会的・文化的環境をも意味するから、学級風土は、教師と児童生徒の相互行為によって醸成される社会的・文化的な環境とされる。また、学級風土は地域性や学校伝統の影響を受けることによって隠れたカリキュラムの要素が多分にみられる。

　学級は各教科と教科外の指導と学びの主たる場であるが、いじめや暴力等、人間関係に起因する諸問題が生じる場でもある。今日、「主体的・対話的で深い学び」など新しい学びが求められているが、それらの成否は学級の在り方に大きく影響される。そのため、支持的風土の形成など、学級活動やホームルーム活動は極めて重要な意義を持つ。

　その際、学級をすでにある固定した環境と捉えず、教師と児童生徒が学

終学活「記録ノート」（試案）

月　　日（　　　　）

1	
2	
3	
4	
5	
6	

自分の成長や目標にかかわった内容

自己のよい点（　　　　　　　　　　　　　　→　　　　　％）

他者のよい点（　　　　　　　　　　　　　　→　　　　　％）

学校・学年・学級や他者の役に立った内容

自己のよい点（　　　　　　　　　　　　　　→　　　　　％）

他者のよい点（　　　　　　　　　　　　　　→　　　　　％）

級風土をつくり出しているのであるから、相互行為によって望ましい学級風土に育てるという発想も重要となる。

その主な教育実践の場が、毎週の学活・HRであり、毎日の短学活の時間である。[5]

7-4　キャリア発達の視座Ⅰ（実社会や実生活の場面より）

駅の改札口や街中で

社会生活を営む環境において、最近、よく遭遇するシーンから考えてみたい。

> 駅の改札を通過する直前に、定期券やIC乗車カード、切符などを鞄の中から探し始める行為。改札口の手前で、ポケットの中に手を突っ込み探し始めるシーン。

このようなシーンをよく見かける。このような行為の周辺の人々は、駅の改札を通過することを待つか、他の改札口に移動する必要性が生じる。そうでなければ、改めて後方に並び直すこととなる。

> デパートやスーパーマーケット、地下街の通路で、多くの人々の往来がある。この状況で混雑を招く場所に数人が集まって立ち話をしているシーン。

このシーンも周辺の人々は、まわり道をすることとなり、混雑も招き、そこに遭遇した人々は余分に時間を要することとなる。これらは、頻繁に見かけるシーンである。

以上のシーンは、私たちの生活世界の一コマに過ぎない。しかし、生活

5　中尾豊喜（2019）「学級風土（class climate）」，日本特別活動学会編『三訂 キーワードで拓く新しい特別活動』東洋館出版社，p.155.

を営むということは、各々の人間主体が各々の目的によって活動するが、自己という存在と他者という複数の存在、人と人の間（あいだ）に、何らかの課題を残す行為といえる。

　前者は、定期券や切符などをあらかじめ用意して、改札に向かうことがここでは妥当な行為ではないだろうか。なぜなら、自己以外の他者の多くも改札口に向かい、妥当な方法で通過して目的を果たしたいと考えながら行動・生活していると考えられるからである。また、後者は会話する場所を少し移動すれば簡単に解決できるだろう。

　この二つの事例は、自他認識の問題があり、他者の存在は目に映っているが意識的に視覚で捉えられていない。つまり、悪意のない自己本位的な行為となっている。これらの行為が毎日繰り返されているのが、私たちの社会の実態であることを認めなければならない。

〈乗合バス〉

　次のシーンに遭遇した。それは、乗合バスをバス停で待っている時のことである。

　　乗合バスで最寄り駅に向かう道路が渋滞している。この状況で、ようやく乗合バスがバス停に到着した。そのバスの降車口から５人が降りる。バス停で待っていた乗客は３人であった。乗車ドアは開くが、乗車口付近は満員となっており１人も乗れない状態だった。

　　この状態に、バス停で待っていた１人の客が、運転手（ワンマンカー）に乗車ドアから入れないので降車口から乗車できないか確認した。運転手は、その申し入れを聞き入れず、「乗らないなら、出発します」と告げ、乗車ドアを閉めて発車した。

　　乗車する予定だった３人は、仕方なく目的の駅に向かって歩き始めた。３人は、このバスが次のバス停で降りる客がいないにもかかわらず、バ

　ス停で待っていた4人の客を降車口から乗車させて出発したシーンを目
　撃した。

　この事例をどう考えるか。バス会社やバスの運転手の立場から、営業利
益を考えると、この状況では大きな損失はない。顧客満足度、また人間と
しての個の問題や社会の在り方としては課題を残す。

〈傘の持ち方〉

　雨天時や雨が降ることが予想された日は、当然、傘を持って道を歩く
人々をよく見かける。この際、傘の持ち方に、他者認識の度合いが表現さ
れるといえる。

　例えば、多数の人が行き交う通路において、傘を持った手を勢いよく振
りながら通行する人。鞄に指している人。斜め後ろに向けて持っている人
など様々である。

　自己の保持する傘が他者の身体に触れないように行為しながら傘を持っ
ている人は多くはないようにみられる。また、雨天時にバスや電車内など
で濡れた傘を他者に触れるように保持する人もいる。

　つまり、傘の持ち方も自己本位に自ら持ちやすい方法で保持すれば、他
者の障害となり得ることがある。

〈地下鉄のホーム〉

　地下鉄のホーム内外では数多くの考えさせられるシーンがみられる。こ
こでは話題を一つに絞り考えたい。

　「図1〜3」は、大阪メトロの御堂筋線「梅田」駅下りホームの一部で
ある。ホームに「降車エリア」や「乗車エリア」が図で表示され、一列や
二列で並ぶように求めている。同様の環境は、御堂筋線「なんば」・「天王
寺」駅、谷町線「天王寺」駅上りホームなどでみることができる。その他
の駅では、それぞれ独自にラインが示されている。

　一方、「図4」は、東京メトロ東西線「早稲田」駅の上りホーム環境で

ある。これをみると大阪と東京では、表示が逆になっている。つまり、大阪は降りる客のために乗降エリアの中央をあらかじめ降車する客用にスペースをとる。しかし、東京は乗降エリアの中央三列で乗客を待たせ、降りる人々はドアの左右に分かれて降りるという考え方である。当然、これを利用する人たちは、日常の生活環境として慣習化、身体化する。そのため、いわゆる東京と大阪のエスカレーターの利用方法である左側か右側かに類似する。

　このように考えると、「図2」のアタッシュケースを持ったスーツの男性は、東京から大阪への出張過程とみればよいか、そうではなく、無意識に電車を待っているだけなのか、また自らの位置を利用して誰よりも早く乗車して座席を確保したいと考えているのか、想像すれば限りがない。

　ところで、ホームに人工的に人が並ぶエリアを図式化して示す必要があるのであろうか。

【図1】大阪Metro「梅田」駅
2018年11月筆者撮影

【図2】大阪Metro「梅田」駅
2018年11月筆者撮影

【図3】大阪Metro「梅田」駅　2018年11月筆者撮影

【図4】東京Metro「早稲田」駅　2018年12月筆者撮影

　これらホームに表示することは、果たして必要なことだろうか。

　次に、「図5」は、電車内の優先座席（Priority seats）の一例である。ここは誰が利用するのだろうか。乗客は一様に乗車料金を支払い、切符を購入している。その点で権利上は平等といえる。人にはそれぞれの事情がある。妊娠している人、外見では分からないが体調がすぐれない人、身体をけがした人、障がいを持つ人、荷物を整理したい人、重い荷物を持つ人、スマホを使用したい人、乳児を抱っこしている人などいろいろ浮かぶ。

【図5】京阪電車中之島線車内　2019年8月筆者撮影

　いま、「外見からは分からない」と書いたが、外見から分かっていても私たちは応答できないかもしれない。このように考えると、「優先座席」は必要なのだろう。

　高齢者や障がいを持つ人に配慮した社会だからであろうか。事の本質から考えれば、このような特別扱いする座席は不要のはずである。女性専用車両もそうである。設定された理由は十分に理解できるが、この状態では根本的な解決に至らず、この配慮が要因で、次元が異なるハラスメントや差別に発展する可能性もある。当面の対応でしかなく、ゴールではない。

　目標は、車両の全てに「優先座席」がない状態、言い換えれば、全ての座席が優先座席で、女性専用車両・男性専用車両であるはずです。

　私たちは、この次元を目指した教育を行う必要があり、こうした集団・社会を醸成し、そのような社会環境に到達することが望まれる。

7-5　キャリア発達の視座Ⅱ（「365日の紙飛行機」歌詞より）

　第7章の最後にある歌詞は、AKB48がグループで歌う「365日の紙飛行機」（作詞：秋元康、作曲：角野寿和・青葉紘季）の歌詞です。多くの日は、2015（平成27年）年9月末から翌年4月2日まで放映されたNHK朝の連続テレビ小説「あさが来た」（脚本：大森美香）の主題歌でおなじみであろう。

　この歌詞から後述する『君たちはどう生きるか』と類似した思考があるか考えてみてほしい。

　日々の生活と他者とともに自己の生き方を考えるということの学習材として、「時には雨も降って」という時もあるが、そこを知識及び技能を駆使して、どう思考して、判断して、表現して、自己として他者とともに乗り越えて、「どう飛んだのか　どこを飛んだのか」、児童や生徒に伝える方法として活用できるだろうか。

7-6　キャリア発達の視座Ⅲ（『君たちはどう生きるか』より）

　図6は、「コペル君がまだ一年生だった去年の十月×日、午後のことです。コペル君は、叔父さんと二人で、銀座のデパートメントストアの屋上に立っていました。」から始まる『漫画　君たちはどう生きるか』の一コマ[6]である。

　これを資料に、少し哲学的な考え方となりますが、コペル君の思考が俯瞰的となりキャリア観が醸成される一面を捉えてみる。

　原作において吉野源三郎氏は、コペルニクスの地動説を材料に、「自分たちが安心して住んでいる大地が、広い宇宙を動きまわっているなどという考えは、薄気味悪くて信じる気にならなかった。…人間が自分を中心としてものを見たり、考えたりしたがる性質というものは、…根深く、頑固なものなのだ。」と、潤一君（コペル君）に話すよう叔父さんが語る場面

で、「この…考え方というものは、実は、天文学ばかりの事ではない。世の中とか、人生とかを考えるときにも、やっぱりついてまわることなのだ。」と人間社会や生き方の問題へと視点を移行させていく。

そして、銀座通りをデパートの屋上からコペル君と叔父さんは眺めながら、「遠くにいる人たち」「近くにいる人たちも」「世の中という大きな流れをつくる一部なんだ」「おじさんも」「僕も」…と続ける。

【図6】

©羽賀翔一／コルク

吉野氏は、叔父さんやコペル君を媒介に、こども期のものの考え方は自分が中心で、徐々に自分から他者へ、遠くへと視野が広がる人間の発達について示唆しているのである。

さらに続けて、「今日、君がしみじみと、自分を広い広い世の中の一分子だと感じたということは、ほんとうに大きなことだと、僕は思う。僕は、君の心の中に、今日の経験が深く痕を残してくれることを、ひそかに願っている」とコペル君の考え方に深い意味があることを、叔父さんに語らせ

6　吉野源三郎原作・羽賀翔一画（2017）『漫画 君たちはどう生きるか』マガジンハウス，Pp.40-41.

ている。

　原作は、人間はどう生きるかという人生読本である。この本の回想で丸山眞男は、「自分を中心とした世界像から、世界のなかでの自分の位置づけという考え方への転換のシンボルとして」、「切実な『ものの見方』の問題として提起されている」[8]と評している。

　そして、「世界の『客観的』認識というのは、どこまで行っても私達『主体』の側のあり方の問題であり、主体の利害、主体の責任とわかちがたく結びあわされている、ということ―その意味でまさしく私達が『どう生きるか』が問われているのだ」[9]と原作の吉野氏は説こうとしたと述べている。これは「今日にあっても新鮮な指摘」[10]と、丸山は私たちにキャリア観やキャリア形成の捉え方への一つのヒントを与えてくれている。

　前述の通り、キャリア教育やキャリア学習については、このたびの学習指導要領（平成29年・30年告示）の特別活動の学級活動やホームルーム活動の内容（3）現行の「学業と進路」が改まり、「一人一人のキャリア形成と自己実現」として置かれた。そして、小学校も学級活動の内容に（3）として新設された。学校生活への適応や人間関係の形成、進路の選択などについては、ガイダンスとカウンセリングの双方の趣旨を踏まえて指導を行うとして、カウンセリングという語を新たに用いた。「生徒指導」の英訳は、Guidance and Counselingである。それゆえ、キャリア形成という分野は、教育課程内では特別活動を要として、教育活動全体としては生徒指導の機能を活して実践していくこととなる。

7　丸山眞男（1982）「『君たちはどう生きるか』をめぐる回想」『君たちはどう生きるか』岩波書店，Pp.307-338.
8　同上書，同所.
9　同上書，同所.

朝の空を見上げて
今日という一日が
笑顔でいられるように
そっとお願いした

時には雨も降って
涙も溢れるけど
思い通りにならない日は
明日　頑張ろう

ずっと見てる夢は
私がもう一人いて
やりたいこと　好きなように
自由にできる夢

人生は紙飛行機
願い乗せて飛んで行くよ
風の中を力の限り
ただ進むだけ
その距離を競うより
どう飛んだか　どこを飛んだのか
それが一番　大切なんだ
さあ　心のままに
365日

星はいくつ見えるか
何も見えない夜か
元気が出ない　そんな時は
誰かと話そう

人は思うよりも
一人ぼっちじゃないんだ
すぐそばのやさしさに
気づかずにいるだけ

人生は紙飛行機
愛を乗せて飛んでいるよ
自信持って広げる羽根を
みんなが見上げる
折り方を知らなくても
いつのまにか飛ばせるようになる
それが希望　推進力だ
ああ　楽しくやろう
365日

人生は紙飛行機
願い乗せて飛んで行くよ
風の中を力の限り
ただ進むだけ
その距離を競うより
どう飛んだか　どこを飛んだのか
それが一番　大切なんだ
さあ　心のままに
365日

飛んで行け！
飛んでみよう！
飛んで行け！
飛んでみよう！
飛んで行け！
飛んでみよう！

第 **8** 章

総合的な学習の時間・総合的な探究の時間と特別活動のこれから

総合的な学習の時間・総合的な探究の時間と特別活動のこれから

8-1 他の教科・科目等との関係

特別の教科 道徳（道徳科）

次は小学校における道徳科の目標である。

> よりよく生きるための基盤となる道徳性を養うため、道徳的諸価値についての理解を基に、自己を見つめ、物事を広い視野から多面的・多角的に考え、自己の生き方についての考えを深める学習を通して、道徳的な判断力、心情、実践意欲と態度を育てる。

中学校の道徳科の目標は、「自己の生き方」が、「人間としての生き方」となり、他は同文である。そして、道徳科の目標においては、小中学校の校種を問わず、「資質・能力の三つの柱」は示されず、「資質」や「能力」、それに「資質・能力」という語も全く使用されていない。

生活科

次は、生活科の目標です。

> 具体的な活動や体験を通して、身近な生活に関わる見方・考え方を生かし、自立し生活を豊かにしていくための資質・能力を次のとおり育成することを目指す。
>
> （1）活動や体験の過程において、自分自身、身近な人々、社会及び自然の特徴やよさ、それらの関わり等に気付くとともに、生活上必要な習慣や技能を身に付けるようにする。

（2）身近な人々、社会及び自然を自分との関わりで捉え、自分自身
　　や自分の生活について考え、表現することができるようにする。
（3）身近な人々、社会及び自然に自ら働きかけ、意欲や自信をもっ
　　て学んだり生活を豊かにしたりしようとする態度を養う。

　小学校1・2年生が対象であるが、それ以上に高い次元の目標が示されている。

　また、各教科や道徳科等の指導と関連させて、いじめの未然防止を含めた生徒指導との関連を図ったり、学級経営としての集団形成においては「いじめ集団の四層構造モデル」等を視野に入れた複眼的な指導が求められる。

8-2　個人の尊厳と「人権」概念の捉え直し

　私たちは、日本国憲法の第11条で、「国民は、すべての基本的人権の享有を妨げられない。この憲法が国民に保障する基本的人権は、侵すことのできない永久の権利として、現在及び将来の国民に与へられる」として、さらに同法第97条で、「国民に保障する基本的人権は、」「侵すことのできない永久の権利」を謳い、人間としての基本的な権利の享有を確認してきた。

　しかし「基本的人権」の英文オリジナルは、The fundamental human rightsである。Human rightsは「人権」と訳されているが、従来の慣習的な「人権」という言葉では戸惑いを覚える。これを改め、Human rightsを「人間としての権利」と捉え直して、Fundamental human rightsを「人間としての基本権」とするのである。この解釈は、一人ひとりの人間は生まれながらに人生を生きていく権利（権義）を一個人として享有しているという見方や考え方であるが、これを「人権」とすることにより、結果として本来表現しようとしたことと若干の齟齬（そご）があるように考えら

れる。

　このように考えるようになったのは、2018（平成30）年の秋、美濃部達吉[11]が百年前に著した『憲法講話』の文庫版が岩波書店から出版されたことによる。この本では、「人権」という語（例外一つあり）は用いられず、「臣民」、「国民」、「人民」の権利とされている。このことが契機となり、これまで慣習的に使用してきた「人権」という訳語は、どうも真理が市民に伝わり難く、捉え直しが必要ではないかと私は考えた。それゆえ、「人権」という語とは一線を画し、本書でFundamental human rightsを人間が生まれながらに有する「人間としての基本権」として用いている。

　生活科や道徳科を含め、総合的な学習の時間・総合的な探究の時間や特別活動においては、自分自身や自己の生き方とか、人間としての生き方、在り方生き方が数多く第1の目標に示されている。教育の基底を流れる思想は「人間としての基本権」としての相互扶助を超えた相互主体的な意識があるのではないかと考える。その意味で、改めて憲法第11条の条文を再考する必要があるであろう。

8-3　社会の実態と日本人の幸福度

　世界の人々の幸福度をあらわす"World Happiness Report 2019"の調査結果が、国内では2019年3月21日のNHKニュース番組で公表された。それによれば、日本人の幸福度は今回58位、前回の2018年は54位だった。年毎に降下を辿り、G7中で最下位と報じられている。上位はフィンランド・デンマーク・ノルウェー・アイスランド・オランダ・スイス・スウェーデン等の欧州諸国が常である。

　日本人が幸福と感受できない主な要因は、社会の環境が「寛容（寛大）」でないことが以前から指摘されてきた。今回はこれに加えて、社会規範に窮屈さを感じている人の割合が高まったとされている。後述もするが、児

11　美濃部達吉（2018）『憲法講話』岩波書店，Pp.19-530.

童生徒の不登校の要因の一つに「学校のきまり」があげられているが、これらと何か関係性があるのだろうか。

　今後、日本社会の質的な環境は、多様な価値や生活習慣を持つ、宗教観も異なる大勢の外国人と共生する社会生活を営むことが予定されているが、社会規範、ルールの捉え方は、今以上に複雑多岐で広範になるだろう。学校教育において「自分たちのルールは、自治として自分たちで考える」ということを知識・技能の習得に留まらず、思考力・判断力・表現力等の育成や学びに向かう力・人間性等の涵養に向けた具体的なトレーニングが、校内における生活実践レベルで必要ではなかろうか。

8-4　SDGsの視座と義務教育の重要性

　学校教育という視点から、SDGs（持続可能な開発目標）を考れるとすれば、No.3「すべて人に健康と福祉を」、No.4「質の高い教育をみんなに」、No.5「ジェンダー平等を実現しよう」、No.10「人や国の不平等をなくそう」、No.12「つくる責任つかう責任」、No.16「平和と公正をすべての人に」を照らしていくこととなるであろう。

　三戸公は、「自律的な欧米人においては、個人と個人の契約関係として結合し、社会はその総体としての契約社会となる。他律的な日本人にいては、個は自律的な存在でないから、個人と個人の統合関係そのもののうちに個は埋没することになり、人間のことを"人と人の間"と表現し、個人と個人の結合関係の総体を"世間"と表現する内実をもつ。このような相違はまた、個人と個人を統合せしめる手段である言語を対象的に異なったもの

たらしめ、またその言語を通じて異なった社会が形成せられる」[12]と述べた。

阿部謹也は、世間というものは日本に限り存在しているとして、「西欧では社会というとき、個人が前提となる」とし、「個人は譲り渡すことのできない尊厳をもっているとされており、その個人が集まって社会をつくっているとみなされている。したがって個人の意思に基づいてその社会のあり方も決まるのであって、社会をつくり上げている最終的な単位として個人があると理解されている。日本ではいまだに個人の尊厳があるということは十分に認められているわけではない。しかも世間は個人の意思によってつくられ、個人の意思でそのあり方も決まると考えられていない。世間は所与とみなされている」[13]と述べている。これらに従えば、Competenceを「資質・能力」と、Active learningを「主体的・対話的で深い学び」と邦訳したことも所与として、日本に生活する人々に、とりわけ学校の教師に認知されてしまうのであろうか。

筆者は、そうはしてはならないと強く考えている。

そのために、教職課程を併せ持つ大学で、それも中学校・高等学校「保健体育科」の教員養成に携わる意義を感じている。なぜなら、保健体育の教師は、学校の支柱であって理論的・精神的な要であろう。この人材育成の成否は、近未来の学校教育を左右すると考えても許されると思っている。

特別活動に関する指導力は、免許状がないこと等から専門性という点で軽く見られがちであるが、本来、小・中・高等学校の全ての教員に求められる最も基本的な専門性の一つである。教員養成段階で、特別活動の意義や学校の教育活動全体における役割、指導方法等の本質をしっかりと学ぶようにすることが必要である。また、国や都道府県等による取組状況の共有などを行う研修や、研究団体等による指導方法等の研究及びその普及が強く求められる。

12　三戸公（1976）『公と私』未來社，Pp.126-127.
13　阿部謹也（1995）『「世間」とは何か』講談社，Pp.12-14.

　中央教育審議会の答申[14]には、「特別活動に関する指導力は、免許状がないこと等から専門性という点で軽く見られがちである」と実態を認めながら、「本来、小・中・高等学校の全ての教員に求められる最も基本的な専門性の一つである」と示した。国や地方行政は研修や指導方法等の普及が強く求められると示している。

　その意味では、筆者にも大きな責務がある。

　また、「総合的な学習の時間」に関しても、履修学生の中学校や高等学校の事例発表を聴いていると、「なかった」とか、「自習」、「他の受験科目の授業」、「受験勉強の時間」、「進路相談や進路懇談の時間」など異口同音の有様であった。

　先日読んだ新聞には、「今の生徒実態から、生徒に社会性や常識を教えることは大切と痛感する。しかし、時間の余裕がなく実践できない。」と教師の発言が取り上げられていた。これから見て取れることは、学校の独自性や地域性、教師一人ひとりの心構えによるであろうが、総合的な学習の時間・総合的な探究の時間や特別活動においては、最重要課題でありながら、今後も課題は少なくはないといえる。

8-5　学ぶ行為の意義（試論）

　前節で、学校教育とりわけ義務教育の法的な目的に則って、その社会的な存在意義について述べた。学習者が学ぶという方向性が少しぼんやりと見えてきたかもわからない。

　昨夜、夕刊を購入しようとコンビニ店に行った時、笑顔で店員に「袋、大丈夫ですか」「レシート大丈夫ですか」、「…？、それはどういう意味ですか」と訊ねた。これに対する店員の応えは「申し訳ございません」だった。「どうして謝るのですか」と確認した。「マニュアルに書いてありまし

14　中央教育審議会（2016）「幼稚園，小学校，中学校，高等学校及び特別支援学校の学習指導要領等の改善及び必要な方策等について（答申）」（中教審第197号）平成28年12月21日，p.235.

た」、「えっ！」、「客に何か言われたら『申し訳ございません』と発話するように」と。

　これは会話ではない。一個人としての人間の尊厳の問題に起因してくる行為だ。「考え」「想い」「伝えたいこと」が皆無であり、その行為ができること自体が大きな問題である。また、このような指導をする店経営側の社会の形成者観や仕事観・キャリア観としての見方・考え方を問う必要性が大いにある。

　また、今朝、私は珈琲を飲もうと思い、駅の近所の喫茶店に入った。若い店員が元気よく接客していて清々しい。その店員の動きを観察していると、私の前の客に「喫煙でしょうか」「４番目となります」、私の後ろの客に同じことをたずねて「５番目となります」と伝え、禁煙用の席を一時待機用に指定していた。私は不思議に考え「なぜ、店が喫煙者の」と、店員に行為の意図を確認した。すると、「以前、順番を巡りお客さん同士がトラブルになったので」と言うのである。私は「客は子どもではなく、一人の人間であり、その人格を尊重することが必要なのではないか、その意図や行為を尊重して介入しては失礼にあたると考えるが」と応答した。その後、店員は変わらず同じ対応を繰り返していた。店員としては、それでよいのだが。人間としては課題が残るのではなかろうか。…その後、私もリフレクションとして果たしてそれでよいのか？と、迷った。時と場所のことである。

　時はよいとしても、店内は公共の場所（公共空間）とはいえない。そうであれば、店の敷地内での事柄であれば、店員は積極的に介入すべきことなのか。疑問が消えることはなかった。

8-6　NHK未来スイッチ「横断歩道が危ない」は、何を伝えているか

　日本放送協会の番組に「未来スイッチ」という５分間の短い作品がある。

私が知る範囲では2020年7月中旬から8月中旬までに、既に3作が放映された。以下に共通した背景と、2つの作品（【A】と【B】）の一部を紹介する。

　背景は、道路交通法第38条において、車両等は、歩行者等（人）が横断しようとしている時は、一旦停止しかつ、その通行を妨げないようにしなければならないと定めている。この社会環境において、「信号機のない横断歩道での一時停止率」（JAF調査、2019年）の全国平均が17.1％であって、およそ6台に1台しか止まらなかったこととなる。都道府県のほとんどが30.0％以下を示した。

　【A】　2019年の全国最下位が三重県で3.4％、三重県警の職員が私服で試したところ、「目と目があっても（自動車は）止まってくれない」と表現した。JAFがドライバーに止まらない理由をアンケートで尋ねると「自分が通り過ぎればそのあと渡れる」、「自分が止まっても対応車が止まらない」と表現した。近所の住民もそれを実証するように、「ほとんど止まらない。危ないことがしょっちゅうある」、「ぶつかりそうになった」などと発言している。

　車の一時停車率全国ワースト（2018年調査：0.9％、全国平均8.9％）だった栃木県は、啓発ビデオを制作して2019年調査では13.2％と改善したとして紹介されている。その場面で、栃木県警の担当者は、「少しは県民の歩行者保護の意識が広まってきた感じがする」、「よけいなことは考えず（止まることを）最優先に考えていただければ」と言っている。この後、岡山県の交通安全研修会で、6歳の子どもの視野の狭さが体験できるチャイルドビジョンというメガネを使って視野の狭さを体験させ異なる立場の他者を理解するとともに、一時停止の大切さを教えていることを紹介した。

　一方、同調査で4年連続全国1位（68.6％）の長野県は、ごく普通にあいさつとか会釈とかを非常に大事にして取り組んでいる。そのため、バスが一旦停止し、歩行者が軽くお辞儀して横断歩道を渡っている場面を報じ

た。「ドライバー」＝「かつての子どもたち」であって、「止まってくれる安心感をもって大人になる」という、子どもの頃から培われたこの習慣が全国1位の秘訣と言っている。「ドライバーも子どもも世代を超えて、同じ体験を共有していることが大きい」と信濃教育会の担当者は発言している。

　【B】　2019年の全国最下位が三重県で3.4%だったことを報じて、番組は、「横断歩道は歩行者優先」は法律で定められ、「マナーではなくルール」と示し、未来に向けてスイッチしませんか、と啓発した。

　最下位脱出をめざす三重県警が取締りを強化したことや自動車学校が「止まるのが当たり前」「（止まらないのは）異常なこと」を教えていると報じた。この教えを聞いた教習生は「歩行者を先に通すことは、思いやりではなく」「そうしなければいけないルールというのがいちばん響きました」と言っている。

　横断歩道のマークが消えている状態を三重県警が調べたところ約4割であることがわかった。「歩行者優先の意識を消し去りかねない見えない横断歩道」といい、今年度は1200箇所以上を塗り直していることを伝え、誰もが安心して渡れる横断歩道に、未来スイッチしませんかと報じた。

　この言説は、以前「千代田区生活環境条例」（2002年）で、「マナーからルールへ。」の思考方法に類似している。（図1参照）

　人間としての社会的な心得（マナー）よりも、規則ここでいう条例（ルール）が高次であるという考え方が見て取れないだろうか。少なくとも教育実践的な捉え方からすれば課題が残る。

　その後の指摘もあってか、この千代田区の啓発ポスターは、「マナーからルールへ。そしてマナーへ」（2007年）という新しい標語に移っていった。

　これらの事例は、規則を上位概念と捉えた見方・考え方にほかならない。道徳性の発達段階を考える時、むしろ、規則としての行為は下位概念では

ないだろうか。人格の陶冶にかかわるマナーという高次で尊い行為（高度に発達した道徳性）と私は考える。

　白なのか、黒なのかという極めてわかりやすい社会環境は、包含的な多様性（Diversity and Inclusion）という視座から、危険な環境ともいえるだろう。このような思考の揺さ振りを幾度も経験することによって、「主体性の度合いが高まり、対話を継続して、学びを

【図1】　初期の啓発ポスター（千代田区より提供）

深めていく」こととなる。まさに、生徒指導、道徳教育、キャリア形成、各教科・科目、特別の教科 道徳（道徳科）、特別活動の各射程を照らしていくこととなってくる。ここの学校教育の社会的意義がみえてくる。

　かつて、丸山眞男は、「である」ことと「する」ことの論理から、「『である』組織から『する社会』組織へ、『属性』の価値から「機能」の価値への変化」[1]が経済の領域では早くから現われ、深く浸透したことを例に掲げて、従前の支配的に思考様式から脱する必要性を説いている。そして、「社会関係が複雑化し、同一の人間がさまざまな側面と役割で関係し合うようになるにしたがって、具体的状況での具体的な行動を見ないと、良い

15　丸山真男（1961）『日本の思想』（岩波新書434青版）岩波書店, Pp.170-199.

人か悪い人かは単純にいえなくなります。というより、良い人、悪い人という基準に代わって、良い行動と悪い行動という基準がますます重要になってくるといった方がいい」[2]と示唆する。

これは、あらためて教育は何を「する」のか、学習「する」者は「どう生きるのか」という学校の社会的な使命や存在意義、学ぶの意味を問うものとなった。

教育や義務教育の目的が、「人格の完成」と「社会の形成者として必要な資質を備え」（教育基本法第1条）や「各個人の能力を伸ばしつつ」「社会の形成者として必要とされる基本的な資質を養う」（教育基本法第5条第2項）という重なる文脈を、時間の流れと社会の変化を俯瞰しながら、読み解いていくことの大切さを教えてくれている。

学校教育で学習者の主体的な学びの行為を保障するということは、教育環境の基底や前提が、集団の中で各々の学習者一個人の「人間としての基本権」を保障しつつ、個の尊厳の醸成を目指している状態をいう。とりわけ、これが未熟であればその環境をつくるために日々の営みを教師は改善しなければならない。このことは極めて重要なことと述べておきたい。

この意味から教師は、学習者を共感的に理解して、よく気が利く人である必要性がある。学習者の学習状況や生活状況等を十分理解した上で、多くもなく少なくもない、言い換えて度が過ぎない適切な構えで、そのニーズに応えていく。そうでなければ、学習者は「主体的」とは言い難く、アクティブ・ラーニングという新しい学び「主体的・対話的で深い学び」の実現をみることは困難だ。

すなわち、教師としての人格の完成が伴っていくことと並行して、学習者とのポジティブで協働的な学習環境（学校）が創造される。近未来の社会環境は、学校教育で営まれている人間育成の環境の質によって醸成されると言っても過言ではない。

2　同上書，同所.

資料編

Convention on the Rights of the Child
児童の権利に関する条約／子どもの権利条約 （抜粋）

1．94（平成6）年5月16日公布・施行

1．94（平成6）年5月22日効力発生　条約第2号

2．03（平成15）年改正　　　　　　条約第3号

前文

この条約の締約国は、

国際連合憲章において宣明された原則によれば、人類社会のすべての構成員の固有の尊厳及び平等のかつ奪い得ない権利を認めることが世界における自由、正義及び平和の基礎を成すものであることを考慮し、

国際連合加盟国の国民が、国際連合憲章において、基本的人権並びに人間の尊厳及び価値に関する信念を改めて確認し、かつ、一層大きな自由の中で社会的進歩及び生活水準の向上を促進することを決意したことに留意し、

国際連合が、世界人権宣言及び人権に関する国際規約において、すべての人は人種、皮膚の色、性、言語、宗教、政治的意見その他の意見、国民的若しくは社会的出身、財産、出生又は他の地位等によるいかなる差別もなしに同宣言及び同規約に掲げるすべての権利及び自由を享有することができることを宣明し及び合意したことを認め、

国際連合が、世界人権宣言において、児童は特別な保護及び援助についての権利を享有することができることを宣明したことを想起し、

家族が、社会の基礎的な集団として、並びに家族のすべての構成員特に児童の成長及び福祉のための自然な環境として、社会においてその責任を十分に引き受けることができるよう必要な保護及び援助を与えられるべきであることを確信し、

児童が、その人格の完全なかつ調和のとれた発達のため、家庭環境の下で幸福、愛情及び理解のある雰囲気の中で成長すべきであることを認め、

児童が、社会において個人として生活するため十分な準備が整えられるべきであり、かつ、国際連合憲章において宣明された理想の精神並びに特に平和、尊厳、寛容、自由、平等及び連帯の精神に従って育てられるべきであることを考慮し、

児童に対して特別な保護を与えることの必要性が、1924年の児童の権利に関するジュネーヴ宣言及び1959年11月20日に国際連合総会で採択された児童の権利に関する宣言において述べられており、また、世界人権宣言、市民的及び政治的権利に関する国際規約（特に第23条及び第24条）、経済的、社会的及び文化的権利に関する国際規約（特に第10条）並びに児童の福祉に

関係する専門機関及び国際機関の規程及び関係文書において認められていることに留意し、

児童の権利に関する宣言において示されているとおり「児童は、身体的及び精神的に未熟であるため、その出生の前後において、適当な法的保護を含む特別な保護及び世話を必要とする。」ことに留意し、

国内の又は国際的な里親委託及び養子縁組を特に考慮した児童の保護及び福祉についての社会的及び法的な原則に関する宣言、少年司法の運用のための国際連合最低基準規則（北京規則）及び緊急事態及び武力紛争における女子及び児童の保護に関する宣言の規定を想起し、

極めて困難な条件の下で生活している児童が世界のすべての国に存在すること、また、このような児童が特別の配慮を必要としていることを認め、

児童の保護及び調和のとれた発達のために各人民の伝統及び文化的価値が有する重要性を十分に考慮し、

あらゆる国特に開発途上国における児童の生活条件を改善するために国際協力が重要であることを認めて、

次のとおり協定した。

第1条［子どもの定義］

この条約の適用上、児童とは、18歳未満のすべての者をいう。ただし、当該児童で、その者に適用される法律によりより早く成年に達したものを除く。

第2条［差別の禁止］

1. 締約国は、その管轄の下にある児童に対し、児童又はその父母若しくは法定保護者の人種、皮膚の色、性、言語、宗教、政治的意見その他の意見、国民的、種族的若しくは社会的出身、財産、心身障害、出生又は他の地位にかかわらず、いかなる差別もなしにこの条約に定める権利を尊重し、及び確保する。

2. 締約国は、児童がその父母、法定保護者又は家族の構成員の地位、活動、表明した意見又は信念によるあらゆる形態の差別又は処罰から保護されることを確保するためのすべての適当な措置をとる。

第3条［子どもの最善の利益］

1. 児童に関するすべての措置をとるに当たっては、公的若しくは私的な社会福祉施設、裁判所、行政当局又は立法機関のいずれによって行われるものであっても、児童の最善の利益が主として考慮されるものとする。

2. 締約国は、児童の父母、法定保護者又は児童について法的に責任を有する他の者の権利及び義務を考慮に入れて、児童の福祉に必要な保護及び養護を確保することを約束し、このため、すべての適当な立法上及び行政上の措置をとる。

3. 締約国は、児童の養護又は保護のための施設、役務の提供及び設備が、特に安全及び健康

の分野に関し並びにこれらの職員の数及び適格性並びに適正な監督に関し権限のある当局の設定した基準に適合することを確保する。

（第4条〜第11条を省略する。）

第12条［子どもの意見表明権］

1. 締約国は、自己の意見を形成する能力のある児童がその児童に影響を及ぼすすべての事項について自由に自己の意見を表明する権利を確保する。この場合において、児童の意見は、その児童の年齢及び成熟度に従って相応に考慮されるものとする。

2. このため、児童は、特に、自己に影響を及ぼすあらゆる司法上及び行政上の手続において、国内法の手続規則に合致する方法により直接に又は代理人若しくは適当な団体を通じて聴取される機会を与えられる。

第13条［表現・情報の自由］

1. 児童は、表現の自由についての権利を有する。この権利には、口頭、手書き若しくは印刷、芸術の形態又は自ら選択する他の方法により、国境とのかかわりなく、あらゆる種類の情報及び考えを求め、受け及び伝える自由を含む。

2. 1の権利の行使については、一定の制限を課することができる。ただし、その制限は、法律によって定められ、かつ、次の目的のために必要とされるものに限る。

   a. 他の者の権利又は信用の尊重

   b. 国の安全、公の秩序又は公衆の健康若しくは道徳の保護

第14条［思想・良心・宗教の自由］

1. 締約国は、思想、良心及び宗教の自由についての児童の権利を尊重する。

2. 締約国は、児童が1の権利を行使するに当たり、父母及び場合により法定保護者が児童に対しその発達しつつある能力に適合する方法で指示を与える権利及び義務を尊重する。

3. 宗教又は信念を表明する自由については、法律で定める制限であって公共の安全、公の秩序、公衆の健康若しくは道徳又は他の者の基本的な権利及び自由を保護するために必要なもののみを課することができる。

第15条［結社・集会の自由］

1. 締約国は、結社の自由及び平和的な集会の自由についての児童の権利を認める。

2. 1の権利の行使については、法律で定める制限であって国の安全若しくは公共の安全、公の秩序、公衆の健康若しくは道徳の保護又は他の者の権利及び自由の保護のため民主的社会において必要なもの以外のいかなる制限も課することができない。

第16条［プライバシー・通信・名誉の保護］

1. いかなる児童も、その私生活、家族、住居若しくは通信に対して恣意的に若しくは不法に干渉され又は名誉及び信用を不法に攻撃されない。

２．児童は、１の干渉又は攻撃に対する法律の保護を受ける権利を有する。

（第17条以降、全て省略。）[1]

1　この表記は、2020（令和２）年に有斐閣より刊行の中里実・佐伯仁志・大村敦志編代『六法全書 令和２年版Ⅰ』Pp.2991-2995を参照した．また，条文タイトルは，2020（令和２）年に三省堂より刊行された解説教育六法編集員会編『解説教育六法2020』Pp.85-103の表記に倣う．

日本国憲法

1946（昭和21）年11月3日公布
1．47（昭和22）年5月3日施行　　　（抜粋）

前文

　日本国民は、正当に選挙された国会における代表者を通じて行動し、われらとわれらの子孫のために、諸国民との協和による成果と、わが国全土にわたつて自由のもたらす恵沢を確保し、政府の行為によつて再び戦争の惨禍が起ることのないやうにすることを決意し、ここに主権が国民に存することを宣言し、この憲法を確定する。そもそも国政は、国民の厳粛な信託によるものであつて、その権威は国民に由来し、その権力は国民の代表者がこれを行使し、その福利は国民がこれを享受する。これは人類普遍の原理であり、この憲法は、かかる原理に基くものである。われらは、これに反する一切の憲法、法令及び詔勅を排除する。

　日本国民は、恒久の平和を念願し、人間相互の関係を支配する崇高な理想を深く自覚するのであつて、平和を愛する諸国民の公正と信義に信頼して、われらの安全と生存を保持しようと決意した。われらは、平和を維持し、専制と隷従、圧迫と偏狭を地上から永遠に除去しようと努めてゐる国際社会において、名誉ある地位を占めたいと思ふ。われらは、全世界の国民が、ひとしく恐怖と欠乏から免かれ、平和のうちに生存する権利を有することを確認する。

　われらは、いづれの国家も、自国のことのみに専念して他国を無視してはならないのであつて、政治道徳の法則は、普遍的なものであり、この法則に従ふことは、自国の主権を維持し、他国と対等関係に立たうとする各国の責務であると信ずる。

　日本国民は、国家の名誉にかけ、全力をあげてこの崇高な理想と目的を達成することを誓ふ。

第三章　国民の権利及び義務

第11条　国民は、すべての基本的人権の享有を妨げられない。この憲法が国民に保障する基本的人権は、侵すことのできない永久の権利として、現在及び将来の国民に与へられる。

第26条　すべて国民は、法律の定めるところにより、その能力に応じて、ひとしく教育を受ける権利を有する。

二　すべて国民は、法律の定めるところにより、その保護する子女に普通教育を受けさせる義務を負ふ。義務教育は、これを無償とする。

第十章　最高法規

第97条　この憲法が日本国民に保障する基本的人権は、人類の多年にわたる自由獲得の努力の

成果であつて、これらの権利は、過去幾多の試錬に堪へ、現在及び将来の国民に対し、侵すことのできない永久の権利として信託されたものである。[2]

2　この表記は，2020（令和２）年に有斐閣より刊行された中里実・佐伯仁志・大村敦志編代『六法全書令和２年版Ⅰ』p.2574を参照し，各条文のタイトルもこれに倣う.

教育基本法

2006（平成18）年12月22日公布・施行
法律第25号

前文

　我々日本国民は、たゆまぬ努力によって築いてきた民主的で文化的な国家を更に発展させるとともに、世界の平和と人類の福祉の向上に貢献することを願うものである。

　我々は、この理想を実現するため、個人の尊厳を重んじ、真理と正義を希求し、公共の精神を尊び、豊かな人間性と創造性を備えた人間の育成を期するとともに、伝統を継承し、新しい文化の創造を目指す教育を推進する。

　ここに、我々は、日本国憲法 の精神にのっとり、我が国の未来を切り拓く教育の基本を確立し、その振興を図るため、この法律を制定する。

第一章　教育の目的及び理念

（教育の目的）

第1条　教育は、人格の完成を目指し、平和で民主的な国家及び社会の形成者として必要な資質を備えた心身ともに健康な国民の育成を期して行われなければならない。

（教育の目標）

第2条　教育は、その目的を実現するため、学問の自由を尊重しつつ、次に掲げる目標を達成するよう行われるものとする。

　一　幅広い知識と教養を身に付け、真理を求める態度を養い、豊かな情操と道徳心を培うとともに、健やかな身体を養うこと。

　二　個人の価値を尊重して、その能力を伸ばし、創造性を培い、自主及び自律の精神を養うとともに、職業及び生活との関連を重視し、勤労を重んずる態度を養うこと。

　三　正義と責任、男女の平等、自他の敬愛と協力を重んずるとともに、公共の精神に基づき、主体的に社会の形成に参画し、その発展に寄与する態度を養うこと。

　四　生命を尊び、自然を大切にし、環境の保全に寄与する態度を養うこと。

　五　伝統と文化を尊重し、それらをはぐくんできた我が国と郷土を愛するとともに、他国を尊重し、国際社会の平和と発展に寄与する態度を養うこと。

（生涯学習の理念）

第3条　国民一人一人が、自己の人格を磨き、豊かな人生を送ることができるよう、その生涯にわたって、あらゆる機会に、あらゆる場所において学習することができ、その成果を適切に生かすことのできる社会の実現が図られなければならない。

（教育の機会均等）

第4条　すべて国民は、ひとしく、その能力に応じた教育を受ける機会を与えられなければならず、人種、信条、性別、社会的身分、経済的地位又は門地によって、教育上差別されない。

2　国及び地方公共団体は、障害のある者が、その障害の状態に応じ、十分な教育を受けられるよう、教育上必要な支援を講じなければならない。

3　国及び地方公共団体は、能力があるにもかかわらず、経済的理由によって修学が困難な者に対して、奨学の措置を講じなければならない

第二章　教育の実施に関する基本

（義務教育）

第5条　国民は、その保護する子に、別に法律で定めるところにより、普通教育を受けさせる義務を負う。

2　義務教育として行われる普通教育は、各個人の有する能力を伸ばしつつ社会において自立的に生きる基礎を培い、また、国家及び社会の形成者として必要とされる基本的な資質を養うことを目的として行われるものとする。

3　国及び地方公共団体は、義務教育の機会を保障し、その水準を確保するため、適切な役割分担及び相互の協力の下、その実施に責任を負う。

4　国又は地方公共団体の設置する学校における義務教育については、授業料を徴収しない。

（学校教育）

第6条　法律に定める学校は、公の性質を有するものであって、国、地方公共団体及び法律に定める法人のみが、これを設置することができる。

2　前項の学校においては、教育の目標が達成されるよう、教育を受ける者の心身の発達に応じて、体系的な教育が組織的に行われなければならない。この場合において、教育を受ける者が、学校生活を営む上で必要な規律を重んずるとともに、自ら進んで学習に取り組む意欲を高めることを重視して行われなければならない。

（大学）

第7条　大学は、学術の中心として、高い教養と専門的能力を培うとともに、深く真理を探究して新たな知見を創造し、これらの成果を広く社会に提供することにより、社会の発展に寄与するものとする。

2　大学については、自主性、自律性その他の大学における教育及び研究の特性が尊重されなければならない。

（私立学校）

第8条　私立学校の有する公の性質及び学校教育において果たす重要な役割にかんがみ、国及

び地方公共団体は、その自主性を尊重しつつ、助成その他の適当な方法によって私立学校教育の振興に努めなければならない。

（教員）

第9条 法律に定める学校の教員は、自己の崇高な使命を深く自覚し、絶えず研究と修養に励み、その職責の遂行に努めなければならない。

2 前項の教員については、その使命と職責の重要性にかんがみ、その身分は尊重され、待遇の適正が期せられるとともに、養成と研修の充実が図られなければならない。

（家庭教育）

第10条 父母その他の保護者は、子の教育について第一義的責任を有するものであって、生活のために必要な習慣を身に付けさせるとともに、自立心を育成し、心身の調和のとれた発達を図るよう努めるものとする。

2 国及び地方公共団体は、家庭教育の自主性を尊重しつつ、保護者に対する学習の機会及び情報の提供その他の家庭教育を支援するために必要な施策を講ずるよう努めなければならない。

（幼児期の教育）

第11条 幼児期の教育は、生涯にわたる人格形成の基礎を培う重要なものであることにかんがみ、国及び地方公共団体は、幼児の健やかな成長に資する良好な環境の整備その他適当な方法によって、その振興に努めなければならない。

（社会教育）

第12条 個人の要望や社会の要請にこたえ、社会において行われる教育は、国及び地方公共団体によって奨励されなければならない。

2 国及び地方公共団体は、図書館、博物館、公民館その他の社会教育施設の設置、学校の施設の利用、学習の機会及び情報の提供その他の適当な方法によって社会教育の振興に努めなければならない

（学校、家庭及び地域住民等の相互の連携協力）

第13条 学校、家庭及び地域住民その他の関係者は、教育におけるそれぞれの役割と責任を自覚するとともに、相互の連携及び協力に努めるものとする。

（政治教育）

第14条 良識ある公民として必要な政治的教養は、教育上尊重されなければならない。

2 法律に定める学校は、特定の政党を支持し、又はこれに反対するための政治教育その他政治的活動をしてはならない。

（宗教教育）

第15条 宗教に関する寛容の態度、宗教に関する一般的な教養及び宗教の社会生活における

地位は、教育上尊重されなければならない。

2　国及び地方公共団体が設置する学校は、特定の宗教のための宗教教育その他宗教的活動をしてはならない。

第三章　教育行政

（教育行政）

第16条　教育は、不当な支配に服することなく、この法律及び他の法律の定めるところにより行われるべきものであり、教育行政は、国と地方公共団体との適切な役割分担及び相互の協力の下、公正かつ適正に行われなければならない。

2　国は、全国的な教育の機会均等と教育水準の維持向上を図るため、教育に関する施策を総合的に策定し、実施しなければならない。

3　地方公共団体は、その地域における教育の振興を図るため、その実情に応じた教育に関する施策を策定し、実施しなければならない。

4　国及び地方公共団体は、教育が円滑かつ継続的に実施されるよう、必要な財政上の措置を講じなければならない。

（教育振興基本計画）

第17条　政府は、教育の振興に関する施策の総合的かつ計画的な推進を図るため、教育の振興に関する施策についての基本的な方針及び講ずべき施策その他必要な事項について、基本的な計画を定め、これを国会に報告するとともに、公表しなければならない。

2　地方公共団体は、前項の計画を参酌し、その地域の実情に応じ、当該地方公共団体における教育の振興のための施策に関する基本的な計画を定めるよう努めなければならない。

第四章　法令の制定

第18条　この法律に規定する諸条項を実施するため、必要な法令が制定されなければならない。

附則

（以下、省略。）[3]

3　この表記は，2020（令和2）年に有斐閣より刊行された中里実・佐伯仁志・大村敦志編代『六法全書令和2年版Ⅰ』p.2574を参照し，各条文のタイトルもこれに倣う.

〔資料Ⅳ〕

学校教育法

2006（昭和22）年 4 月 1 日施行

法律第26号　　　　　　　　　　（抜粋）

第 1 条【学校の範囲】　この法律で、学校とは、幼稚園、小学校、中学校、義務教育学校、高等学校、中等教育学校、特別支援学校、大学及び高等専門学校とする。

第11条【児童生徒等の懲戒】　校長及び教員は、教育上必要があると認めるときは、文部科学大臣の定めるところにより、児童、生徒及び学生に懲戒を加えることができる。ただし、体罰を加えることはできない。

第16条【普通教育を受けさせる義務】　保護者（子に対して親権を行う者（親権を行う者のないときは、未成年後見人）をいう。以下同じ。）は、次条に定めるところにより、子に 9 年の普通教育を受けさせる義務を負う。

第21条【教育の目標】　義務教育として行われる普通教育は、教育基本法第 5 条第 2 項に規定する目的を実現するため、次に掲げる目標を達成するよう行われるものとする。

1　学校内外における社会的活動を促進し、自主、自律及び協同の精神、規範意識、公正な判断力並びに公共の精神に基づき主体的に社会の形成に参画し、その発展に寄与する態度を養うこと。

2　学校内外における自然体験活動を促進し、生命及び自然を尊重する精神並びに環境の保全に寄与する態度を養うこと。

3　我が国と郷土の現状と歴史について、正しい理解に導き、伝統と文化を尊重し、それらをはぐくんできた我が国と郷土を愛する態度を養うとともに、進んで外国の文化の理解を通じて、他国を尊重し、国際社会の平和と発展に寄与する態度を養うこと。

4　家族と家庭の役割、生活に必要な衣、食、住、情報、産業その他の事項について基礎的な理解と技能を養うこと。

5　読書に親しませ、生活に必要な国語を正しく理解し、使用する基礎的な能力を養うこと。

6　生活に必要な数量的な関係を正しく理解し、処理する基礎的な能力を養うこと。

7　生活にかかわる自然現象について、観察及び実験を通じて、科学的に理解し、処理する基礎的な能力を養うこと。

8　健康、安全で幸福な生活のために必要な習慣を養うとともに、運動を通じて体力を養い、心身の調和的発達を図ること。

9　生活を明るく豊かにする音楽、美術、文芸その他の芸術について基礎的な理解と技能を養うこと。

10　職業についての基礎的な知識と技能、勤労を重んずる態度及び個性に応じて将来の進路

を選択する能力を養うこと。

第22条【幼稚園の目的】　幼稚園は、義務教育及びその後の教育の基礎を培うものとして、幼児を保育し、幼児の健やかな成長のために適当な環境を与えて、その心身の発達を助長することを目的とする。

第23条【幼稚園教育の目標】　幼稚園における教育は、前条に規定する目的を実現するために、次に掲げる目標を達成するよう行われるものとする。

1　健康、安全で幸福な生活のために必要な基本亭な習慣を養い身体諸機能の調和的発達を図ること。

2　集団生活を通じて、喜んでこれに参加する態度を養うとともに家族や身近な人への信頼感を深め、自主、自律及び協同精神並びに規範意識の芽生えを養うこと。

3　身近な社会生活、生活及び自然に対する興味を養い、それらに対する正しい理解と態度及び思考力の芽生えを養うこと。

4　日常の会話や、絵本、童話等に親しむことを通じて、言葉使い方を正しく導くとともに、相手の話を理解しようとする態度を養うこと。

5　音楽、身体による表現、造形等に親しむことを通じて、豊かな感性と表現力の芽生えを養うこと。

第29条【小学校の目的】　小学校は、心身の発達に応じて、義務教育として行われる普通教育のうち基礎的なものを施すことを目的とする。

第30条【小学校教育の目標】　①小学校における教育は、前条に規定する目的を実現するために必要な程度において第21条各号に掲げる目標を達成するよう行われるものとする。

②　前項の場合においては、生涯にわたり学習する基盤が培われるよう、基礎的な知識及び技能を習得させるとともに、これらを活用して課題を解決するために必要な思考力、判断力、表現力その他の能力をはぐくみ、主体的に学習に取り組む態度を養うことに、特に意を用いなければならない。

第31条【体験的学習活動】　小学校においては、前条第1項の規定による目標の達成に資するよう、教育指導を行うに当たり、児童の体験的な学習活動、特にボランティア活動など社会奉仕体験活動、自然体験活動その他の体験活動の充実に努めるものとする。この場合において、社会教育関係団体その他の関係団体及び関係機関との連携に十分配慮しなければならない。

第33条【教育課程】　小学校の教育課程に関する事項は、第29条及び第30条の規定に従い、文部科学大臣が定める。

第45条【中学校の目的】　中学校は、小学校における教育基礎の上に、心身の発達に応じて、義務教育として行われる普通教育を施すことを目的とする

第46条【中学校教育の目標】 中学校における教育は、前条に規定する目的を実現するため、第21条各号に掲げる目標を達成するよう行われるものとする。

第50条【高等学校の目的】 高等学校は、中学校における教育の基礎の上に、心身の発達及び進路に応じて、高度な普通教育及び専門教育を施すことを目的とする。

第51条【高等学校教育の目標】 高等学校における教育は、前条に規定する目的を実現するため、次に掲げる目標を達成するよう行われるものとする。

1 義務教育として行われる普通教育の成果を更に発展拡充させて、豊かな人間性、創造性及び健やかな身体を養い、国家及び社会の形成者として必要な資質を養うこと。

2 社会において果たさなければならない使命の自覚に基づき、個性に応じて将来の進路を決定させ、一般的な教養を高め、専門的な知識、技術及び技能を習得させること。

3 個性の確立に努めるとともに、社会について、広く深い理解と健全な批判力を養い、社会の発展に寄与する態度を養うこと。

第63条【中等教育学校の目的】 中等教育学校は、小学校における教育の基礎の上に、心身の発達及び進路に応じて、義務教育として行われる普通教育並びに高度な普通教育及び専門教育を一貫して施すことを目的とする。

第64条【中等教育学校教育の目標】 中等教育学校における教育は、前条に規定する目的を実現するため、次に掲げる目標を達成するよう行われるものとする。

1 豊かな人間性、創造性及び健やかな身体を養い、国家及び社会の形成者として必要な資質を養うこと。

2 社会において果たさなければならない使命の自覚に基づき、個性に応じて将来の進路を決定させ、一般的な教養を高め、専門的な知識、技術及び技能を習得させること。

3 個性の確立に努めるとともに、社会について、広く深い理解と健全な批判力を養い、社会の発展に寄与する態度を養うこと。

第72条【特別支援学校の目標】 特別支援学校は、視覚障害者、聴覚障害者、知的障害者、肢体不自由者又は病弱者（身体虚弱者を含む。以下同じ。）に対して、幼稚園、小学校、中学校又は高等学校に準ずる教育を施すとともに、障害による学習上又は生活上の困難を克服し自立を図るために必要な知識技能を授けることを目的とする。

第76条【特別支援学校の部別】 ①特別支援学校には、小学部及び中学部を置かなければならない。ただし、特別の必要のある場合においては、そのいずれかのみを置くことができる。（以下、省略。）[4]

---

4 この表記は、2020（令和2）年に有斐閣より刊行された中里実・佐伯仁志・大村敦志編代『六法全書 令和2年版 I』Pp.2575-2583を参照し、各条文のタイトルもこれに倣う。

〚資料Ⅴ〛

学校教育法施行規則

1947（昭和22）年　文部省令第11号

最終更新 2018（平成30）年3月　　　　　（抜粋）

第50条［教育課程の編成］　小学校の教育課程は、国語、社会、算数、理科、生活、音楽、図画工作、家庭及び体育の各教科（以下この節において「各教科」という。）、道徳、外国語活動、総合的な学習の時間並びに特別活動によつて編成するものとする。

第52条［教育課程の基準］　小学校の教育課程については、この節に定めるもののほか、教育課程の基準として文部科学大臣が別に公示する小学校学習指導要領によるものとする。

第65条の2［スクールカウンセラー］　スクールカウンセラーは、小学校における児童の心理に関する支援に従事する。

第65条の3［スクールソーシャルワーカー］　スクールソーシャルワーカーは、小学校における児童の福祉に関する支援に従事する。

第72条［教育課程の編成］　中学校の教育課程は、国語、社会、数学、理科、音楽、美術、保健体育、技術・家庭及び外国語の各教科（以下本章及び第七章中「各教科」という。）、道徳、総合的な学習の時間並びに特別活動によつて編成するものとする

第74条［教育課程の基準］　中学校の教育課程については、この章に定めるもののほか、教育課程の基準として文部科学大臣が別に公示する中学校学習指導要領によるものとする。

第78条の2［部活動指導員］　部活動指導員は、中学校におけるスポーツ、文化、科学等に関する教育活動（中学校の教育課程として行われるものを除く。）に係る技術的な指導に従事する。

第83条［教育課程の編成］　高等学校の教育課程は、別表第三に定める各教科に属する科目、総合的な学習の時間及び特別活動によつて編成するものとする。　　※「総合的な学習の時間」は、2022（令和4）年4月1日から年次進行で「総合的な探究の時間」と改名。

第84条［教育課程の基準］　高等学校の教育課程については、この章に定めるもののほか、教育課程の基準として文部科学大臣が別に公示する高等学校学習指導要領によるものとする。

（以下、省略。）[5]

5　この表記は，2020（令和2）年に三省堂より刊行された解説教育六法編集員会編『解説教育六法2020』のPp.195-234を参照し，各条文のタイトルもこれに倣う.

資料Ⅵ

幼稚園教育要領（平成29年告示）

平成29年3月31日

文部科学省省告示第62号　　　　　　　　　　（抜粋）

○文部科学省告示第六十二

　学校教育法施行規則（昭和二十二年文部省令第十一号）第三十八条の規定に基づき、幼稚園教育要領（平成二十年文部科学省告示第二十六号）の全部を次のように改正し、平成三十年四月一日から施行する。

　平成二十九年三月三十一日

　　　　　　　　　　　　　　　　　　　　　　　　文部科学大臣　　松野　博一

前文

　教育は、教育基本法第1条に定めるとおり、人格の完成を目指し、平和で民主的な国家及び社会の形成者として必要な資質を備えた心身ともに健康な国民の育成を期すという目的のもと、同法第2条に掲げる次の目標を達成するよう行われなければならない。

　1　幅広い知識と教養を身に付け、真理を求める態度を養い、豊かな情操と道徳心を培うとともに、健やかな身体を養うこと。

　2　個人の価値を尊重して、その能力を伸ばし、創造性を培い、自主及び自律の精神を養うとともに、職業及び生活との関連を重視し、勤労を重んずる態度を養うこと。

　3　正義と責任、男女の平等、自他の敬愛と協力を重んずるとともに、公共の精神に基づき、主体的に社会の形成に参画し、その発展に寄与する態度を養うこと。

　4　生命を尊び、自然を大切にし、環境の保全に寄与する態度を養うこと。

　5　伝統と文化を尊重し、それらをはぐくんできた我が国と郷土を愛するとともに、他国を尊重し、国際社会の平和と発展に寄与する態度を養うこと。

　また、幼児期の教育については、同法第11条に掲げるとおり、生涯にわたる人格形成の基礎を培う重要なものであることにかんがみ、国及び地方公共団体は、幼児の健やかな成長に資する良好な環境の整備その他適当な方法によって、その振興に努めなければならないこととされている。

　これからの幼稚園には、学校教育の始まりとして、こうした教育の目的及び目標の達成を目指しつつ、一人一人の幼児が、将来、自分のよさや可能性を認識するとともに、あらゆる他者を価値のある存在として尊重し、多様な人々と協働しながら様々な社会的変化を乗り越え、豊かな人生を切り拓き、持続可能な社会の創り手となることができるようにするための基礎を培

うことが求められる。このために必要な教育の在り方を具体化するのが、各幼稚園において教育の内容等を組織的かつ計画的に組み立てた教育課程である。

　教育課程を通して、これからの時代に求められる教育を実現していくためには、よりよい学校教育を通してよりよい社会を創るという理念を学校と社会とが共有し、それぞれの幼稚園において、幼児期にふさわしい生活をどのように展開し、どのような資質・能力を育むようにするのかを教育課程において明確にしな がら、社会との連携及び協働によりその実現を図っていくという、社会に開かれた教育課程の実現が重要となる。

　幼稚園教育要領とは、こうした理念の実現に向けて必要となる教育課程の基準を大綱的に定めるものである。幼稚園教育要領が果たす役割の一つは、公の性質 を有する幼稚園における教育水準を全国的に確保することである。また、各幼稚 園がその特色を生かして創意工夫を重ね、長年にわたり積み重ねられてきた教育実践や学術研究の蓄積を生かしながら、幼児や地域の現状や課題を捉え、家庭や地域社会と協力して、幼稚園教育要領を踏まえた教育活動の更なる充実を図っていくことも重要である。

　幼児の自発的な活動としての遊びを生み出すために必要な環境を整え、一人一人の資質・能力を育んでいくことは、教職員をはじめとする幼稚園関係者はもとより、家庭や地域の人々も含め、様々な立場から幼児や幼稚園に関わる全ての大人に期待される役割である。家庭との緊密な連携の下、小学校以降の教育や生涯にわたる学習とのつながりを見通しながら、幼児の自発的な活動としての遊びを通しての総合的な指導をする際に広く活用されるものとなることを期待して、ここに幼稚園教育要領を定める。

第1章　総則

第1　幼稚園教育の基本

　幼児期の教育は、生涯にわたる人格形成の基礎を培う重要なものであり、幼稚園教育は、学校教育法に規定する目的及び目標を達成するため、幼児期の特性を踏まえ、環境を通して行うもの環境を通して行うものであることを基本とする。

　このため教師は、幼児との信頼関係を十分に築き、幼児が身近な環境に主体的に関わり、環境との関わり方や意味に気付き、これらを取り込もうとして、試行錯誤したり、考えたりするようになる幼児期の教育における見方・考え方を生かし、幼児と共によりよい教育環境を創造するように努めるものとする。これらを踏まえ、次に示す事項を重視して教育を行わなければならない。

1　幼児は安定した情緒の下で自己を十分に発揮することにより発達に必要な体験を得ていくものであることを考慮して、幼児の主体的な活動を促し、幼児期にふさわしい生活が展開されるようにすること。

2　幼児の自発的な活動としての遊びは、心身の調和のとれた発達の基礎を培う重要な学習で

あることを考慮して、遊びを通しての指導を中心として第2章に示すねらいが総合的に達成
されるようにすること。

3　幼児の発達は、心身の諸側面が相互に関連し合い、多様な経過をたどって成し遂げられて
いくものであること、また、幼児の生活経験がそれぞれ異なることなどを考慮して、幼児一
人一人の特性に応じ、発達の課題に即した指導を行うようにすること。その際、教師は、幼
児の主体的な活動が確保されるよう幼児一人一人の行動の理解と予想に基づき、計画的に環
境を構成しなければならない。この場合において、教師は、幼児と人やものとの関わりが重
要であることを踏まえ、教材を工夫し、物的・空間的環境を構成しなければならない。また、
幼児一人一人の活動の場面に応じて、様々な役割を果たし、その活動を豊かにしなければな
らない。

第2　幼稚園教育において育みたい資質・能力及び「幼児期の終わりまでに育ってほしい姿」

1　幼稚園においては、生きる力の基礎を育むため、この章の第1に示すこの章の第1に示す
幼稚園教育の基本を踏まえ、次に掲げる資質・能力を一体的に育むよう努めるものとする。

　（1）　豊かな体験を通じて、感じたり、気付いたり、分かったり、できるようになったりす
　　　る「知識及び技能の基礎」

　（2）　気付いたことや、できるようになったことなどを使い、考えたり、試したり、工夫し
　　　たり、表現したりする「思考力、判断力、表現力等の基礎」

　（3）　心情、意欲、態度が育つ中で、よりよい生活を営もうとする「学びに向かう力、人間
　　　性等」

2　1に示す資質・能力は、第2章に示すねらい及び内容に基づく活動全体によって育むもの
である。

3　次に示す「幼児期の終わりまでに育ってほしい姿」は、第2章に示すねらい及び内容に基
づく活動全体を通して資質・能力が育まれている幼児の幼稚園修了時の具体的な姿であり、
教師が指導を行う際に考慮するものである。

　（1）　健康な心と体

　　幼稚園生活の中で、充実感をもって自分のやりたいことに向かって心と体を十分に働かせ、
見通しをもって行動し、自ら健康で安全な生活をつくり出すようになる。

　（2）　自立心

　　身近な環境に主体的に関わり様々な活動を楽しむ中で、しなければならないことを自覚し、
自分の力で行うために考えたり、工夫したりしながら、諦めずにやり遂げることで達成感を
味わい、自信をもって行動するようになる。

　（3）　協同性

　　友達と関わる中で、互いの思いや考えなどを共有し、共通の目的の実現に向けて、考えた

り、工夫したり、協力したりし、充実感をもってやり遂げるようになる。

（4）　道徳性・規範意識の芽生え

　友達と様々な体験を重ねる中で、してよいことや悪いことが分かり、自分の行動を振り返ったり、友達の気持ちに共感したりし、相手の立場に立って行動するようになる。また、きまりを守る必要性が分かり、自分の気持ちを調整し、友達と折り合いを付けながら、きまりをつくったり、守ったりするようになる。

（5）　社会生活との関わり

　家族を大切にしようとする気持ちをもつとともに、地域の身近な人と触れ合う中で、人との様々な関わり方に気付き、相手の気持ちを考えて関わり、自分が役に立つ喜びを感じ、地域に親しみをもつようになる。また、幼稚園内外の様々な環境に関わる中で、遊びや生活に必要な情報を取り入れ、情報に基づき判断したり、情報を伝え合ったり、活用したりするなど、情報を役立てながら活動するようになるとともに、公共の施設を大切に利用するなどして、社会とのつながりなどを意識するようになる。

（6）　思考力の芽生え

　身近な事象に積極的に関わる中で、物の性質や仕組みなどを感じ取ったり、気付いたりし、考えたり、予想したり、工夫したりするなど、多様な関わりを楽しむようになる。また、友達の様々な考えに触れる中で、自分と異なる考えがあることに気付き、自ら判断したり、考え直したりするなど、新しい考えを生み出す喜びを味わいながら、自分の考えをよりよいものにするようになる。

（7）　自然との関わり・生命尊重

　自然に触れて感動する体験を通して、自然の変化などを感じ取り、好奇心や探究心をもって考え言葉などで表現しながら、身近な事象への関心が高まるとともに、自然への愛情や畏敬の念をもつようになる。また、身近な動植物に心を動かされる中で、生命の不思議さや尊さに気付き、身近な 動植物への接し方を考え、命あるものとしていたわり、大切にする気持ちをもって関わるようになる。

（8）　数量や図形、標識や文字などへの関心・感覚

　遊びや生活の中で、数量や図形、標識や文字などに親しむ体験を重ねたり、標識や文字の役割に気付いたりし、自らの必要感に基づきこれらを活用し、興味や関心、感覚をもつようになる。

（9）　言葉による伝え合い

　先生や友達と心を通わせる中で、絵本や物語などに親しみながら、豊かな言葉や表現を身に付け、経験したことや考えたことなどを言葉で伝えたり、相手の話を注意して聞いたりし、言葉による伝え合いを楽しむようになる。

（10）　豊かな感性と表現

　　心を動かす出来事などに触れ感性を働かせる中で、様々な素材の特徴や表現の仕方などに気付き、感じたことや考えたことを自分で表現したり、友達同士で表現する過程を楽しんだりし、表現する喜びを味わい、意欲をもつようになる。

（以下、省略。）[6]

6　文部科学省「幼稚園教育要領（平成29年3月告示）（PDF:218KB）」より一部抜粋https://www.mext.go.jp/component/a_menu/education/micro_detail/__icsFiles/afieldfile/2018/04/24/1384661_3_2.pdf（最終閲覧：2020年8月9日）

保育所保育指針（平成29年告示）

平成29年3月31日

厚生労働省告示第117号　　　　　　　　　　　（抜粋）

○厚生労働省告示第百十七号

　児童福祉施設の設備及び運営に関する基準（昭和二十三年厚生省令第六十三号）第三十五条の規定に基づき、保育所保育指針（平成二十年厚生労働省告示第百四十一号）の全部を次のように改正し、平成三十年四月一日から適用する。

　平成二十九年三月三十一日

　　　　　　　　　　　　　　　　　　　　　　　厚生労働大臣　塩崎　恭久

第1章　総則

（省略）

1　保育所保育に関する基本原則

（1）　保育所の役割

ア　保育所は、児童福祉法（昭和22年法律第164号）第39条の規定に基づき、保育を必要とする子どもの保育を行い、その健全な心身の発達を図ることを目的とする児童福祉施設であり、入所する子どもの最善の利益を考慮し、その福祉を積極的に増進することに最もふさわしい生活の場でなければならない。

イ　保育所は、その目的を達成するために、保育に関する専門性を有する職員が、家庭との緊密な連携の下に、子どもの状況や発達過程を踏まえ、保育所における環境を通して、養護及び教育を一体的に行うことを特性としている。

ウ　保育所は、入所する子どもを保育するとともに、家庭や地域の様々な社会資源との連携を図りながら、入所する子どもの保護者に対する支援及び地域の子育て家庭に対する支援等を行う役割を担うものである。

エ　保育所における保育士は、児童福祉法第18条の4の規定を踏まえ、保育所の役割及び機能が適切に発揮されるように、倫理観に裏付けられた専門的知識、技術及び判断をもって、子どもを保育するとともに、子どもの保護者に対する保育に関する指導を行うものであり、その職責を遂行するための専門性の向上に絶えず努めなければならない。

（2）　保育の目標

ア　保育所は、子どもが生涯にわたる人間形成にとって極めて重要な時期に、その生活時間の大半を過ごす場である。このため、保育所の保育は、子どもが現在を最も良く生き、望ましい未来をつくり出す力の基礎を培うために、次の目標を目指して行わなければならない。

（ア）　十分に養護の行き届いた環境の下に、くつろいだ雰囲気の中で子どもの様々な欲求を満たし、生命の保持及び情緒の安定を図ること。

（イ）　健康、安全など生活に必要な基本的な習慣や態度を養い、心身の健康の基礎を培うこと。

（ウ）　人との関わりの中で、人に対する愛情と信頼感、そして人権を大切にする心を育てるとともに、自主、自立及び協調の態度を養い、道徳性の芽生えを培うこと。

（エ）　生命、自然及び社会の事象についての興味や関心を育て、それらに対する豊かな心情や思考力の芽生えを培うこと。

（オ）　生活の中で、言葉への興味や関心を育て、話したり、聞いたり、相手の話を理解しようとするなど、言葉の豊かさを養うこと。

（カ）　様々な体験を通して、豊かな感性や表現力を育み、創造性の芽生えを培うこと。

イ　保育所は、入所する子どもの保護者に対し、その意向を受け止め、子どもと保護者の安定した関係に配慮し、保育所の特性や保育士等の専門性を生かして、その援助に当たらなければならない。

（3）　保育の方法

保育の目標を達成するために、保育士等は、次の事項に留意して保育しなければならない。

ア　一人一人の子どもの状況や家庭及び地域社会での生活の実態を把握するとともに、子どもが安心感と信頼感をもって活動できるよう、子どもの主体としての思いや願いを受け止めること。

イ　子どもの生活のリズムを大切にし、健康、安全で情緒の安定した生活ができる環境や、自己を十分に発揮できる環境を整えること。

ウ　子どもの発達について理解し、一人一人の発達過程に応じて保育すること。その際、子どもの個人差に十分配慮すること。

エ　子ども相互の関係づくりや互いに尊重する心を大切にし、集団における活動を効果あるものにするよう援助すること。

オ　子どもが自発的・意欲的に関われるような環境を構成し、子どもの主体的な活動や子ども相互の関わりを大切にすること。特に、乳幼児期にふさわしい体験が得られるように、生活や遊びを通して総合的に保育すること。

カ　一人一人の保護者の状況やその意向を理解、受容し、それぞれの親子関係や家庭生活等に配慮しながら、様々な機会をとらえ、適切に援助すること。

（4）　保育の環境

保育の環境には、保育士等や子どもなどの人的環境、施設や遊具などの物的環境、更には自然や社会の事象などがある。保育所は、こうした人、物、場などの環境が相互に関連し合い、

子どもの生活が豊かなものとなるよう、次の事項に留意しつつ、計画的に環境を構成し、工夫して保育しなければならない。

ア　子ども自らが環境に関わり、自発的に活動し、様々な経験を積んでいくことができるよう配慮すること。

イ　子どもの活動が豊かに展開されるよう、保育所の設備や環境を整え、保育所の保健的環境や安全の確保などに努めること。

ウ　保育室は、温かな親しみとくつろぎの場となるとともに、生き生きと活動できる場となるように配慮すること。

エ　子どもが人と関わる力を育てていくため、子ども自らが周囲の子どもや大人と関わっていくことができる環境を整えること。

（5）　保育所の社会的責任

ア　保育所は、子どもの人権に十分配慮するとともに、子ども一人一人の人格を尊重して保育を行わなければならない。

イ　保育所は、地域社会との交流や連携を図り、保護者や地域社会に、当該保育所が行う保育の内容を適切に説明するよう努めなければならない。

ウ　保育所は、入所する子ども等の個人情報を適切に取り扱うとともに、保護者の苦情などに対し、その解決を図るよう努めなければならない

（以下、省略。）

4　幼児教育を行う施設として共有すべき事項

（1）　育みたい資質・能力

ア　保育所においては、生涯にわたる生きる力の基礎を培うため、1の（2）に示す保育の目標を踏まえ、次に掲げる資質・能力を一体的に育むよう努めるものとする。

　（ア）　豊かな体験を通じて、感じたり、気付いたり、分かったり、できるようになったりする「知識及び技能の基礎」

　（イ）　気付いたことや、できるようになったことなどを使い、考えたり、試したり、工夫したり、表現したりする「思考力、判断力、表現力等の基礎」

　（ウ）　心情、意欲、態度が育つ中で、よりよい生活を営もうとする「学びに向かう力、人間性等」

イ　アに示す資質・能力は、第2章に示すねらい及び内容に基づく保育活動全体によって育むものである。

（2）　幼児期の終わりまでに育ってほしい姿

　次に示す「幼児期の終わりまでに育ってほしい姿」は、第2章に示すねらい及び内容に基づく保育活動全体を通して資質・能力が育まれている子どもの小学校就学時の具体的な姿であり、

保育士等が指導を行う際に考慮するものである。

　ア　健康な心と体

（以下、「コ　豊かな感性と表現」まで、幼稚園に同じため調略。）[7]

7　「保育所保育指針（平成29年03月31日厚生労働省告示第117号）」より一部抜粋https://www.mhlw.
go.jp/web/t_doc?dataId=00010450&dataType=0&pageNo=1（最終閲覧：2020年8月10日）

幼保連携型認定こども園教育・保育要領（平成29年告示）

内閣府　　　　　　　　　　　　　　　　　　　　　　　　　　　　　　　　　　（抜粋）

○文部科学省　告示第一号

厚生労働省

　就学前の子どもに関する教育、保育等の総合的な提供の推進に関する法律（平成十八年法律第七十七号）第十条第一項の規定に基づき幼保連携型認定こども園の教育課程その他の教育及び保育の内容容に関する事項を次のように定めたので平成二十六年内閣府 文部科学省 厚生労働省 告示第一号の全部を次のように改正し平成三十年四月一日から施行する。

　平成二十九年三月三十一日

　　　　　　　　　　　　　　　　　　　　　内閣総理大臣　　安倍 晋三

　　　　　　　　　　　　　　　　　　　　　文部科学大臣　　松野 博一

　　　　　　　　　　　　　　　　　　　　　厚生労働大臣　　塩崎 恭久

第1章　総則

第1　幼保連携型認定こども園における教育及び保育の基本及び目標等

1　幼保連携型認定こども園における教育及び保育の基本

　　乳幼児期の教育及び保育は、子どもの健全な心身の発達を図りつつ生涯にわたる人格形成の基礎を培う重要なものであり、幼保連携型認定こども園における教育及び保育は、就学前の子どもに関する教育、保育等の総合的な提供の推進に関する法律（平成18年法律第77号。以下「認定こども園法」という。）第2条第7項に規定する目的及び第9条に掲げる目標を達成するため、乳幼児期全体を通して、その特性及び保護者や地域の実態を踏まえ、環境を通して行うものであることを基本とし、家庭や地域での生活を含めた園児の生活全体が豊かなものとなるように努めなければならない。

　　このため保育教諭等は、園児との信頼関係を十分に築き、園児が自ら安心して身近な環境に主体的に 関わり、環境との関わり方や意味に気付き、これらを取り込もうとして、試行錯誤したり、考えたりするようになる幼児期の教育における見方・考え方を生かし、その活動が豊かに展開されるよう環境を整え、園児と共によりよい教育及び保育の環境を創造するように努めるものとする。これらを踏まえ、次に示す事項を重視して教育及び保育を行わなければならない。

（1）　乳幼児期は周囲への依存を基盤にしつつ自立に向かうものであることを考慮して、周囲との信頼関係に支えられた生活の中で、園児一人一人が安心感と信頼感をもっていろいろな活動に取り組む体験を十分に積み重ねられるようにすること。

（2）　乳幼児期においては生命の保持が図られ安定した情緒の下で自己を十分に発揮することにより発達に必要な体験を得ていくものであることを考慮して、園児の主体的な活動

を促し、乳幼児期にふさわ しい生活が展開されるようにすること。

（3）　乳幼児期における自発的な活動としての遊びは、心身の調和のとれた発達の基礎を培う重要な学習であることを考慮して、遊びを通しての指導を中心として第2章に示すねらいが総合的に達成されるようにすること。

（4）　乳幼児期における発達は、心身の諸側面が相互に関連し合い、多様な経過をたどって成し遂げられ ていくものであること、また、園児の生活経験がそれぞれ異なることなどを考慮して、園児一人一人の特性や発達の過程に応じ、発達の課題に即した指導を行うようにすること。

　　その際、保育教諭等は、園児の主体的な活動が確保されるよう、園児一人一人の行動の理解と予想に基づき、計画的に環境を構成しなければならない。この場合において、保育教諭等は、園児と人やものとの関わりが重要であることを踏まえ、教材を工夫し、物的・空間的環境を構成しなければならないまた、園児一人一人の活動の場面に応じて、様々な役割を果たし、その活動を豊かにしなければならない。

　　なお、幼保連携型認定こども園における教育及び保育は、園児が入園してから修了するまでの在園期 間全体を通して行われるものであり、この章の第3に示す幼保連携型認定こども園として特に配慮すべ事項を十分に踏まえて行うものとする。

2　幼保連携型認定こども園における教育及び保育の目標 幼保連携型認定こども園は、家庭との連携を図りながら、この章の第1の1に示す幼保連携型認定こども園における教育及び保育の基本に基づいて一体的に展開される幼保連携型認定こども園における生活を通して、生きる力の基礎を育成するよう認定こども園法第9条に規定する幼保連携型認定こども園の教育及び保育の目標の達成に努めなければならない。幼保連携型認定こども園は、このことにより、義務教育及びその後の教育の基礎を培うとともに、子どもの最善の利益を考慮しつつ、その生活を保障し、保護者と共に園児を心身ともに健やかに育成するものとする。

　　なお、認定こども園法第9条に規定する幼保連携型認定こども園の教育及び保育の目標については、発達や学びの連続性及び生活の連続性の観点から、小学校就学の始期に達するまでの時期を通じ、その達成に向けて努力すべき目当てとなるものであることから、満3歳未満の園児の保育にも当てはまることに留意するものとする。

3　幼保連携型認定こども園の教育及び保育において育みたい資質・能力及び「幼児期の終わりまでに育ってほしい姿」

（1）　幼保連携型認定こども園においては、生きる力の基礎を育むため、この章の1に示す幼保連携型認定こども園の教育及び保育の基本を踏まえ、次に掲げる資質・能力を一体的に育むよう努めるものとする。

ア　豊かな体験を通じて、感じたり、気付いたり、分かったり、できるようになったりする

「知識及 び技能の基礎」

イ　気付いたことや、できるようになったことなどを使い、考えたり、試したり、工夫したり、表現したりする「思考力、判断力、表現力等の基礎」

ウ　心情、意欲、態度が育つ中で、よりよい生活を営もうとする「学びに向かう力、人間性等」

（2）　（1）に示す資質・能力は、第2章に示すねらい及び内容に基づく活動全体によって育むものである。

（3）　次に示す「幼児期の終わりまでに育ってほしい姿」は、第2章に示すねらい及び内容に基づく活動 全体を通して資質・能力が育まれている園児の幼保連携型認定こども園修了時の具体的な姿であり、保育教諭等が指導を行う際に考慮するものである。（以下、省略。）[8]

8　「幼保連携型認定こども園教育・保育要領◆平成29年03月31日内閣府告示」より一部抜粋https://www.mhlw.go.jp/web/t_doc?dataId=00010420（最終閲覧：2020年8月10日）

各学習指導要領（文部科学省：平成29年・30年告示）や各解説の「部活動」に関する記載（関係箇所を抜粋）

■中学校学習指導要領（平成29年告示）

第1章　総則

第5　学校運営上の留意事項

1　教育課程の改善と学校評価、教育課程外の活動との連携等

ウ　教育課程外の学校教育活動と教育課程の関連が図られるように留意するものとする。特に，生徒の自主的，自発的な参加により行われる部活動については，スポーツや文化，科学等に親しませ，学習意欲の向上や責任感，連帯感の涵養等，学校教育が目指す資質・能力の育成に資するものであり，学校教育の一環として，教育課程との関連が図られるよう留意すること。その際，学校や地域の実態に応じ，地域の人々の協力，社会教育施設や社会教育関係団体等の各種団体との連携などの運営上の工夫を行い，持続可能な運営体制が整えられるようにするものとする。[9]

■高等学校学習指導要領（平成30年告示）

第1章　総則

第6款　学校運営上の留意事項

1　教育課程の改善と学校評価、教育課程外の活動との連携等

ウ　教育課程外の学校教育活動と教育課程の関連が図られるように留意するものとする。特に，生徒の自主的，自発的な参加により行われる部活動については，スポーツや文化，科学等に親しませ，学習意欲の向上や責任感，連帯感の涵養等，学校教育が目指す資質・能力の育成に資するものであり，学校教育の一環として，教育課程との関連が図られるよう留意すること。その際，学校や地域の実態に応じ，地域の人々の協力，社会教育施設や社会教育関係団体等の各種団体との連携などの運営上の工夫を行い，持続可能な運営体制が整えられるようにするものとする。[10]

●中学校学習指導要領（平成29年告示）解説　総則編

第1章　総説

2　改訂の要点

9　文部科学省（2018）『中学校学習指導要領（平成29年告示）』東山書房，p.27.
10　文部科学省（2019）『高等学校学習指導要領（平成30年告示）』東山書房，p.31.

（3）総則改正の要点

③　生徒の発達の支援，家庭や地域との連携・協働

・生徒一人一人の発達を支える視点から，学級経営や生徒指導，キャリア教育の充実について示した。

・障害のある生徒や海外から帰国した生徒，日本語の習得に困難のある生徒，不登校の生徒，学齢を超過した者など，特別な配慮を必要とする生徒への指導と教育課程の関係について示した。

・教育課程外の学校教育活動である部活動について，教育課程との関連が図られるようにするとともに，持続可能な運営体制が整えられるようにすることを示した。

・教育課程の実施に当たり、家庭や地域と連携・協働していくことを示した。[11]

●高等学校学習指導要領（平成30年告示）解説　総則編

第1章　総説

第2節　改訂の要点

3　総則改正の要点

（2）構成の大幅な見直しと内容の主な改善事項

⑥　学校運営上の留意事項（第1章総則第6款）

　　各学校におけるカリキュラム・マネジメントの充実に資するよう，「教育課程を実施するに当たって何が必要か」という観点から，教育課程の改善と学校評価，教育課程外の活動との連携等（第1章総則第6款1），家庭や地域社会との連携及び協働と学校間の連携（第1章総則第6款2）について記載を充実している。具体的には，教育課程の編成及び実施に当たっての各分野における学校の全体計画等との関連，教育課程外の学校教育活動（特に部活動）と教育課程の関連，教育課程の実施に当たっての家庭や地域との連携・協働について記載を充実している。[12]

●小学校学習指導要領（平成29年告示）解説　体育編

第3章　指導計画の作成と内容の取扱い

3　体育・健康に関する指導

第9節　体育

＜クラブ活動、運動部の活動＞

　クラブ活動，運動部の活動は，スポーツ等に共通の興味や関心をもつ同好の児童によって行われる活動であり，体育の授業で学習した内容を発展させたり，異なる学級や学年の児童との

---

11 文部科学省（2018）『中学校学習指導要領（平成29年告示）解説 総則編』東山書房，p.7.

12 文部科学省（2019）『高等学校学習指導要領（平成30年告示）解説 総則編』東洋館出版社，p.11.

交流を深めたりするなどの成果が期待される。

　このうちクラブ活動は，学校において適切な授業時数を充てるものとしており，学校や地域の実態等を考慮しつつ，児童の興味・関心を踏まえて計画的に実施することが大切である。

　また，運動部の活動は，主として放課後を活用し，特に希望する児童によって行われるものであるが，児童の能力や適性などを考慮し，教師などの適切な指導の下に，自発的，自主的な活動が適正に展開されるよう配慮することが大切である。[13]

●中学校学習指導要領（平成29年告示）解説　保健体育編
第3章　指導計画の作成と内容の取扱い
3　教育課程外の学校教育活動と教育課程との関連（第1章第5の1のウ）

　部活動の指導及び運営等に当たっては，第1章総則第5の1ウに示された部活動の意義と留意点等を踏まえて行うことが重要である。

ウ　教育課程外の学校教育活動と教育課程の関連が図られるように留意するものとする。特に，生徒の自主的，自発的な参加により行われる部活動については，スポーツや文化，科学等に親しませ，学習意欲の向上や責任感，連帯感の涵養等，学校教育が目指す資質・能力の育成に資するものであり，学校教育の一環として，教育課程との関連が図られるよう留意すること。その際，学校や地域の実態に応じ，地域の人々の協力，社会教育施設や社会教育関係団体等の各種団体との連携などの運営上の工夫を行い，持続可能な運営体制が整えられるようにするものとする。

　中学生の時期は，生徒自身の興味・関心に応じて，教育課程外の学校教育活動や地域の教育活動など，生徒による自主的・自発的な活動が多様化していく段階にある。少子化や核家族化が進む中にあって，中学生が学校外の様々な活動に参加することは，ともすれば学校生活にとどまりがちな生徒の生活の場を地域社会に広げ，幅広い視野に立って自らのキャリア形成を考える機会となることも期待される。このような教育課程外の様々な教育活動を教育課程と関連付けることは，生徒が多様な学びや経験をする場や自らの興味・関心を深く追究する機会などの充実につながる。

　特に，学校教育の一環として行われる部活動は，異年齢との交流の中で，生徒同士や教員と生徒等の人間関係の構築を図ったり，生徒自身が活動を通して自己肯定感を高めたりするなど，その教育的意義が高いことも指摘されている。

　そうした教育的意義が部活動の充実の中のみで図られるのではなく，例えば，運動部の活動において保健体育科の指導との関連を図り，競技を「すること」のみならず，「みる，支える，

13　文部科学省（2018）『小学校学習指導要領（平成29年告示）解説 体育編』東洋館出版社，p.173.

知る」といった視点からスポーツに関する科学的知見やスポーツとの多様な関わり方及びスポーツがもつ様々な良さを実感しながら，自己の適性等に応じて，生涯にわたるスポーツとの豊かな関わり方を学ぶなど，教育課程外で行われる部活動と教育課程内の活動との関連を図る中で，その教育効果が発揮されることが重要である。

このため，本項では生徒の自主的，自発的な参加により行われる部活動について，

① スポーツや文化及び科学等に親しませ，学習意欲の向上や責任感，連帯感の涵養，互いに協力し合って友情を深めるといった好ましい人間関係の形成等に資するものであるとの意義があること，

② 部活動は，教育課程において学習したことなども踏まえ，自らの適性や興味・関心等をより深く追求していく機会であることから，第2章以下に示す各教科等の目標及び内容との関係にも配慮しつつ，生徒自身が教育課程において学習する内容について改めてその大切さを認識するよう促すなど，学校教育の一環として，教育課程との関連が図られるよう留意すること，

③ 一定規模の地域単位で運営を支える体制を構築していくことが長期的には不可欠であることから，設置者等と連携しながら，学校や地域の実態に応じ，教員の勤務負担軽減の観点も考慮しつつ，部活動指導員等のスポーツや文化及び科学等にわたる指導者や地域の人々の協力，体育館や公民館などの社会教育施設や地域のスポーツクラブといった社会教育関係団体等の各種団体との連携などの運営上の工夫を行うこと，

をそれぞれ規定している。

各学校が部活動を実施するに当たっては，本項や，中央教育審議会での学校における働き方改革に関する議論及び運動部活動の在り方に関する総合的なガイドライン（平成30年3月スポーツ庁）も参考に，生徒が参加しやすいよう実施形態などを工夫するとともに，生徒の生活全体を見渡して休養日や活動時間を適切に設定するなど生徒のバランスのとれた生活や成長に配慮することが必要である。その際，生徒の心身の健康管理，事故防止及び体罰・ハラスメントの防止に留意すること。

〈運動部の活動〉

運動部の活動は，スポーツに興味と関心をもつ同好の生徒が，スポーツを通して交流したり，より高い水準の技能や記録に挑戦したりする中で，スポーツの楽しさや喜びを味わい，豊かな学校生活を経験する活動であるとともに，体力の向上や健康の増進にも極めて効果的な活動である。

したがって，生徒が運動部の活動に積極的に参加できるよう配慮することが大切である。また，生徒の能力等に応じた技能や記録の向上を目指すとともに，互いに協力し合って友情を深

めるなど好ましい人間関係を育てるよう適切な指導を行う必要がある。さらに，運動部の活動も学校教育活動の一環であることから，生徒の主体的・対話的で深い学びの実現に向けた視点も参考に指導を行うことが大切である。

　加えて，運動部の活動は，主として放課後に行われ，特に希望する同好の生徒によって行われる活動であることから，生徒の自主性を尊重する必要がある。また，生徒に任せすぎたり，勝つことのみを目指したりした活動にならないよう留意する必要もある。そのため，例えば，競技を「すること」のみならず，生徒自らが所属する運動部の活動を振り返りつつ，目標，練習計画等の在り方や地域との関わり方等について定期的に意見交換をする場を設定することなどが考えられる。このように，運動部の活動の意義が十分発揮されるよう，生徒の個性の尊重と柔軟な運営に留意したり，生徒のバランスのとれた生活や成長のためにも休養日や練習時間を適切に設定したりするなど，生徒の現在及び将来の生活を見渡しながら，生徒の学びと生涯にわたるキャリア形成の関係を意識した活動が展開されることが必要である。また，生徒の能力・適性，興味・関心等に応じつつ，健康・安全に留意し適切な活動が行われるよう配慮して指導することが必要である。

　なお，「学校教育法施行規則の一部を改正する省令」が平成29年4月1日から施行され，中学校，義務教育学校の後期課程，高等学校，中等教育学校並びに特別支援学校の中学部及び高等部におけるスポーツ，文化，科学等に関する教育活動（学校の教育課程として行われるものを除く。）に係る技術的な指導に従事する部活動指導員について，その名称及び職務等を明らかにすることにより，学校における部活動の指導体制の充実が図られるようにした。

　設置者及び各学校においては，部活動指導員を活用する場合，部活動が学校教育の一環であることを踏まえ，生徒の自発的，自主的な参加が促進されるよう部活動指導員との密接な連携を図ることが必要である。

　その際，部活動が，各学校の教育目標の実現に向けた主体的・対話的で深い学びの場となるよう，研修等の機会を適切に確保するなど，部活動指導員の指導力向上を図ることができる機会を適切に確保することが求められる。[14]

● 高等学校学習指導要領（平成30年告示）解説　保健体育編
第3章　各科目にわたる指導計画の作成と内容の取扱い
第3節　総則関連事項
2　教育課程外の学校教育活動と教育課程との関連（第1章総則第6款1ウ）

　部活動の指導及び運営等に当たっては，第1章総則第6款1ウに示された部活動の意義と留意点等を踏まえて行うことが重要である。

14　文部科学省（2018）『中学校学習指導要領（平成29年告示）解説 保健体育編』東山書房，Pp.246-248.

> ウ　教育課程外の学校教育活動と教育課程の関連が図られるように留意するものとする。
> 特に，生徒の自主的，自発的な参加により行われる部活動については，スポーツや文化，
> 科学等に親しませ，学習意欲の向上や責任感，連帯感の涵養等，学校教 育が目指す資
> 質・能力の育成に資するものであり，学校教育の一環として，教育課程との関連が図ら
> れるよう留意すること。その際，学校や地域の実態に応じ，地域の人々の協力，社会教
> 育施設や社会教育関係団体等の各種団体との連携などの運営上の工夫を行い，持続可能
> な運営体制が整えられるようにするものとする。

　高校生の時期は，生徒自身の興味・関心に応じて，教育課程外の学校教育活動や地域の教育
活動など，生徒による自主的・自発的な活動が多様化していく段階にある。少子化や核家族化
が進む中にあって，高校生が学校外の様々な活動に参加することは，ともすれば 学校生活に
とどまりがちな生徒の生活の場を地域社会に広げ，幅広い視野に立って自らのキャリア形成を
考える機会となることも期待される。このような教育課程外の様々な教育活動を教育課程と関
連付けることは，生徒が多様な学びや経験をする場や自らの興味・関心を深く追究する機会な
どの充実につながる。

　特に，学校教育の一環として行われる部活動は，異年齢との交流の中で，生徒同士や教員と
生徒等の人間関係の構築を図ったり，生徒自身が活動を通して自己肯定感を高めたり するなど，
その教育的意義が高いことも指摘されている。

　そうした教育的意義が部活動の充実の中のみで図られるのではなく，例えば，運動部の活動
において保健体育科の指導との関連を図り，競技を「すること」のみならず，「みる，支える，
知る」といった視点からスポーツに関する科学的知見やスポーツとの多様な関わり方及びスポ
ーツがもつ様々な良さを実感しながら，自己の適性等に応じて，生涯にわたるスポーツとの豊
かな関わり方を学ぶなど，教育課程外で行われる部活動と教育課程内の活動との関連を図る中
で，その教育効果が発揮されることが重要である。

　このため，本項では生徒の自主的，自発的な参加により行われる部活動について，

①　スポーツや文化及び科学等に親しませ，学習意欲の向上や責任感，連帯感の涵養，互い
　　に協力し合って友情を深めるといった好ましい人間関係の形成等に資するものであるとの
　　意義があること，
②　部活動は，教育課程において学習したことなども踏まえ，自らの適性や興味・関心等を
　　より深く追求していく機会であることから，第２章以下に示す各教科等の目標及 び内容
　　との関係にも配慮しつつ，生徒自身が教育課程において学習する内容について改めてその
　　大切さを認識するよう促すなど，学校教育の一環として，教育課程との関連が図られるよ

う留意すること，

③　一定規模の地域単位で運営を支える体制を構築していくことが長期的には不可欠であることから，設置者等と連携しながら，学校や地域の実態に応じ，教員の勤務負担軽減の観点も考慮しつつ，部活動指導員等のスポーツや文化及び科学等にわたる指導者や地域の人々の協力，体育館や公民館などの社会教育施設や地域のスポーツクラブといった社会教育関係団体等の各種団体との連携などの運営上の工夫を行うこと，

をそれぞれ規定している。

　各学校が部活動を実施するに当たっては，本項や，中央教育審議会での学校における働き方改革に関する議論及び「運動部活動の在り方に関する総合的なガイドライン」（平成30年3月スポーツ庁）も参考に，生徒が参加しやすいよう実施形態などを工夫するとともに，生徒の生活全体を見渡して休養日や活動時間を適切に設定するなど生徒のバランスのとれた生活や成長に配慮することが必要である。その際，生徒の心身の健康管理，事故防止及び体罰・ハラスメントの防止に留意すること。

〈運動部の活動〉

　運動部の活動は，スポーツに興味と関心をもつ同好の生徒が，スポーツを通して交流したり，より高い水準の技能や記録に挑戦したりする中で，スポーツの楽しさや喜びを味わい，豊かな学校生活を経験する活動であるとともに，体力の向上や健康の増進にも極めて効果的な活動である。

　したがって，生徒が運動部の活動に積極的に参加できるよう配慮することが大切である。また，生徒の能力等に応じた技能や記録の向上を目指すとともに，互いに協力し合って友情を深めるなど好ましい人間関係を育てるよう適切な指導を行う必要がある。さらに，運動部の活動も学校教育活動の一環であることから，生徒の主体的・対話的で深い学びの実現に向けた視点も参考に指導を行うことが大切である。

　加えて，運動部の活動は，主として放課後に行われ，特に希望する同好の生徒によって行われる活動であることから，生徒の自主性を尊重する必要がある。また，生徒に任せすぎたり，勝つことのみを目指したりした活動にならないよう留意する必要もある。そのため，例えば，競技を「すること」のみならず，生徒自らが所属する運動部の活動を振り返りつつ，目標，練習計画等の在り方や地域との関わり方等について定期的に意見交換をする場を設定することなどが考えられる。このように，運動部の活動の意義が十分発揮されるよう，生徒の個性の尊重と柔軟な運営に留意したり，生徒のバランスのとれた生活や成長のためにも休養日や練習時間を適切に設定したりするなど，生徒の現在及び将来の生活を見渡しながら，生徒の学びと生涯にわたるキャリア形成の関係を意識した活動が展開されることが必要である。また，生徒の

能力・適性，興味・関心等に応じつつ，健康・安全 に留意し適切な活動が行われるよう配慮して指導することが必要である。

　なお，「学校教育法施行規則の一部を改正する省令」が平成29年4月1日から施行され，中学校，義務教育学校の後期課程，高等学校，中等教育学校並びに特別支援学校の中等部 及び高等部におけるスポーツ，文化，科学等に関する教育活動（学校の教育課程として行 われるものを除く。）に係る技術的な指導に従事する部活動指導員について，その名称及び職務等を明らかにすることにより，学校における部活動の指導体制の充実が図られるようにした。

　設置者及び各学校においては，部活動指導員を活用する場合，部活動が学校教育の一環であることを踏まえ，生徒の自発的，自主的な参加が促進されるよう部活動指導員との密接な連携を図ることが必要である。

　その際，部活動が，各学校の教育目標の実現に向けた主体的・対話的で深い学びの場となるよう，研修等の機会を適切に確保するなど，部活動指導員の指導力向上を図ることができる機会を適切に確保することが求められる。[15]

15　文部科学省（2019）『高等学校学習指導要領（平成30年告示）解説 保健体育編 体育編』東山書房，Pp.231-233.

資料Ⅷ

スポーツ庁「運動部活動の在り方に関する総合的なガイドライン」
（平成30年3月）

目　次

前　文

○　学校の運動部活動は、スポーツに興味・関心のある同好の生徒が参加し、各運動部の責任者（以下「運動部顧問」という。）の指導の下、学校教育の一環として行われ、我が国のスポーツ振興を大きく支えてきた。

○　また、体力や技能の向上を図る目的以外にも、異年齢との交流の中で、生徒同士や生徒と教師等との好ましい人間関係の構築を図ったり、学習意欲の向上や自己肯定感、責任感、連帯感の涵養に資するなど、生徒の多様な学びの場として、教育的意義が大きい。

○　しかしながら、今日においては、社会・経済の変化等により、教育等に関わる課題が複雑化・多様化し、学校や教師だけでは解決することができない課題が増えている。とりわけ、少子化が進展する中、運動部活動においては、従前と同様の運営体制では維持は難しくなってきており、学校や地域によっては存続の危機にある。

○　将来においても、全国の生徒が生涯にわたって豊かなスポーツライフを実現する資質・能力を育む基盤として、運動部活動を持続可能なものとするためには、各自のニーズに応じた運動・スポーツを行うことができるよう、速やかに、運動部活動の在り方に関し、抜本的な改革に取り組む必要がある。

本ガイドライン策定の趣旨等

○　本ガイドラインは、義務教育である中学校（義務教育学校後期課程、中等教育学校前期課程、特別支援学校中学部を含む。以下同じ。）段階の運動部活動を主な対象とし、生徒にとって望ましいスポーツ環境を構築するという観点に立ち、運動部活動が 以下の点を重視して、地域、学校、競技種目等に応じた多様な形で最適に実施されることを目指す。

・　知・徳・体のバランスのとれた「生きる力」を育む、「日本型学校教育」の意義を踏まえ、生徒がスポーツを楽しむことで運動習慣の確立等を図り、生涯にわたって心身の健康を保持増進し、豊かなスポーツライフを実現するための資質・能力の育成を図るとともに、バランスのとれた心身の成長と学校生活を送ることができるようにすること

・　生徒の自主的、自発的な参加により行われ、学校教育の一環として教育課程との関連を図り、合理的でかつ効率的・効果的に取り組むこと

・　学校全体として運動部活動の指導・運営に係る体制を構築すること

○　市区町村教育委員会や学校法人等の学校の設置者及び学校は、本ガイドラインに則り、持続可能な運動部活動の在り方について検討し、速やかに改革に取り組む。都道 府県においては、学校の設置者が行う改革に必要な支援等に取り組む。

○　本ガイドラインの基本的な考え方は、学校の種類や学校の設置者の違いに関わらず 該当するものであることから、高等学校段階の運動部活動についても本ガイドラインを原則として適用し、速やかに改革に取り組む。その際、高等学校段階では、各学校 において中学校教育の基礎の上に多様な教育が行われている点に留意する。

○　スポーツ庁は、本ガイドラインに基づく全国の運動部活動改革の取組状況について、定期的にフォローアップを行う。

1　適切な運営のための体制整備

（1）　運動部活動の方針の策定等

ア　都道府県は、本ガイドラインに則り、運動部活動の活動時間及び休養日の設定その他適切な運動部活動の取組に関する「運動部活動の在り方に関する方針」を策定する。

イ　市区町村教育委員会や学校法人等の学校の設置者は、本ガイドラインに則り、都道府県の「運動部活動の在り方に関する方針」を参考に、「設置する学校に係る運動部活動の方針」を策定する。

ウ　校長は、学校の設置者の「設置する学校に係る運動部活動の方針」に則り、毎年度、「学校の運動部活動に係る活動方針」を策定する。運動部顧問は、年間の活動計画（活動日、休養日及び参加予定大会日程等）並びに毎月の活動計画及び活動実績（活動日時・場所、休養日及び大会参加日等）を作成し、校長に提出する。

エ　校長は、上記ウの活動方針及び活動計画等を学校のホームページへの掲載等により公表する。

オ　学校の設置者は、上記ウに関し、各学校において運動部活動の活動方針・計画の策定等が効率的に行えるよう、簡素で活用しやすい様式の作成等を行う。なお、このことについて、都道府県は、必要に応じて学校の設置者の支援を行う。

（2）　指導・運営に係る体制の構築

ア　校長は、生徒や教師の数、部活動指導員[1]の配置状況を踏まえ、指導内容の充実、生徒の安全の確保、教師の長時間勤務の解消等の観点から円滑に運動部活動を実施できるよう、適正な数の運動部を設置する。

イ　学校の設置者は、各学校の生徒や教師の数、部活動指導員の配置状況や校務分担の実態等を踏まえ、部活動指導員を積極的に任用し、学校に配置する。

　　なお、部活動指導員の任用・配置に当たっては、学校教育について理解し、適切な指導を行うために、部活動の位置付け、教育的意義、生徒の発達の段階に応じた科学的な指導、安全の確保や事故発生後の対応を適切に行うこと、生徒の人格を傷つける言動や、体罰は、いかなる場合も許されないこと、服務（校長の監督を受けることや生徒、保護者等の信頼を損ねるような行為の禁止等）を遵守すること等に関し、任用前及び任用後の定期において研修[2]を行う。

1　部活動指導員は、学校教育法施行規則第78条の2に基づき、「中学校におけるスポーツ、文化、科学等に関する教育活動（学校の教育課程として行われるものを除く。）に係る技術的な指導に従事する」学校の職員（義務教育学校後期課程、高等学校、中等教育学校並びに特別支援学校の中学部及び高等部については当該規定を準用）。学校の教育計画に基づき、校長の監督を受け、部活動の実技指導、大会・練習試合等の引率等を行う。校長は、部活動指導員に部活動の顧問を命じることができる。

2　「学校教育法施行規則の一部を改正する省令の施行について（平成29年3月14日付け28ス庁第704号）」において、部活動指導員を制度化した概要、留意事項として部活動指導員の職務、規則等の整備、任用、研修、生徒の事故への対応、適切な練習時間や休養日の設定、生徒、保護者及び地域に対する理解の促進等について示されている。

ウ　校長は、運動部顧問の決定に当たっては、校務全体の効率的・効果的な実施に鑑み、教師の他の校務分掌や、部活動指導員の配置状況を勘案した上で行うなど、適切な校務分掌となるよう留意するとともに、学校全体としての適切な指導、運営及び管理に係る体制の構築を図る。

エ　校長は、毎月の活動計画及び活動実績の確認等により、各運動部の活動内容を把握し、生徒が安全にスポーツ活動を行い、教師の負担が過度とならないよう、適宜、指導・是正を行う。

オ　都道府県及び学校の設置者は、運動部顧問を対象とするスポーツ指導に係る知識及び実技の質の向上並びに学校の管理職を対象とする運動部活動の適切な運営に係る実効性の確保を図るための研修等の取組を行う。

カ　都道府県、学校の設置者及び校長は、教師の運動部活動への関与について、「学校における働き方改革に関する緊急対策（平成29年12月26日文部科学大臣決定）」及び「学校における働き方改革に関する緊急対策の策定並びに学校における業務改善及び勤務時間管理等に係る取組の徹底について（平成30年2月9日付け29文科初第1437号）」[3]を踏まえ、法令に則り、業務改善及び勤務時間管理等を行う。

2　合理的でかつ効率的・効果的な活動の推進のための取組

（1）　適切な指導の実施

ア　校長及び運動部顧問は、運動部活動の実施に当たっては、文部科学省が平成25年5月に作成した「運動部活動での指導のガイドライン」に則り、生徒の心身の健康管理（スポーツ障害・外傷の予防やバランスのとれた学校生活への配慮等を含む）、事故防止（活動場所における施設・設備の点検や活動における安全対策等）及び体罰・ハラスメントの根絶を徹底する。都道府県及び学校の設置者は、学校におけるこれらの取組が徹底されるよう、学校保健安全法等も踏まえ、適宜、支援及び指導・是正を行う。

イ　運動部顧問は、スポーツ医・科学の見地からは、トレーニング効果を得るために休養を適切に取ることが必要であること、また、過度の練習がスポーツ障害・外傷のリスクを高め、必ずしも体力・運動能力の向上につながらないこと等を正しく理解するとともに、生徒の体力の向上や、生涯を通じてスポーツに親しむ基礎を培うことができるよう、生徒とコミュニケーションを十分に図り、生徒がバーンアウトすることなく、技能や記録の向上等それぞれの目標を達成できるよう、競技種目の特性等を踏まえた科学的トレーニングの積極的な導入等により、休養を適切に取りつつ、短時間で効果が得られる指導を行う。

3　当該通知において、「部活動や放課後から夜間などにおける見回り等、「超勤4項目」以外の業務については、校長は、時間外勤務を命ずることはできないことを踏まえ、早朝や夜間等、通常の勤務時間以外の時間帯にこうした業務を命ずる場合、服務監督権者は、正規の勤務時間の割り振りを適正に行うなどの措置を講ずるよう徹底すること。」等について示されている。

また、専門的知見を有する保健体育担当の教師や養護教諭等と連携・協力し、発達の個人差や女子の成長期における体と心の状態等に関する正しい知識を得た上で指導を行う。

（2） 運動部活動用指導手引の普及・活用

ア　中央競技団体[4]は、競技の普及の役割に鑑み、運動部活動における合理的でかつ効率的・効果的な活動のための指導手引（競技レベルに応じた1日2時間程度の練習メニュー例と週間、月間、年間での活動スケジュールや、効果的な練習方法、指導上の 留意点、安全面の注意事項等から構成、運動部顧問や生徒の活用の利便性に留意した分かりやすいもの）を作成する。

イ　中央競技団体は、上記アの指導手引をホームページに掲載・公開するとともに、公益財団法人日本中学校体育連盟や都道府県等と連携して、全国の学校における活用を 依頼し、普及を図る。

ウ　運動部顧問は、上記アの指導手引を活用して、2（1）に基づく指導を行う。

3　適切な休養日等の設定

ア　運動部活動における休養日及び活動時間については、成長期にある生徒が、運動、食事、休養及び睡眠のバランスのとれた生活を送ることができるよう、スポーツ医・科学の観点からのジュニア期におけるスポーツ活動時間に関する研究[5]も踏まえ、以下を基準とする。

○　学期中は、週当たり2日以上の休養日を設ける。（平日は少なくとも1日、土曜日及び日曜日（以下「週末」という。）は少なくとも1日以上を休養日とする。週末に大会参加等で活動した場合は、休養日を他の日に振り替える。）

○　長期休業中の休養日の設定は、学期中に準じた扱いを行う。また、生徒が十分な休養を取ることができるとともに、運動部活動以外にも多様な活動を行うことがで きるよう、ある程度長期の休養期間（オフシーズン）を設ける。

○　1日の活動時間は、長くとも平日では2時間程度、学校の休業日（学期中の週末を含む）は3時間程度とし、できるだけ短時間に、合理的でかつ効率的・効果的な活動を行う。

イ　都道府県は、1（1）に掲げる「運動部活動の在り方に関する方針」の策定に当た っては、上記の基準を踏まえて休養日及び活動時間等を設定し、明記する。

ウ　学校の設置者は、1（1）に掲げる「設置する学校に係る運動部活動の方針」の策定に当たっては、上記の基準を踏まえるとともに、都道府県が策定した方針を参考に、休養日及び活動時間等を設定し、明記する。また、下記エに関し、適宜、支援及び指導・是正を行う。

4　スポーツ競技の国内統括団体
5　「スポーツ医・科学の観点からのジュニア期におけるスポーツ活動時間について」（平成29年12月18日公益財団 法人日本体育協会）において、研究等が競技レベルや活動場所を限定しているものではないことを踏まえた上で、「休養日を少なくとも1週間に1～2日設けること、さらに、週当たりの活動時間における上限は、16時間未満とすることが望ましい」ことが示されている。

エ　校長は、１（１）に掲げる「学校の運動部活動に係る活動方針」の策定に当たっては、上記の基準を踏まえるとともに、学校の設置者が策定した方針に則り、各運動部の休養日及び活動時間等を設定し、公表する。また、各運動部の活動内容を把握し、適宜、指導・是正を行う等、その運用を徹底する。

オ　なお、休養日及び活動時間等の設定については、地域や学校の実態を踏まえた工夫として、定期試験前後の一定期間等、運動部共通、学校全体、市区町村共通の部活動 休養日を設けることや、週間、月間、年間単位での活動頻度・時間の目安を定めることも考えられる。

4　生徒のニーズを踏まえたスポーツ環境の整備

（1）　生徒のニーズを踏まえた運動部の設置

ア　校長は、生徒の１週間の総運動時間が男女ともに二極化の状況にあり、特に、中学生女子の約２割が６０分未満であること[6]、また、生徒の運動・スポーツに関するニーズは、競技力の向上以外にも、友達と楽しめる、適度な頻度で行える等多様である[7]中で、現在の運動部活動が、女子や障害のある生徒等も含めて生徒の潜在的なスポーツニーズに必ずしも応えられていないことを踏まえ、生徒の多様なニーズに応じた活動を行うことができる運動部を設置する。

　　具体的な例としては、より多くの生徒の運動機会の創出が図られるよう、季節ごとに異なるスポーツを行う活動、競技志向でなくレクリエーション志向で行う活動、体力つくりを目的とした活動等、生徒が楽しく体を動かす習慣の形成に向けた動機付けとなるものが考えられる。

イ　地方公共団体は、少子化に伴い、単一の学校では特定の競技の運動部を設けることができない場合には、生徒のスポーツ活動の機会が損なわれることがないよう、複数校の生徒が拠点校の運動部活動に参加する等、合同部活動等の取組を推進する。

（2）　地域との連携等

ア　都道府県、学校の設置者及び校長は、生徒のスポーツ環境の充実の観点から、学校 や地域の実態に応じて、地域のスポーツ団体との連携、保護者の理解と協力、民間事 業者の活用等による、学校と地域が共に子供を育てるという視点に立った、学校と地 域が協働・融合した形での地域におけるスポーツ環境整備を進める。

6　スポーツ庁「平成29年度全国体力・運動能力、運動習慣等調査」（平成30年2月公表）では、保健体育の授業を除く１週間の総運動時間が60分未満である中学校２年生女子の割合は19.4％で、このうち、０分の割合は13.6％であった。

7　スポーツ庁「平成29年度全国体力・運動能力、運動習慣等調査」（平成30年2月公表）では、運動部や地域のスポーツクラブに所属していない、又は、文化部に所属していると答えた中学校２年生が運動部活動に参加する条件は、「好きな、興味のある運動やスポーツを行うことができる（男子42.9％・女子59.1％）」、「友達と楽しめる（男子42.7％・女子60.4％）」、「自分のペースで行うことができる（男子44.4％・女子53.8％）」が上位であった。

イ　公益財団法人日本体育協会[8]、地域の体育協会、競技団体及びその他のスポーツ団体は、総合型地域スポーツクラブやスポーツ少年団等の生徒が所属する地域のスポーツ団体に関する事業等について、都道府県もしくは学校の設置者等と連携し、学校と地域が協働・融合した形での地域のスポーツ環境の充実を推進する。

　　また、学校の設置者等が実施する部活動指導員の任用・配置や、運動部顧問等に対する研修等、スポーツ指導者の質の向上に関する取組に協力する

ウ　地方公共団体は、学校管理下ではない社会教育に位置付けられる活動については、各種保険への加入や、学校の負担が増加しないこと等に留意しつつ、生徒がスポーツに親しめる場所が確保できるよう、学校体育施設開放事業を推進する。

エ　都道府県、学校の設置者及び校長は、学校と地域・保護者が共に子供の健全な成長のための教育、スポーツ環境の充実を支援するパートナーという考え方の下で、こうした取組を推進することについて、保護者の理解と協力を促す。

5　学校単位で参加する大会等の見直し

ア　公益財団法人日本中学校体育連盟は、主催する学校体育大会について、4を踏まえ、単一の学校からの複数チームの参加、複数校合同チームの全国大会等への参加、学校と連携した地域スポーツクラブの参加などの参加資格の在り方、参加生徒のスポーツ障害・外傷の予防の観点から、大会の規模もしくは日程等の在り方、スポーツボランティア等の外部人材の活用などの運営の在り方に関する見直しを速やかに行う。また、都道府県中学校体育連盟が主催する大会においても、同様の見直しが行われるよう、必要な協力や支援を行う。

イ　都道府県中学校体育連盟及び学校の設置者は、学校の運動部が参加する大会・試合の全体像を把握し、週末等に開催される様々な大会・試合に参加することが、生徒や運動部顧問の過度な負担とならないよう、大会等の統廃合等を主催者に要請するとともに、各学校の運動部が参加する大会数の上限の目安等を定める。

ウ　校長は、都道府県中学校体育連盟及び学校の設置者が定める上記イの目安等を踏まえ、生徒の教育上の意義や、生徒や運動部顧問の負担が過度とならないことを考慮して、参加する大会等を精査する。

終わりに

○　本ガイドラインは、生徒の視点に立った、学校の運動部活動改革に向けた具体の取組について示すものであるが、今後、少子化がさらに進むことを踏まえれば、ジュニア期におけるスポーツ環境の整備については、長期的には、従来の学校単位での活動から一定規模の地域単位での活動も視野に入れた体制の構築が求められる。

8　団体名称を「公益財団法人日本スポーツ協会」に変更予定（2018年4月1日）。

○　このため、地方公共団体は、本ガイドラインを踏まえた運動部活動改革の取組を進めるとともに、地域の実情に応じて、長期的に、地域全体で、これまでの学校単位の運動部活動に代わりうる生徒のスポーツ活動の機会の確保・充実方策を検討する必要がある。

○　また、競技団体は、競技の普及の観点から、運動部活動やジュニア期におけるスポーツ活動が適切に行われるために必要な協力を積極的に行うとともに、競技力向上の観点から、地方公共団体や公益財団法人日本体育協会8、地域の体育協会等とも連携し、各地の将来有望なアスリートとして優れた素質を有する生徒を、本格的な育成・強化コースへ導くことができるよう、発掘・育成の仕組みの確立に向けて取り組む必要がある。

運動部活動での指導のガイドラガイドライン

平成25年5月　文部科学省

1．本ガイドラインの趣旨について

○ 運動部活動は、学校教育の一環として、スポーツに興味と関心をもつ同好の生徒の自主的、自発的な参加により、顧問の教員をはじめとした関係者の取組や指導の下に運動やスポーツを行うものであり、各学校で多様な活動が行われています。

○ 本ガイドラインに記述する内容は、これまでに文部科学省が作成した資料（「みんなでつくる運動部活動」平成11年3月）等で掲げているもの、地方公共団体、学校、指導者に

よっては既に取り組んできたものもありますが、今後の各中学校、高等学校（中等教育学校を含む。以下同じ。）での運動部活動での指導において必要である又は考慮が望まれる基本的な事項、留意点をあらためて整理し、示したものです。

○　本ガイドラインを踏まえて、各地方公共団体、学校、指導者（顧問の教員及び外部指導者をいう。以下同じ。）が、運動部活動での具体的な指導の在り方、内容や方法について必要な検討、見直し、創意工夫、改善、研究を進め、それぞれの特色を生かした適切で効果的な指導を行うことにより、運動部活動が一層充実していくことを期待します。

2．生徒にとってのスポーツの意義

○　スポーツは、スポーツ基本法に掲げられているとおり、世界共通の人類の文化であり、人々が生涯にわたり心身ともに健康で文化的な生活を営むうえで不可欠なものとなっています。特に、心身の成長の過程にある中学校、高等学校の生徒にとって、体力を向上させるとともに、他者を尊重し他者と協同する精神、公正さと規律を尊ぶ態度や克己心を培い、実践的な思考力や判断力を育むなど、人格の形成に大きな影響を及ぼすものであり、生涯にわたる健全な心と身体を培い、豊かな人間性を育む基礎となるものです。

運動部活動において生徒がスポーツに親しむことは、学校での授業等での取組、地域や家庭での取組とあいまって、スポーツ基本法の基本理念を実現するものとなります。

3．運動部活動の学校教育における位置付け、意義、役割等について
①　運動部活動は学校教育の一環として行われるものです

○　現行の学習指導要領では、部活動について、学校教育の中で果たす意義や役割を踏まえ、「学校教育の一環として、教育課程との関連が図られるよう留意する」ことについて明確に示しています。具体的には、中学校学習指導要領では、第1章総則で部活動について、第2章第7節保健体育で運動部活動について、高等学校学習指導要領では、第1章総則で部活動について、第2章第6節保健体育で運動部活動について、下記のとおり規定しています。

なお、学習指導要領にこのように規定されたことをもって、生徒の自主的、自発的な参加により行われるとの部活動の性格等が変わるものではありません。

②　運動部活動は、スポーツの技能等の向上のみならず、生徒の生きる力の育成、豊かな学校生活の実現に意義を有するものとなることが望まれます

○　学校教育の一環として行われる運動部活動は、スポーツに興味と関心をもつ同好の生徒が、より高い水準の技能や記録に挑戦する中で、生徒に下記のような様々な意義や効果をもたらすものと考えられます。

- ・ スポーツの楽しさや喜びを味わい、生涯にわたって豊かなスポーツライフを継続する資質や能力を育てる。
- ・ 体力の向上や健康の増進につながる。
- ・ 保健体育科等の教育課程内の指導で身に付けたものを発展、充実させたり、活用させたりするとともに、運動部活動の成果を学校の教育活動全体で生かす機会となる。
- ・ 自主性、協調性、責任感、連帯感などを育成する。
- ・ 自己の力の確認、努力による達成感、充実感をもたらす。
- ・ 互いに競い、励まし、協力する中で友情を深めるとともに、学級や学年を離れて仲間や指導者と密接に触れ合うことにより学級内とは異なる人間関係の形成につながる。

○ このように、運動部活動は、各学校の教育課程での取組とあいまって、学校教育が目指す生きる力の育成、豊かな学校生活を実現させる役割を果たしていると考えられます。

○ 継続的にスポーツを行う上で、勝利を目指すこと、今以上の技能の水準や記録に挑戦することは自然なことであり、それを学校が支援すること自体が問題とされるものではありませんが、大会等で勝つことのみを重視し過重な練習を強いることなどがないようにすること、健全な心と身体を培い、豊かな人間性を育むためのバランスのとれた運営と指導が求められます。

③ 生徒の自主的、自発的な活動の場の充実に向けて、運動部活動、総合型地域スポーツクラブ等が地域の特色を生かして取り組むこと、また、必要に応じて連携することが望まれます

○ 生徒が取り組みたいスポーツの種目、身に付けたい技能や記録の向上の程度は様々です。より高い水準の技能や記録に挑むことを重視する生徒、自分なりのペースでスポーツに親しみたい生徒、一つの種目よりも様々な種目に挑戦したい生徒等がいます。

各地方公共団体、学校では、生徒の多様なニーズを把握するとともに、それらに応え、運動部活動への参加の効果を一層高めるために、活動内容や実施形態の工夫、シーズン制等による複数種目実施、複数校による合同実施等の様々な取組が望まれます。さらに学校の取組だけではなく、総合型地域スポーツクラブ等との連携や地域のスポーツ指導者、施設の活用など、地域社会全体が連携、協働した取組も望まれます。その際には、学校、地域関係者が相互に情報提供し、理解しつつ、取り組むことが望まれます。

４．運動部活動での指導の充実のために必要と考えられる７つの事項
運動部活動での効果的、計画的な指導に向けて

① 顧問の教員だけに運営、指導を任せるのではなく、学校組織全体で運動部活動の目標、指導の在り方を考えましょう

〈学校組織全体での運営や指導の目標、方針の作成と共有〉

○　運動部活動は、顧問の教員の積極的な取組に支えられるところが大きいと考えられますが、学校教育の一環としてその管理の下に行われるものであることから、各活動の運営、指導が顧問の教員に任せきりとならないようにすることが必要です。

　　校長のリーダーシップのもと、教員の負担軽減の観点にも配慮しつつ、学校組織全体で運動部活動の運営や指導の目標、方針を検討、作成するとともに、日常の運営、指導において、必要な場合には校長が適切な指示をしたり、顧問の教員等の間で意見交換、指導の内容や方法の研究、情報共有を図ることが必要です。この取組の中で、体罰等が許されないことの意識の徹底を図ることも必要です。

○　目標、方針等の作成及び日常の指導において生徒の健康管理、安全確保、栄養管理等に取り組む場合には、学校内の保健体育科担当の教諭、養護教諭、栄養教諭等の専門的知見を有する関係者の協力を得ることも効果的であると考えられます。

○　生徒に対しても、各部内のみならず学校内の各部のキャプテンやリーダー的な生徒が横断的に活動の在り方等について意見や情報を交換することを促すことも望まれます。

〈保護者等への目標、計画等の説明と理解〉

○　保護者等に対して、学校全体の目標や方針、各部の活動の目標や方針、計画等について積極的に説明し、理解を得ることが望まれます。

②　各学校、運動部活動ごとに適切な指導体制を整えましょう

〈外部指導者等の協力確保、連携〉

○　顧問の教員の状況や生徒のニーズ等によっては、当該スポーツ種目の技術的な指導は、地域などでの優れた指導力を有する外部指導者が中心となって行うことが効果的である場合も考えられます。

　　また、指導、健康管理等において、地域のスポーツドクター、トレーナー等の協力を得ることも有意義であると考えられます。

　　これらの外部指導者等の協力を得る場合には、学校の取組以外に、地方公共団体、関係団体、総合型地域スポーツクラブ、医療関係者等とも連携、情報交換しながら、協力を得られる外部指導者等の情報等を把握していくことが重要です。

〈外部指導者等の協力を得る場合の校内体制の整備〉

○　運動部活動は学校教育の一環として、学校、顧問の教員により進められる教育活動であることから、外部指導者等の協力を得る場合には、学校全体の目標や方針、各部の活動の目標や方針、計画、具体的な指導の内容や方法、生徒の状況、事故が発生した場合の対応等について、学校、顧問の教員と外部指導者等との間で十分な調整を行い、外部指導者等の理解を得るとともに、相互に情報を共有することが必要です。技術的な指導においても、

必要なときには顧問の教員は外部指導者に適切な指示を行うこととして、指導を外部指導者に任せきりとならないようにすることが必要です。

○ 外部指導者等は学校の取組に対する理解を深め、その目標や方針等を踏まえた適切な指導や取組を行うことが求められます。

③ 活動における指導の目標や内容を明確にした計画を策定しましょう

〈生徒のニーズや意見の把握とそれらを反映させた目標等の設定、計画の作成〉

○ 運動部活動は、学校教育の一環として行われるものですが、生徒の自主的、自発的な参加によるものです。生徒の間には、好きなスポーツの技能を高めたい、記録を伸ばしたい、一定のペースでスポーツに親しみたい、放課後を有意義に過ごしたい、信頼できる友達を見付けたいなど、運動部活動を行うに際して様々な目的、目標があります。

各運動部活動の顧問の教員は、運営・指導者としての一方的な方針により活動するのではなく、生徒との意見交換等を通じて生徒の多様な運動部活動へのニーズや意見を把握し、生徒の主体性を尊重しつつ、各活動の目標、指導の方針を検討、設定することが必要です。この場合、勝つことのみを目指すことのないよう、生徒が生涯にわたってスポーツに親しむ基礎を育むこと、発達の段階に応じた心身の成長を促すことに十分留意した目標や指導の方針の設定が必要です。

○ さらに、この目標の達成に向けて、長期的な期間や各学年等での指導（活動）内容とそのねらい、指導（練習）方法、活動の期間や時間等を明確にした計画を作成して、入部の際や保護者会などで生徒や保護者等に説明し、理解を得ることが重要です。

○ 目標等の設定、計画の作成に際しては、運動部活動が、教育課程において学習したことなども踏まえ、自らの適性や興味、関心等をより深く追求していく機会であることから、各教科等の目標及び内容との関係にも配慮しつつ、生徒自身が教育課程において学習する内容について改めてその大切さを認識するよう促すなどにより、各学校の教育課程と関連させながら学校教育全体として生徒の「生きる力」の育成を図ることへの留意が望まれます。

また、活動をとおして生徒の意見等を把握する中で、適宜、目標、計画等を見直していくことが望まれます。

〈年間を通したバランスのとれた活動への配慮〉

○ 生徒が、運動部活動に活発に取り組む一方で、多様なものに目を向けてバランスのとれた心身の成長、学校生活を送ることができるようにすること、生涯にわたってスポーツに親しむ基盤をつくることができるようにすること、運動部活動の取組で疲れて授業に集中できなくなることがないようにすること等が重要です。

厳しい練習とは、休養日なく練習したり、いたずらに長時間練習することとは異なるも

のです。年間を通して、一年間を試合期、充実期、休息期に分けてプログラムを計画的に立てること、参加する大会や練習試合を精選すること、より効率的、効果的な練習方法等を検討、導入すること、一週間の中に適切な間隔により活動を休む日や活動を振り返ったり、考えたりする日を設けること、一日の練習時間を適切に設定すること等を考慮しつつ、計画を作成し、指導を行っていくことが必要です。

　　これらは、成長期にある生徒のスポーツ障害や事故を防ぐためにも、また、心理面での疲労回復のためにも重要です。

〈年間の活動の振り返りと次年度への反映〉

　○　組織的な教育活動として、目標を生徒に示して共通理解を図りながら、具体的な活動を行い、成果を検証していくＰＤＣＡサイクルによる活動が望まれます。

実際の活動での効果的な指導に向けて

④　適切な指導方法、コミュニケーションの充実等により、生徒の意欲や 自主的、自発的な活動を促しましょう

〈科学的裏付け等及び生徒への説明と理解に基づく指導の実施〉

　○　運動部活動での指導の内容や方法は、生徒のバランスのとれた心身の成長に寄与するよう、科学的な根拠がある又は社会的に認知されているものであることが必要 であるとともに、運動部活動は生徒の自主的、自発的な参加によるものであること を踏まえて、生徒に対する説明及び生徒の理解により行われることが必要です。このため、指導者は、活動目標、指導の方針、計画、指導内容や方法等を生徒が理解できるように適切に伝えることが重要です。また、日常の指導でも、指導者と生徒の間のコミュニケーションの充実により、練習において、誰が、何を、いつ、どこで、なぜ（どのような目的で）、どのように行えばよいのか等を理解させていくことが重要です。

〈生徒が主体的に自立して取り組む力の育成〉

　○　個々の生徒が、技能や記録等に関する自分の目標や課題、運動部活動内での自分の役割や仲間との関係づくり等について自ら設定、理解して、その達成、解決に向けて必要な内容や方法を考えたり、調べたりして、実践につなげる、また、生徒同士で、部活動の方向性や各自の取組姿勢、試合での作戦や練習にかかる事柄等について、筋道立てて話し合う活動などにより目標達成や課題解決に向けて必要な取組を考え、実践につなげるというような生徒が主体的に自立して取り組む力を、指導者は、指導を通して発達の段階に応じて育成することが重要です。教育課程の各教科等での思考力・判断力・表現力等の育成とそのための言語活動の取組と合わせて、運動部活動でも生徒が主体的に自立して取り組む力を、指導者は、指導を通して発達の段階に応じて育成することが重要です。

教育課程の各教科等での思考力・判断力・表現力等の育成とそのための言語活動の取組と合わせて、運動部活動でも生徒が主体的に自立して取り組む力の育成のための言語活動に取り組むことが考えられます。

〈生徒の心理面を考慮した肯定的な指導〉

○　指導者は、生徒自らが意欲をもって取り組む姿勢となるよう、雰囲気づくりや心理面での指導の工夫が望まれます。生徒のよいところを見付けて伸ばしていく肯定的な指導、叱ること等を場面に応じて適切に行っていくことが望まれます。指導者の感情により指導内容や方法が左右されないように注意が必要です。

　　また、それぞれの目標等に向けて様々な努力を行っている生徒に対して、評価や励ましの観点から積極的に声を掛けていくことが望まれます。

〈生徒の状況の細かい把握、適切なフォローを加えた指導〉

○　活動の目標によっては大きな肉体的な負荷を課したり、精神的負荷を与えた条件の下での練習も想定されますが、指導者は、個々の生徒の健康、体力等の状況を事前に把握するとともに、練習中に声を掛けて生徒の反応を見たり、疲労状況や精神状況を把握しながら指導することが大切です。また、キャプテンの生徒は心身両面で他の生徒よりも負担がかかる場合もあるため、適切な助言その他の支援に留意することが大切です。

○　指導者が試合や練習中に激励等として厳しい言葉や内容を生徒に発することもあり得ますが、競技、練習継続の意欲を失わせるようなものは不適当、不適切です。生徒の心理についての科学的な知見、言葉の効果と影響を十分に理解し、厳しい言葉等を発した後には生徒へのフォローアップについても留意することが望まれます。

〈指導者と生徒の信頼関係づくり〉

○　運動部活動は自主的、自発的な活動であるため、指導者が生徒に対して、指導の目的、技能等の向上や生徒の心身の成長のために適切な指導の内容や方法であること等を明確に伝え、理解させた上で取り組ませるなど、両者の信頼関係づくりが活動の前提となります。ただし、信頼関係があれば指導に当たって体罰等を行っても許されるはずとの認識は誤りであり、決して許されません。

〈上級生と下級生、生徒の間の人間関係形成、リーダー育成等の集団づくり〉

○　運動部活動は、複数の学年の生徒が参加すること、同一学年でも異なる学級の生徒が参加すること、生徒の参加する目的や技能等が様々であること等の特色をもち、学級担任としての学級経営とは異なる指導が求められます。指導者は、生徒のリーダー的な資質能力の育成とともに、協調性、責任感の涵養等の望ましい人間関係や人権感覚の育成、生徒への目配り等により、上級生による暴力行為やいじめ等の発生の防止を含めた適切な集団づくりに留意することが必要です。

〈事故防止、安全確保に注意した指導〉

○　近年も運動部活動で生徒の突然死、頭頸部の事故、熱中症等が発生しており、けがや事故を未然に防止し、安全な活動を実現するための学校全体としての万全の体制づくりが必要です。

　　指導者は、生徒はまだ自分の限界、心身への影響等について十分な知識や技能をもっていないことを前提として、計画的な活動により、各生徒の発達の段階、体力、習得状況等を把握し、無理のない練習となるよう留意するとともに、生徒の体調等の確認、関係の施設、設備、用具等の定期的な安全確認、事故が起こった場合の対処の仕方の確認、医療関係者等への連絡体制の整備に留意することが必要です。

　　また、生徒自身が、安全に関する知識や技能について、保健体育等の授業で習得した内容を活用、発展させたり、新たに身に付け、積極的に自分や他人の安全を確保することができるようにすることが大切です。

○　運動部活動中、顧問の教員は生徒の活動に立ち会い、直接指導することが原則ですが、やむを得ず直接練習に立ち会えない場合には、他の顧問の教員と連携、協力したり、あらかじめ顧問の教員と生徒との間で約束された安全面に十分に留意した内容や方法で活動すること、部活動日誌等により活動内容を把握すること等が必要です。このためにも、日頃から生徒が練習内容や方法、安全確保のための取組を考えたり、理解しておくことが望まれます。

⑤　**肉体的、精神的な負荷や厳しい指導と体罰等の許されない指導とをしっかり区別しましょう**

○　運動部活動での指導では、学校、指導者、生徒、保護者の間での十分な説明と相互の理解の下で、生徒の年齢、健康状態、心身の発達状況、技能の習熟度、活動を行う場所的、時間的環境、安全確保、気象状況等を総合的に考えた科学的、合理的な内容、方法により行われることが必要です。

○　学校教育の一環として行われる運動部活動では、指導と称して殴る・蹴ること等はもちろん、懲戒として体罰が禁止されていることは当然です。また、指導に当たっては、生徒の人間性や人格の尊厳を損ねたり否定するような発言や行為は許されません。体罰等は、直接受けた生徒のみならず、その場に居合わせて目撃した生徒の後々の人生まで、肉体的、精神的に悪い影響を及ぼすことになります。

　　校長、指導者その他の学校関係者は、運動部活動での指導で体罰等を厳しい指導として正当化することは誤りであり決して許されないものであるとの認識をもち、それらを行わないようにするための取組を行うことが必要です。学校関係者のみならず、保護者等も同様の認識をもつことが重要であり、学校や顧問の教員から積極的に説明し、理解を図るこ

とが望まれます。

　日本中学校体育連盟、全国高等学校体育連盟は、平成25年3月13日に「体罰根絶宣言」を発表しています。

　日本体育協会、日本オリンピック委員会、日本障害者スポーツ協会、日本中学校体育連盟、全国高等学校体育連盟は、平成25年4月25日に「スポーツ界における暴力行為根絶宣言」を採択しています。

　両宣言は各団体のホームページに掲載されています。

○　学校教育において教員等が生徒に対して行った懲戒行為が体罰に当たるかどうかは、「当該児童生徒の年齢、健康状態、心身の発達状況、当該行為が行われた場所的及び時間的環境、懲戒の態様等の様々な条件を総合的に考え、個々の事案ごとに判断する必要がある。この際、単に、懲戒行為をした教員等や、懲戒行為を受けた児童生徒、保護者の主観のみにより判断するのではなく、諸条件を客観的に考慮して判断すべきである。これにより、その懲戒の内容が身体的性質のもの、すなわち、身体に対する侵害を内容とするもの（殴る、蹴る等）、児童生徒に肉体的苦痛を与えるようなもの（正座・直立等特定の姿勢を長時間にわたって保持させる等）に当たると判断された場合は、体罰に該当する。」とされています。（「体罰の禁止及び児童生徒理解に基づく指導の徹底について（通知）」（平成25年3月13日付け文部科学省初等中等教育局長、スポーツ・青少年局長通知））

○　運動部活動での指導における個別の事案が通常の指導か、体罰等の許されない指導に該当するか等を判断するに当たっては、上記のように、様々な条件を総合的に考え、個々の事案ごとに判断する必要がありますが、参考として下記の整理が考えられます。

　各地方公共団体、学校、指導者は、このような整理の基となる考え方を参考に、スポーツの指導での共通的及び各スポーツ種目の特性に応じた指導内容や方法等を考慮しつつ、検討、整理のうえ、一定の認識を共有し、実践していくことが必要です。

通常のスポーツ指導による肉体的、精神的負荷として考えられるものの例

　計画にのっとり、生徒へ説明し、理解させた上で、生徒の技能や体力の程度等を考慮した科学的、合理的な内容、方法により、下記のような肉体的、精神的負荷を伴う指導を行うことは運動部活動での指導において想定されるものと考えられます。（生徒の健康管理、安全確保に留意し、例えば、生徒が疲労している状況で練習を継続したり、準備ができていない状況で故意にボールをぶつけたりするようなこと、体の関係部位を痛めているのに無理に行わせるこ

と等は当然避けるべきです。）

（例）

・　バレーボールで、レシーブの技能向上の一方法であることを理解させた上で、様々な角度から反復してボールを投げてレシーブをさせる。

・　柔道で、安全上受け身をとれることが必須であることを理解させ、初心者の生徒に対して、毎日、技に対応できるような様々な受け身を反復して行わせる。

・　練習に遅れて参加した生徒に、他の生徒とは別に受け身の練習を十分にさせてから技の稽古に参加させる。

・　野球の試合で決定的な場面でスクイズを失敗したことにより得点が入らなかったため、1点の重要性を理解させるため、翌日、スクイズの練習を中心に行わせる。

・　試合で負けたことを今後の練習の改善に生かすため、試合後、ミーティングで生徒に練習に取り組む姿勢や練習方法の工夫を考えさせ、今後の取組内容等を自分たちで導き出させる。

> 学校教育の一環である運動部活動で教育上必要があると認められるときに行われると考えられるものの例

運動部活動での規律の維持や活動を円滑に行っていくための必要性、本人への教育、指導上の必要性から、必要かつ合理的な範囲内で下記のような例を行うことは運動部活動での指導において想定されるものと考えられます。（例）

・　試合中に危険な反則行為を繰り返す生徒を試合途中で退場させて見学させるとともに、試合後に試合会場にしばらく残留させて、反則行為の危険性等を説諭する。

・　練習で、特に理由なく遅刻を繰り返し、また、計画に基づく練習内容を行わない生徒に対し、試合に出さずに他の選手の試合に臨む姿勢や取組を見学させ、日頃の練習態度、チームプレーの重要性を考えさせ、今後の取組姿勢の改善を促す。

> 有形力の行使であるが正当な行為（通常、正当防衛、正当行為と判断されると考えられる行為）として考えられるものの例

上記の「体罰の禁止及び児童生徒理解に基づく指導の徹底について（通知）」では、「児童生徒から教員等に対する暴力行為に対して、教員等が防衛のためにやむを得ずした有形力の行使は、もとより教育上の措置である懲戒行為として行われたものではなく、これにより身体への侵害又は肉体的苦痛を与えた場合は体罰には該当しない。また、他の児童生徒に被害を及ぼす

ような暴力行為に対して、これを制止したり、目前の危険を回避したりするためにやむを得ず
した有形力の行使についても、同様に体罰に当たらない。これらの行為については、正当防衛
又は正当行為等として刑事上又は民事上の責めを免れうる。」とされています。下記のような
例を行うことは運動部活動での指導において想定されるものと考えられます。

○ 生徒から顧問の教員等に対する暴力行為に対し、教員等が防衛のためにやむを得ず行った
　有形力の行使

（例）
　・ 生徒が顧問の教員の指導に反抗して教員の足を蹴ったため、生徒の背後に回り、体をき
　　つく押さえる。

○ 他の生徒に被害を及ぼすような暴力行為に対し、これを制止したり、目前の危険を回避す
るためにやむを得ず行った有形力の行使

（例）
　・ 練習中に、危険な行為を行い、当該生徒又は関係の生徒に危害が及ぶ可能性があること
　　から、別の場所で指導するため、別の場所に移るように指導したが従わないため、生徒の
　　腕を引っ張って移動させる。
　・ 試合中に相手チームの選手とトラブルとなり、殴りかかろうとする生徒を押さえ付けて
　　制止させる。

体罰等の許されない指導と考えられるものの例

　運動部活動での指導において、学校教育法、運動部活動を巡る判例、社会通念等から、指導
者による下記の①から⑥のような発言や行為は体罰等として許されないものと考えられます。
　また、これらの発言や行為について、指導者と生徒との間での信頼関係があれば許されると
の認識は誤りです。
　指導者は、具体的な許されない発言や行為についての共通認識をもつことが必要です。

① 殴る、蹴る等。
② 社会通念、医・科学に基づいた健康管理、安全確保の点から認め難い又は限度を超えたよ
　うな肉体的、精神的負荷を課す。

（例）
　・ 長時間にわたっての無意味な正座・直立等特定の姿勢の保持や反復行為をさせる。
　・ 熱中症の発症が予見され得る状況下で水を飲ませずに長時間ランニングをさせる。
　・ 相手の生徒が受け身をできないように投げたり、まいったと意思表示しているにも関わ
　　らず攻撃を続ける。

- ・ 防具で守られていない身体の特定の部位を打突することを繰り返す。
③ パワーハラスメントと判断される言葉や態度による脅し、威圧・威嚇的発言や行為、嫌がらせ等を行う。
④ セクシャルハラスメントと判断される発言や行為を行う。
⑤ 身体や容姿に係ること、人格否定的（人格等を侮辱したり否定したりするような）な発言を行う。
⑥ 特定の生徒に対して独善的に執拗かつ過度に肉体的、精神的負荷を与える。

上記には該当しなくとも、社会通念等から、指導に当たって身体接触を行う場合、必要性、適切さに留意することが必要です。

なお、運動部活動内の先輩、後輩等の生徒間でも同様の行為が行われないように注意を払うことが必要です。

| 指導力の向上に向けて |

⑥ **最新の研究成果等を踏まえた科学的な指導内容、方法を積極的に取り入れましょう**

〈科学的な指導内容、方法の積極的な取り入れ〉

○ 指導者は、効果的な指導に向けて、自分自身のこれまでの実践、経験にたよるだけでなく、指導の内容や方法に関して、大学や研究機関等での科学的な研究により理論付けられたもの、研究の結果や数値等で科学的根拠が得られたもの、新たに開発されたものなど、スポーツ医・科学の研究の成果を積極的に習得し、指導において活用することが重要です。事故防止、安全確保、生徒の発達の段階を考慮せず肩、肘、腰、膝などの酷使によるスポーツ障害を防ぐことのためにも望まれます。

〈学校内外での指導力向上のための研修、研究〉

○ 指導者は、国、地方公共団体、大学等の研究者、関係団体、医学関係者等による研修、講習や科学的な知見、研究成果等の公表の場を積極的に活用することが望まれます。地方公共団体、学校は、指導者のこれらの研修等への参加に際しての必要な配慮や支援が望まれます。

○ 顧問の教員は、学校の教育課程での担当教科等や生徒指導上での指導の内容や方法の研究と同様に、運動部活動での指導方法等についても積極的な実践研究が望まれます。学校内や地域の研究会などで、顧問の教員同士で共同して研究したり、研究成果を情報共有していくことも望まれます。

⑦ **多様な面で指導力を発揮できるよう、継続的に資質能力の向上を図りましょう**

〈校長等の管理職の理解〉

○ 運動部活動は学校教育の一環であることを踏まえ、校長等の管理職は、学校組織全体で

の取組を進めるために、運動部活動の意義、運営や指導の在り方について理解を深めることが重要です。

〈運動部活動のマネジメント力その他多様な指導力の習得〉

○　指導者は、運動部活動が総合的な人間形成の場となるよう、当該スポーツ種目の技術的な指導、ルール、審判に係る内容とともに、生徒の発達の段階や成長による変化、心理、生理、栄養、休養、部のマネジメント、コミュニケーション等に関する幅広い知識や技能を継続的に習得し、多様な面での指導力を身に付けていくとともに、それらを向上させることが望まれます。

<参 考>

○　中学校学習指導要領 平成２９年３月（抜粋）

第1章　総則

第5　学校運営上の留意事項

1　教育課程の改善と学校評価，教育課程外の活動との連携等

ウ　教育課程外の学校教育活動と教育課程の関連が図られるように留意するものとする。特に，生徒の自主的，自発的な参加により行われる部活動については，スポーツや文化，科学等に親しませ，学習意欲の向上や責任感，連帯感の涵養等，学校教育が目指す資質・能力の育成に資するものであり，学校教育の一環として，教育課程との関連が図られるよう留意すること。その際，学校や地域の実態に応じ，地域の人々の協力，社会教育施設や社会教育関係団体等の各種団体との連携などの運営上の工夫を行い，持続可能な運営体制が整えられるようにするものとする。

2　（略）

○　中学校学習指導要領解説 保健体育編 平成29年7月（抜粋）

第3章　指導計画の作成と内容の取扱い

3　部活動の意義と留意点等

　　部活動の指導及び運営等に当たっては，第1章総則第5の1ウに示された部活動の意義と留意点等を踏まえて行うことが重要である。中学生の時期は，生徒自身の興味・関心に応じて，教育課程外の学校教育活動や 地域の教育活動など，生徒による自主的・自発的な活動が多様化していく段階にある。少子化や核家族化が進む中にあって，中学生が学校外の様々な活動に参加することは，ともすれば学校生活にとどまりがちな生徒の生活の場を地域社会に広げ，幅広い視野に立って自らのキャリア形成を考える機会となることも期待される。このような教育課程外の様々な教育活動を教育課程と関連付けることは，生徒が多様な学びや経験をする場や自らの興味・関心を深く追究する機会などの充実につながる。

　　特に，学校教育の一環として行われる部活動は，異年齢との交流の中で，生徒同士や教員と生徒等の人間関係の構築を図ったり，生徒自身が活動を通して自己肯定感を高めたりするなど，その教育的意義が高いことも指摘されている。

　　そうした教育的意義が部活動の充実の中のみで図られるのではなく，例えば，運動部の活動において保健体育科の指導との関連を図り，競技を「すること」のみならず，「みる，支える，知る」といった視点からスポーツに関する科学的知見やスポーツとの多様な関わり方及びスポーツがもつ様々な良さを実感しながら，自己の適性等に応じて，生涯にわた

るスポーツとの豊かな関わり方を学ぶなど，教育課程外で行われる部活動と教育課程内の活動との関連を図る中で，その教育効果が発揮されることが重要である。

　このため，本項では生徒の自主的，自発的な参加により行われる部活動について，

①　スポーツや文化及び科学等に親しませ，学習意欲の向上や責任感，連帯感の涵養，互いに協力し合って友情を深めるといった好ましい人間関係の形成等に資するものであるとの意義があること，

②　部活動は，教育課程において学習したことなども踏まえ，自らの適性や興味・関心等をより深く追求していく機会であることから，第2章以下に示す各教科等の目標及び内容との関係にも配慮しつつ，生徒自身が教育課程において学習する内容について改めてその大切さを認識するよう促すなど，学校教育の一環として，教育課程との関連が図られるよう留意すること，

③　一定規模の地域単位で運営を支える体制を構築していくことが長期的には不可欠であることから，設置者等と連携しながら，学校や地域の実態に応じ，教員の勤務負担軽減の観点も考慮しつつ，部活動指導員等のスポーツや文化及び科学等にわたる指導者や地域の人々の協力，体育館や公民館などの社会教育施設や地域のスポーツクラブといった社会教育関係団体等の各種団体との連携などの運営上の工夫を行うこと，

をそれぞれ規定している。

　各学校が部活動を実施するに当たっては，本項を踏まえ，生徒が参加しやすいように実施形態などを工夫するとともに，生徒の生活全体を見渡して休養日や活動時間を適切に設定するなど生徒のバランスのとれた生活や成長に配慮することが必要である。(後略)

○　安全確保のための取組に関する参考資料掲載ウェブサイト

(文部科学省)

▶　学校における体育活動中の事故防止について（報告書）平成24年7月 http://www.mext.go.jp/a_menu/sports/jyujitsu/1323968.htm

(独立行政法人日本スポーツ振興センター)

▶　学校の管理下における事故の事例や統計情報等

・学校の管理下の死亡・障害事例と事故防止の留意点

・学校の管理下の災害─基本統計─

http://jpnsport.go.jp/anzen/home/tabid/284/Default.aspx

▶　学校における突然死予防必携 http://jpnsport.go.jp/anzen/anzen_school/anzenjouhou/taisaku/sudden/tabid/228/Default.aspx

▶　熱中症を予防しよう－知って防ごう熱中症－ http://jpnsport.go.jp/anzen/anzen_

school/anzenjouhou/taisaku/nettyuusyo//tabid/848/Default.aspx

○　部活動指導員に対する研修内容（例）
　学校の設置者等及び学校において実施する部活動指導員を対象とした研修の内容について、それぞれ以下に例を示す。

【学校の設置者等において実施する研修】
✓　部活動指導員制度の概要（身分、職務、勤務形態、報酬・費用弁償、災害補償等）
✓　学校教育及び学習指導要領
✓　部活動の意義及び位置付け
✓　服務（校長の監督を受けること、生徒の人格を傷つける言動や体罰が禁止されていること、保護者等の信頼を損なうような行為の禁止等）
✓　生徒の発達段階に応じた科学的な指導
✓　顧問や部活動を担当する教諭等との情報共有
✓　安全・障害予防に関する知識・技能の指導
✓　学校外での活動（大会・練習試合等）の引率
✓　生徒指導に係る対応
✓　事故が発生した場合の現場対応
✓　女子生徒や障害のある生徒などへの配慮
✓　保護者等への対応
✓　部活動の管理運営（会計管理等）

【学校において実施する研修】
✓　学校、各部の活動の目標や方針（各部の練習時間や休養日の徹底も含む）
✓　学校、各部が抱課題
✓　学校、各部における用具・施設の点検・管理[16]

16　スポーツ庁「運動部活動の在り方に関する総合的なガイドライン」（PDF:1380KB）より抜粋https://www.mext.go.jp/sports/b_menu/shingi/013_index/toushin/__icsFiles/afieldfile/2018/03/19/1402624_1.pdf（最終閲覧日：2020年8月10日）

最高裁判所判例「公務員に対する懲戒処分取消等請求事件」
（令和２年７月）判決文（抜粋）

裁判年月日	令和２年７月６日	**裁判所名**	最高裁第一小法廷
裁判区分	判決	**事件番号**	平31（行ヒ）97号
事件名	公務員に対する懲戒処分取消等請求事件		
裁判結果	破棄自判		

要旨

◆市立中学校の柔道部の顧問である教諭が部員間のいじめの被害生徒に対し受診に際して医師に自招事故による旨の虚偽の説明をするよう指示したこと等を理由とする停職6月の懲戒処分を違法とした原審の判断に違法があるとされた事例

裁判経過

控訴審　　平成30年11月9日 大阪高裁 判決 平30（行コ）51号 公務員に対する懲戒処分取消等請求控訴事件

第一審　　平成30年3月27日 神戸地裁 判決 平28（行ウ）66号 公務員に対する懲戒処分取消等請求事件

出典

裁判所ウェブサイト

主文

原判決中上告人敗訴部分を破棄する。

前項の部分につき，被上告人の控訴を棄却する。

控訴費用及び上告費用は被上告人の負担とする。

理由

上告代理人藤原正廣の上告受理申立て理由について

1　本件は，兵庫県姫路市の市立中学校（以下「本件中学校」という。）の教諭であった被上告人が，顧問を務める同校柔道部（以下，単に「柔道部」ということがある。）におけ

る部員間の暴力行為を伴ういじめの事実を把握しながら，受傷した被害生徒に対し，受診に際して医師に自招事故による旨の虚偽の説明をするよう指示したこと等を理由に，任命権者である兵庫県教育委員会（以下「県教委」という。）から停職6月の懲戒処分（以下「本件処分」という。）を受けたため，本件処分は重きに失するなどと主張して，上告人を相手に，その取消しを求めるとともに，国家賠償法1条1項に基づく損害賠償を求める事案である。

2　関係法令等の定め及び原審の適法に確定した事実関係の概要は，次のとおりである。

（1）ア　いじめ防止対策推進法8条は，学校及び学校の教職員は，当該学校に在籍する児童又は生徒がいじめを受けていると思われるときは，適切かつ迅速にこれに対処する責務を有する旨を定めている。

また，同法12条は，地方公共団体は，その地域の実情に応じ，当該地方公共団体におけるいじめの防止等のための対策を総合的かつ効果的に推進するための基本的な方針を定めるよう努めるものとしており，これを受けて，上告人及び姫路市においてそれぞれ基本方針が定められている。このうち兵庫県いじめ防止基本方針は，「いじめを受けている児童生徒及び保護者への支援」として，「いじめを受けている児童生徒を守るとともに，心配や不安を取り除き，解決への希望や自分に対する自信を持たせる。」などとしている。また，姫路市いじめ防止基本方針は，「いじめの兆候を発見した時は，これを軽視することなく，早期に適切な対応をすることが大切である。いじめを受けている児童生徒の苦痛を取り除くことを最優先に迅速な指導を行い，問題の解決に向けて学年及び学校全体で組織的に対応することが重要である。」などとしている。

イ　地方公務員法29条1項は，職員が同法等に違反した場合（1号），職務上の義務に違反し，又は職務を怠った場合（2号）及び全体の奉仕者たるにふさわしくない非行のあった場合（3号）においては，これに対し懲戒処分として戒告，減給，停職又は免職の処分をすることができる旨を定めている。また，同法32条は，職員は，その職務を遂行するに当たって，上司の職務上の命令に忠実に従わなければならない旨を，同法33条は，職員は，その職の信用を傷つけ，又は職員の職全体の不名誉となるような行為をしてはならない旨をそれぞれ定めている。

職員の懲戒の手続及び効果に関する条例（昭和38年兵庫県条例第31号。以下「本件懲戒条例」という。）は，減給は，6月以下の期間，給料の月額の10分の1以下に相当する額を給与から減ずるものとし（4条），停職は，その期間を6月以下とし，停職者は，その職を保有するが職務に従事せず，停職の期間中いかなる給与も支給されないものとしている（5条）。

なお，県教委は，懲戒処分についての処分基準を定めていない。

（2）ア　被上告人は，昭和57年4月，上告人の公立学校教員に採用され，平成20年4月，

本件中学校に赴任して，教諭として保健体育の授業を担当するとともに，柔道部の顧問を務めていた。本件中学校柔道部は，被上告人の指導の下，多くの大会で優秀な成績を収め，全国優勝をしたこともあったため，入部を希望する生徒は多く，親元を離れ，被上告人の教え子であったFの自宅に下宿して共同生活を送りながら本件中学校に通う部員もいた。

　　イ　柔道部員のA，B及びCは，平成27年4月，本件中学校に入学し，3年生で同部の主力選手のD，2年生のEらと共に，F宅に下宿していた。D及びEは，A，B及びCに対し，その入学当初から日常的に，自らの残した食べ物等を食べさせ，食べ切れずに嘔吐したら暴行を加える，手，足，腹等に香水をかけ，気化した香水にライターで火を付ける，二の腕等をエアガンで撃つなどの暴力行為に及んでいた。このほか，A，B及びCは，D及びEからそれぞれ個別に殴る，蹴るなどの暴力を受けていた。

　　ウ　D及びEは，同年7月7日，本件中学校内において，柔道部の練習が始まる前の午前7時頃から，こもごも，Aの顔面を殴り，長さ約1mの物差しでAの頭，顔及び身体を10回以上たたき，平手で顔面を数回殴打したほか，みぞおちを数回蹴るなどの暴行を加え，Aに全治1か月を要する胸骨骨折を含む傷害を負わせた（以下，この事件を「本件傷害事件」という。）。

　　エ　本件傷害事件の後，柔道部副顧問のG教諭に問いただされたAは，階段から落ちたなどと説明したが，受傷状況等から虚偽と見抜かれ，D及びEから暴行を受けたことを認めた。G教諭は，同日午前8時頃には被上告人に連絡し，被上告人と共にAの受傷状況を確認した。被上告人は，Aを一旦下宿先に帰宅させた後，D及びEから事情を聴取し，本件傷害事件の経緯と加害行為の詳細並びにA，B及びCに対する継続的な暴力行為の内容をノートに記録した上，そのコピーをG教諭に渡した。

　　オ　Fの妻は，Aの様子を見て整形外科を受診させるべきであると考え，同日午後3時頃にAを連れて本件中学校に赴いた。被上告人は，Aが受診することを了承したが，A及びG教諭に対し，「階段から転んだことにしておけ。」と述べ，Aには「分かったな。」と念を押すとともに，懇意の医師に連絡すると告げた上，同医師に電話をかけ，階段で転んだ生徒がこれから向かうと伝えた。Aは，同日午後5時頃に受診し，A及びG教諭は，同医師に階段で転んでけがをした旨の説明をした。同医師は，Aの症状につき全治1か月を要する胸骨骨折と診断した。

　　カ　G教諭は，同日午後6時頃，学年全体の生徒指導担当の教諭に本件傷害事件を報告し，H校長も同教諭から伝達された教頭を通じて報告を受けた。

　本件中学校は，同月9日，本件傷害事件について姫路市教育委員会（以下「市教委」という。）に報告するとともに，第1回校内いじめ対応会議を行った。

　　キ　被上告人は，本件傷害事件の当日中に，A，D及びEの各保護者に連絡して説明したほか，柔道部員を集めて本件傷害事件について伝え，翌日から同月18日まで柔道部の練習を

休みにし，練習再開後も，D及びEを練習に参加させず，校内のトイレ掃除等の奉仕活動をさせた。また，被上告人は，A，B及びCの各保護者に対し，本件傷害事件について報告し，このような事態を招いたことを謝罪した。

（3）ア　H校長及び教頭は，平成27年7月10日，被上告人に対し，本件傷害事件の重大性等に鑑み，翌日に行われる中播地区総合体育大会にD及びEが出場することを自粛するよう指導した。D及びEは同大会に出場しなかったが，本件中学校柔道部が優勝し，兵庫県中学校総合体育大会（以下「県大会」という。）への出場資格を得た。

イ　その後，H校長は，柔道部の保護者会，A，D及びEの各保護者との話合い等において，今後の試合にDを出さないと発言したが，自身も柔道経験者であるAの父が反対し，Dを試合に出してほしいと訴えた。H校長は，結局，Dの県大会への出場を認め，本件中学校柔道部は同大会で準優勝し，近畿中学校総合体育大会（以下「近畿大会」という。）への出場資格を得た。

ウ　H校長は，近畿大会に出場する選手としてDを登録することを一旦了承したが，同月29日，市教委からDを近畿大会に出場させてはならないとの指示を受け，被上告人に対し，職務命令として，Dを出場させないよう伝えた。これに対し，被上告人は，県大会は出場できて近畿大会がなぜ出場できないのか，納得できないなどと反発した。

被上告人は，同年8月4日，上記職務命令に従わず，近畿大会の団体戦にDを出場させ，本件中学校柔道部が優勝した。G教諭から報告を受けてこのことを知ったH校長は，被上告人に対し，Dを出場させたのは残念である旨を伝えたが，被上告人は，いじめであれば何でも出場辞退させるのか，処分や指導は覚悟の上だ，自分は命懸けでやっているなどと抗議した。

（4）ア　被上告人が本件中学校に赴任した後，柔道部のために，卒業生や保護者等から洗濯機，乾燥機，冷蔵庫，トレーニング機器等（以下「本件物品」という。）が寄贈され，校内に設置されていたほか，地元企業からはトレーニングハウスが寄贈されたが，平成24年4月に本件中学校に赴任したH校長は，当時は学校運営に支障がないと判断し，被上告人に撤去を求めることはなかった。

イ　H校長は，平成26年12月以降，被上告人に対し，本件物品の撤去を複数回指示したが，被上告人はその後も新たな物品を搬入した。被上告人は，寄贈者に説明して了解を得るため平成27年9月頃まで撤去を待ってほしい旨及び校長からも寄贈者に説明をしてほしい旨を申し出たが，H校長はこれに応じなかった。H校長は，本件傷害事件後も複数回にわたり撤去を指示したが，洗濯機1台が撤去されただけであった。

ウ　市教委は，その後，本件物品及びトレーニングハウスにつき学校の備品として認められない物として指摘し，教育長は，同年10月20日付けで，施設管理に係る改善指示書をH校長に交付した。被上告人は，同指示書において期限とされた同年11月20日までに本件物品及び

トレーニングハウスを撤去した。

（5）　県教委は，相応の処分を求める旨の市教委からの内申を受け，平成28年2月23日，地方公務員法29条1項及び本件懲戒条例5条の規定により，懲戒処分として被上告人を同月24日から6月間停職とする旨の本件処分をした。被上告人に交付された処分説明書には，懲戒理由として，被上告人が以下の行為をした旨の記載がある。

平成27年7月7日，顧問を務める柔道部の部員間の暴力行為を伴ういじめの事実を把握しながら，被害生徒の受診時に「階段から転んだことにしておけ。」と，虚偽の説明をするよう指示し（以下，このことを「本件非違行為1」という。），同年8月4日，加害生徒の近畿大会への出場を禁止する旨の校長の職務命令に従わず同生徒を出場させた（以下，このことを「本件非違行為2」という。）。また，部活動で使用していた校内の設置物に係る校長からの繰り返しの撤去指示に長期間対応しなかった（以下，このことを「本件非違行為3」という。）。

（6）　市教委は，平成28年4月1日，被上告人について，姫路市の他の市立中学校への配置換えをした。被上告人は，本件処分に係る停職期間が満了する前の同年6月30日をもって辞職した。

3　原審は，上記事実関係等の下において，要旨次のとおり判断し，本件処分の取消請求を認容するとともに，国家賠償請求を一部認容した。

（1）ア　Aを診察した医師が，A及びG教諭による虚偽の説明をたやすく信用したとは考え難く，これによりAが適切な治療を受けられなかったという事情も認められない。また，被上告人が，G教諭に対し，本件傷害事件についてH校長等に報告することを妨げるような行動をとったなどの事情は認められず，本件非違行為1は，本件中学校としての組織的対応に支障を来す結果をもたらすものではなかった。そうすると，本件非違行為1の悪質性の程度がそれほど高いとはいい難い。

イ　本件非違行為2については，一旦はDの近畿大会への出場を認めながらこれを撤回したH校長の一貫性を欠く指示に容易に納得できなかった被上告人の心情にも理解し得る側面がないではない。また，被上告人には3年生のDにとって最後の大きな大会となる近畿大会には出場させてやりたいとの思いもあったこと，被害生徒であるAの保護者等がDの出場を支持していたこと等，酌むべき事情もある。

ウ　本件非違行為3については，本件物品を撤去するには寄贈者らに対する説明等が必要であり，直ちに撤去することは困難であったといい得る上，被上告人から寄贈者に対する説明等を行うことを求められながらこれに応じようとしなかったH校長の対応にも問題があるなど，被上告人にも酌むべき事情がある。

（2）　県教委は，懲戒処分についての処分基準を定めないまま，処分を11段階（減給及び停職については各3段階のみ）に画一的に区分して，何らかの加重をする場合には直ちに上位

に区分する方法を採っており，このような方法が合理的であるとはいい難い。そして，本件非違行為1は減給が相当であり，これにそれぞれ戒告が相当である本件非違行為2及び3を併合し，かつ，被上告人には生徒への体罰により減給（10分の1）1月の懲戒処分を受けた前歴があることを勘案しても，減給よりはるかに重い処分である停職を選択すること自体，社会通念上裁量権の範囲を逸脱するものというほかなく，まして，免職に次いで重い停職6月とすることが，県教委の合理的な裁量の範囲内にあるものとは考えられない。

　4　しかしながら，原審の上記判断は是認することができない。その理由は，次のとおりである。

　（1）　公務員に対する懲戒処分について，懲戒権者は，諸般の事情を考慮して，懲戒処分をするか否か，また，懲戒処分をする場合にいかなる処分を選択するかを決定する裁量権を有しており，その判断は，それが社会観念上著しく妥当を欠いて裁量権の範囲を逸脱し，又はこれを濫用したと認められる場合に，違法となるものと解される（最高裁昭和47年（行ツ）第52号同52年12月20日第三小法廷判決・民集31巻7号1101頁，最高裁平成23年（行ツ）第263号，同年（行ヒ）第294号同24年1月16日第一小法廷判決・裁判集民事239号253頁等参照）。

　（2）ア　Aは，柔道部の上級生であるD及びEによる継続的ないじめの被害に遭い，さらに，本件傷害事件により明らかな傷害を負うに至っている。ところが，被上告人は，本件中学校の教諭及び柔道部の顧問として，同事件を機にこれらの事実を把握しながら，A及びG教諭に対し，受診に際して医師に自招事故によるものであるとの事実と異なる受傷経緯を説明するよう指示した上，自らも医師に連絡して虚偽の説明をするなどしている。このような被上告人の言動は，柔道部が大会を目前に控えている状況の下，その活動に支障を生じさせないため，主力選手らによる不祥事が明るみに出ることを免れようとする意図をうかがわせ，A及びG教諭には，部員又は副顧問としてこれに沿った行動をとるよう命ずるものと受け取られるものである。このことは，被害生徒であるAの心情への配慮を欠き，また，G教諭が校長等に報告することを暗に妨げるものともいうことができるのであって，いじめを受けている生徒の心配や不安，苦痛を取り除くことを最優先として適切かつ迅速に対処するとともに，問題の解決に向けて学校全体で組織的に対応することを求めるいじめ防止対策推進法や兵庫県いじめ防止基本方針等に反する重大な非違行為であるといわざるを得ない。さらに，Aは重い傷害を負っていたのであるから，医師による適切な診断及び治療を受ける必要があったが，被上告人の上記言動は，医師に実際の受傷経緯が伝えられることを妨げ，誤った診断や不適切な治療が行われるおそれを生じさせるものであったというべきである。結果的に，Aが誤った診断等をされることはなく，また，G教諭が報告したことにより本件中学校等における組織的な対応に支障が生ずることはなかったとしても，被上告人の上記言動が重大な非違行為であることが否定されるものではない。

このように，被上告人による本件非違行為1は，いじめの事実を認識した公立学校の教職員の対応として，法令等に明らかに反する上，その職の信用を著しく失墜させるものというべきであるから，厳しい非難は免れない。

　　　イ　また，本件傷害事件やそれまでの一連のいじめにおけるDの行為は重大な非行であり，そのような行為に及んだDについて，教育的見地から，柔道部員として対外試合に出場することを禁ずることは，社会通念に照らしても相当であって，このことは，近畿大会が3年生のDにとって最後の大きな大会となることや，被害生徒であるAの保護者等がDの出場を支持していたことを考慮しても異ならない。したがって，H校長がDを近畿大会に出場させないよう被上告人に命じたことは，職務命令として正当であったというべきであり，これに従わずDを同大会に出場させた被上告人による本件非違行為2は，本件傷害事件等の重大性を踏まえた適切な対応をとることなく，校長による職務命令に反してまで柔道部の活動や加害生徒であるDの利益等を優先させたものであって，その非違の程度は軽視できない。

　　　ウ　さらに，本件非違行為3は，柔道部が優秀な成績を挙げるために，学校施設の管理に関する規律や校長の度重なる指示に反したものであり，本件非違行為1及び2と共に，生徒の規範意識や公正な判断力等を育むべき立場にある公立学校の教職員にふさわしくない行為として看過し難いものといわざるを得ない。

　　　エ　以上のとおり，本件処分の理由とされた一連の各非違行為は，その経緯や態様等において強い非難に値するものというほかなく，これが本件中学校における学校運営や生徒への教育，指導等に及ぼす悪影響も軽視できない上，上告人や姫路市の公立学校における公務への信頼をも損なわせるものであり，非違行為としての程度は重いといわざるを得ない。他方で，原審が被上告人のために酌むべき事情として指摘する点は，必ずしもそのように評価できるものではなく，これを殊更に重視することは相当でないというべきである。

　（3）県教委は，懲戒処分についての処分基準を定めておらず，処分を11段階に区分し，減給及び停職については各3段階としているというのであるが，そのことにより適切な処分の量定の選択が妨げられるものということはできない。また，上告人の主張するように，本件非違行為1を最も重大なものとしてその処分の量定を選択した上，本件非違行為2及び3の存在等を加重事由として最終的な処分の量定を決定することも，それ自体が不合理であるとはいえない。

　そして，本件処分は，本件懲戒条例の下では免職に次ぐ相当に重い処分であり，また，処分の量定に関する上告人の主張には，個々の加重事由の考慮方法が形式的に過ぎるなど，直ちに首肯し難い点もあるものの，前記のような一連の各非違行為の非違の程度等を踏まえると，被上告人に対する処分について，県教委が停職6月という量定を選択したことが，社会観念上著しく妥当を欠くものであるとまではいえず，県教委の判断が，懲戒権者に与えられた裁量権の

範囲を逸脱し，又はこれを濫用したものということはできない。

（4）　以上によれば，本件処分が裁量権の範囲を逸脱した違法なものであるとした原審の判断には，懲戒権者の裁量権に関する法令の解釈適用を誤った違法があるというべきである。

5　以上のとおり，原審の判断には，判決に影響を及ぼすことが明らかな法令の違反がある。論旨は理由があり，原判決中上告人敗訴部分は破棄を免れない。そして，前記事実関係等の下においては，本件処分にその他の違法事由も見当たらず，被上告人の請求はいずれも理由がないというべきであり，これらを棄却した第1審判決は正当であるから，上記部分につき被上告人の控訴を棄却すべきである。

よって，裁判官全員一致の意見で，主文のとおり判決する。

（裁判長裁判官　木澤克之　裁判官　池上政幸　裁判官　小池裕　裁判官　山口厚　裁判官深山卓也）[11]

11　「公務員に対する懲戒処分取消等請求事件」Westlaw JAPAN（新日本法規出版），web版より抜粋.

むすびに

withコロナの時代を迎え、私たちの社会環境では従前の知識や思考方法を超えた新たなパラダイムへの捉え直しが迫られているようです。社会環境の諸課題解決にあたると言っても容易いことはなく、一たび身に付いた私たち大人の習慣はそんなに易々と改まりません。

そのため、次代（児童生徒）の適切な環境改善に向けて、学校教育、とりわけ義務教育において、知識偏重から脱して総合的・横断的な探究活動や探究へ転換し、個と集団や人と人の関係から自己と他者の在り方を考えたり、生活や生き方に真摯に向き合うことに期待が集まります。でも現実の学校教育は、各教科と比較して、道徳科、総合的な学習の時間、特別活動の実践不足が見て取れます。「遅かった」という言い方は妥当ではありません。今日から「する」組織という主体的で開発的な教師たちの姿が望まれます。これは働き方改革（教員定数増は必定）より重要な課題です。なぜなら、教育課程内にあって教育専門職として説明責任や結果責任が伴う仕事の射程、そのど真ん中にある課題だからです。

有意な教育実践は時間と手間を要します。これが生成から150年を迎える「学校」の根源的使命であり、社会的な存在意義といえます。そのための教育実践の一助に本書がなれば幸いです。

共著者の皆さんには、数ある教育実践の中から貴重な実践をご提供いただきました。教師志願者の糧となることと信じます。教育実践の基底となる精神や志は普遍でしょう。学習指導要領の改めをみたとしても、その先へ改善を図りつつ現実に鑑み、目的を踏まえ目標の達成を目指して、より高いレベルの実践としていくことが教育専門職としての日々のリフレクションを重層的に濃くします。教師としての努めは眼には見えないがこの連鎖の営みでしょう。

本書の構想段階から特にお世話になった東洋館出版社編集部の近藤智昭さん、北山俊臣さんに深く感謝いたします。また、表紙の製作に際して高松次郎氏の作品「影」のデータ使用にかかわり、国立国際美術館の藤吉祐子さん、Yumiko Chiba Associatesの加藤綾乃さんたちのご協力を得ました。結びに、皆さんのご尽力に厚く御礼を申します。

2020（令和2）年 桔梗咲く頃　　編者

著者一覧

編著者

中尾 豊喜　　大阪体育大学体育学部 教授
（はじめに、第1章、第2章、第3章2節、第4章、第5章2
節、第7章、第8章、資料編、むすびに）

共著者

井上 温子　　大阪大学大学院人間科学研究科 研究生
　　　　　　　　　　　　　　　（2020年3月まで）
（第3章2節）

櫻本 和也　　青森明の星短期大学 講師
（第6章）

高垣 広大　　兵庫県立芦屋国際中等教育学校 講師
（第3章コラム）

谷　　昌之　　大阪府立天王寺高等学校 教諭
（第5章3節）

徳永 加代　　帝塚山大学教育学部 准教授
（第3章1節・3節）

中園 貴之　　大阪市立大国小学校 教頭
（第3章1節）

成瀬 雅巳　　大阪体育大学体育学部 講師
（第3章1節、第5章1節）

松田 雅代　　大和大学教育学部 講師
（第3章1節）

和田 博之　　高槻市立北日吉台小学校 教頭
（第3章1節、第5章1節）

※　ただし、共著者は五十音順、所属と職位は2020年8月1日現在。

編者略歴

中尾 豊喜（なかお とよき）
1958年、長崎県生まれ
兵庫教育大学大学院学校教育研究科学校教育専攻生徒指導コース修了

現　　　職：大阪体育大学体育学部スポーツ教育学科 教授
専門分野：学校教育学、教育法社会学、教師教育学
著　　　書：単著『規則と生徒指導』関西学院大学出版会（2020年）。編代著：『こどもの
キャリア形成』幻冬舎ルネッサンス新社（2020年）。編著：『小・中・高等学校 特別活動
と総合的学習・探究の理論と指導』学術研究出版（2020年）、『小・中・高等学校 総合的
な学習・探究の時間の指導』学術研究出版（2020年）、『家づくり・街づくりを考える』大
和ハウス工業・東京書籍（2012年、※第6回キッズデザイン賞最優秀賞/消費者大臣賞受
賞作）、『シティズンシップ教育・キャリア教育・環境教育』東京書籍（2007年）。共著：
日本特別活動学会編『三訂 キーワードで拓く新しい特別活動』東洋館出版社（2019年）、
『21世紀社会に必要な「生き抜く力」を育む 特別活動の理論と実践』学術研究出版（2018
年）、『中学校における「特別の教科 道徳」の実践』北大路書房（2016年）等

総合的な学習の時間・総合的な探究の時間と特別活動の方法
Sustainable Smile and Smile

2020（令和2年）年9月18日　初版第1刷発行

編著者：中尾豊喜

発行者：錦織圭之介

発行所：株式会社　**東洋館出版社**
　　　　〒113-0021　東京都文京区本駒込5-16-7
　　　　営業部　電話 03-3823-9206 ／ FAX 03-3823-9208
　　　　編集部　電話 03-3823-9207 ／ FAX 03-3823-9209
　　　　振替　00180-7-96823
　　　　U R L　http://www.toyokan.co.jp

装　　丁：株式会社明昌堂

印刷・製本：藤原印刷株式会社

ISBN 978-4-491-04292-3 ／ Printed in Japan